明清史评论

第一辑

复旦大学历史学系 编
邹振环 执行主编

中华书局

图书在版编目(CIP)数据

明清史评论.第一辑/复旦大学历史学系编;邹振环执行主编.
—北京:中华书局,2019.8
ISBN 978-7-101-13973-0

Ⅰ.明… Ⅱ.①复…②邹… Ⅲ.中国历史–研究–明清时代
Ⅳ.K248.07

中国版本图书馆 CIP 数据核字(2019)第 150720 号

书　　名	明清史评论(第一辑)
编　　者	复旦大学历史学系
执行主编	邹振环
责任编辑	黄飞立
出版发行	中华书局
	(北京市丰台区太平桥西里 38 号　100073)
	http://www.zhbc.com.cn
	E-mail:zhbc@zhbc.com.cn
印　　刷	北京市白帆印务有限公司
版　　次	2019 年 8 月北京第 1 版
	2019 年 8 月北京第 1 次印刷
规　　格	开本/710×1000 毫米　1/16
	印张 18　插页 2　字数 220 千字
印　　数	1-1200 册
国际书号	ISBN 978-7-101-13973-0
定　　价	98.00 元

《明清史评论》
学术委员会和编辑委员会

发 刊 词

樊树志

大约二十年前，复旦大学历史系举办以江南为中心的明清史学术研讨会，会议论文以《复旦史学集刊》形式出版。在海内外学者的热心支持下，一直延续至今，形成了一定的规模和机制，在史学界有了相当的影响。朋友们呼吁，可以华丽转身，变成定期刊物，扩大声势，锻炼学术，培养人才。

孔夫子教导我们，"正名"很重要。关于刊物名称，颇费斟酌。有人建议《明清史研究》，有人建议《明清研究》，都很好。一查，已经有人用过，重复别人的刊名，似乎不太好。左思右想，还是《明清史评论》比较好，只此一家，别无分号。

明清史研究，无论在中国还是在世界，都是很热门的领域，名家辈出，硕果累累。前辈们开疆拓土，为我们奠定了很好的基础，我们理应百尺竿头更进一步。得益于现代科技的进步，许多珍本、善本古籍，都可以在电脑网络上检索，和几十年前在图书馆查书抄书的状况，不可同日而语。一位前辈形容搜集史料的辛苦："上穷碧落下黄泉，动手动脚找东西。"真是一言难尽。相比较而言，现在的研究条件太优越、太便利了。

国门大开，我们和世界各国的同行交流，互相借鉴，眼界更加开阔，思路更加活跃。2000年，美国历史学家彭慕兰在普林斯顿大学出版了《大分流：欧洲、中国及现代世界经济的发展》，引起国际学术界轰动，2001年获得美国历史学会费正清奖、世界历史学会年度奖。2003年，此书由江苏人民出版社推出中译本，使我们得以领教他的宏论——直到工业化得到充分发展前，欧洲并不比东亚好多少；工业革命前夜，欧洲并没有领先于东亚，但其制度促使工业化必然发生，东亚则不然。

他的创造性在于，把中国与欧洲比较，把江南与英格兰比较，作出细致的分析。当然对于他的结论，仁者见仁，智者见智，有的赞同，有的非议，不过有一点可以肯定，他为我们开辟了一个新的视角、新的思路。

争论延续至今。2018年10月，加州学派的另两位学者王国斌、罗森塔尔的新著《大分流之外：中国和欧洲经济变迁的政治》在江苏人民出版社出版，被《中华读书报》推举为2018年度十大好书。该书把大分流理论引向新的高度，李伯重教授为此书所写的序言对此有一个概括："通过对以往'大分流'理论的修正，本书为欧洲和中国不同的经济变迁模式提供了一个新的解释。本书作者指出，欧洲和亚洲在1000—1500年间的一个重大差别，是欧洲存在众多相互竞争的国家，而亚洲则只存在中国这样一个超级大国，其政治和经济的影响力在本地区都无与伦比。这种状况，对于欧洲和中国的政治和经济的演变都具有巨大的作用。尽管在中国和欧洲的历史上，统一与分裂都曾交替地出现，但是中国始终沿袭着统一帝国的模式，而欧洲却经历了更多的分裂。旷日持久的战争使欧洲陷于贫穷，但这些冲突与竞争却在无意之中催生了资本密集型的生产方式。相反，中国在长期的和平和统一中孕育了一个大规模的市场，并从劳动分工中获益。欧洲直到1750年之后，资本密集型的机器生产才显露出一些优势。在此之前，清代朝廷的经济发展理念乃是全世界各个地区的共识，即重农、薄赋、不干预国内贸易。因此，在以往的中西比较史方面，许多传统的观点或者缺乏充分的历史依据。"加州学派的新成果，犹如冬天里的一把火，为明清史研究加温助推，预示着今年有一个好兆头。

《明清史评论》为海内外同行提供百家争鸣、百花齐放的平台，论文、书评、札记、随笔，兼容并蓄，不拘一格。欢迎朋友们慷慨提供稿件，共同培育好这片园地，齐心协力把明清史研究推向新的境界。有道是："欲穷千里目，更上一层楼。"

目　录

博论撷英

学术动态

无发何冠：明清之际网巾的蔽隐与流移

林丽月

（台湾师范大学历史学系）

摘要： 网巾是明代成年男子用来束发的网子，也是明初建立的衣冠制度中最具朝代象征的首服。明亡以后，网巾所具有的故国象征，更成为清廷厉行剃发易服期间凝聚遗民认同与大明记忆的文化符号。

清初，明遗民"无发何冠，无肤何衣"的慨叹及其抗拒满族衣冠的言行，逐渐由外显转为内隐，在鼎革以后的不同时空中持续传播；而仍然穿戴明朝冠服的朝鲜燕行使羁旅中国期间，则特意刺探汉人对于明朝文物制度的反应，关注"华制"与"时制"的消长对比，并以朝鲜保留前明发式自豪，使得"大明衣冠"有了确立朝鲜文化主体性的意义。明代网巾一方面在遗民世界中潜藏隐蔽，一方面则在朝鲜使行途中加深了"海东独存明制"的认知。

乾隆三十年（1765），随朝鲜使节团到北京的洪大容，批评网巾以马尾戴头顶是"冠履倒置"，把网巾和缠足并列为"中国厄运之先见者"。乾隆四十五年出使中国的朴趾源在《热河日记》中，更透过汉人王民皞（鹄汀）的议论，揭露网巾是前明"三厄"之一的"头厄",认为网巾"紧箍狠缠"导致男子头部"疮痕狼藉",为网巾这一明代文化符号创造了截然不同的意象;而《热河日记》"头厄论"其后在《燕行录》中的传抄,则映现了朝鲜"海东小中华"的文化认同逐渐淡化的足迹。

关键词:网巾　明清鼎革　明遗民　燕行使　头厄论

一、前　言

明清鼎革,汉人为反抗剃发易服而掀起的各种流血抗清活动,表面上虽陆续为清人所制服,但入清以后,明代衣冠具有的文化象征与故国记忆仍然持续潜藏于汉人心中,并未随着王朝覆灭而彻底消亡。这在李世熊(1602—1686)、黄宗羲(1610—1695)、屈大均(1630—1696)等人有关头发与衣冠的诗文中最能见其幽微。屈大均曾自作"衣冠冢"以藏故明衣冠,志铭有曰:"我有衣冠,而我藏之。藏之于生,良为可悲。无发何冠,无肤何衣?"①可说道尽遗民剃发易服的切肤之痛。相较于历代新朝的"易服色",清初的剃发与改服加诸胜朝士民的创痛无疑更为深巨,此由"发"与"肤"二字往往同时见于遗民的衣冠书写可见一斑。虽然论者以为,明亡之初,遗民愤激难以自已,到康熙中叶以后,随着生活的逐渐安定,慢慢趋于平静,遗民对清廷的统治也渐趋认可②,然而在政治顺从的背后,不少汉人"发肤犹是本朝人"的坚持,仍由外显转为内隐。遗民如何记忆"汉官威仪",又如何潜藏隐蔽"大

---

① 屈大均:《翁山文外》卷八《自作衣冠冢志铭》,欧初、王贵忱主编:《屈大均全集》,北京:人民文学出版社,1996年,第3册,第146页。
② 李瑄:《清初五十年间明遗民群体之嬗变》,《汉学研究》2005年第1期。

明衣冠"，应是明清之际思想文化史值得追索的重要课题。

从另一角度，仍然穿戴明朝冠服的朝鲜燕行使羁旅中国期间，经常与中国士人谈论衣冠制度，关注"华制"与"时制"的消长对比，透过这些"域外之眼"所见的汉人服饰与心态，不仅是心存思明的朝鲜士人的自我述说，更是17—18世纪间明代衣冠在遗民世界中内隐潜移的具体展现。直到乾隆年间，汉人有的因朝鲜使节的衣着而唤起明朝记忆，有的则误解朝鲜服饰是"箕子遗制"。如乾隆三十年（1765）到北京的洪大容（1731—1783）说："中国衣冠之变，已百余年矣。今天下惟吾东方略存旧制，而其入中国也，无识之辈莫不笑之。呜呼！其忘本也。"①可见当时朝鲜士人一方面理解汉人迫于时势的无奈，另一方面也流露出其得保中国衣冠的骄傲。

过去学者对明清之际发式服饰的改易，有的集中于剃发的执行及其政治抗争②，有的侧重清初的开国政令与满汉冲突③，而于鼎革前后士人对"易服"的应变策略及其内蕴之遗民意识，除了赵园在《明清之际士大夫研究》一书中，将"衣冠"纳入"遗民生存方式"的讨论外，少有专文论述。④笔者曾以明清之际的"易服"为核心，透过王朝交替对士人服饰的冲击及遗民的应变策略，考察鼎革之际改易服饰与遗民生活、文化意识的关系。⑤入清以后，明代成年男子束在发上的"网巾"的故国象征特别鲜明。笔者曾探究网巾此一微小而日常之物与明人生活

---

① [朝]洪大容、李德懋著，邝健行点校：《乾净衕笔谈 清脾录》，上海：上海古籍出版社，2010年，第68页。

② 冯尔康：《清初的剃发与易衣冠——兼论民族关系史研究内容》，《史学集刊》1985年第2期。

③ 吴志铿：《清代前期剃发易服令的施行》，《台湾师大历史学报》第23期，1995年。

④ 赵园：《明清之际士大夫研究》，北京：北京大学出版社，1999年。

⑤ 林丽月：《故国衣冠：鼎革易服与明清之际的遗民心态》，《台湾师大历史学报》第30期，2002年。

的交光互影，一方面透过具体的"物"以考察网巾所象征的明代符号；另一方面考察政治力量如何在日常生活领域中，借网巾以落实其对个人外观与心志的规范，以致士人于明清易代之际，更借此日常之物以标志其政治文化认同。①

葛兆光则由《燕行录》朝鲜使节的记述，观察朝鲜士人对中国不复见大明衣冠的看法，文中着重探讨朝鲜士人对汉人遗忘大明衣冠的责难。葛氏认为朝鲜并未充分理解一般民众"遵时"和"从俗"的习惯，因此在这种批评中，"既有正当的朝鲜民族主义感情，也有维护正统的偏见和过于严厉的高调"。②葛氏并曾就清道光年间朝鲜使节对北京演戏的观察，指出朝鲜使节将演剧解释为"复见汉官威仪"的意义。③另又从乾隆五十五年（1790）安南国王热河祝寿及请改易服色引起朝鲜使者的不满，由朝贡、礼仪与衣冠探讨大清、安南与朝鲜在政治与文化上的角力。④

王汎森在一篇讨论清代道、咸以后禁书复出现象的专论中也指出：因为清代中国士人不敢公开讨论满汉问题，于是转向域外史料求索。他从大量清代朝鲜使者与老百姓谈话的记录得到的整体印象是：汉人对满汉之间的差异感觉始终存在。⑤其中，明朝衣冠涉及满汉意识与文化认同，自是所谓"敏感问题"中之荦荦大者。由此观之，探讨这一始终

---

① 林丽月：《万发俱齐：网巾与明代社会文化的几个面向》，《台大历史学报》第33期，2004年。

② 葛兆光：《大明衣冠今何在》，《史学月刊》2005年第10期。

③ 葛兆光：《"不意于胡京复见汉威仪"——清代道光年间朝鲜使者对北京演戏的观察与想象》，《北京大学学报》（哲学社会科学版）2010年第1期。

④ 葛兆光：《朝贡、礼仪与衣冠——从乾隆五十五年安南国王热河祝寿及请改易服色说起》，《复旦学报》（社会科学版）2012年第2期。

⑤ 王泛森：《道、咸以降思想界的新现象——禁书复出及其意义》，《中国史新论·思想史分册》，台北："中央研究院"、联经出版事业股份有限公司，2012年，第415—449页。

存在却又不便公开谈论的衣冠问题，从朝鲜《燕行录》等域外文献搜求相关记述，更能抉其幽微。

明清鼎革，清朝厉行剃发与易服引起一连串激烈的抗清活动，历来论述已多，本文之作，则拟由服饰文化史切入，聚焦于易代之后网巾的蔽隐与域外流移两个面向。就前者言，主要透过生活礼俗与忠烈书写探索网巾禁而不绝的踪迹；就后者言，则透过朝鲜士人对网巾的关注与评论，考察大明文化象征在明清之际的时空流移。期以补明代服饰文化探讨之不足，并于明遗民研究的深入拓展有所帮助。

二、万 发 俱 齐

古人称着于头部的服饰为"头衣"，或称"首服"。首服又分"巾"与"帽"两类。方者称"巾"，亦称头巾，是一种裹头用的布帕，本属庶民服饰。圆者称"帽"，亦作"冒"，又称帽子。早期的帽子主要用于保暖或防护，故多行用于孩童与边疆地区。①到了东汉末期，一方面，礼法渐弛，扎头巾不再限用于庶民，巾逐渐成为士人的首服之一；另一方面，因胡人风俗影响，许多士人冬季也以戴帽为尚。从形制上来说，方者曰巾，圆者曰帽，巾与帽的区别在于缝合与否；宋元以后，扎巾风习历久不衰，但戴帽毕竟比扎巾方便省事，因此帽的使用越来越普遍，巾与帽也往往混为一谈。②

---

① 帽古作冒，许慎《说文解字》："冒，小儿及蛮夷头衣也。"段注："谓此二种人之头衣也。小儿未冠，夷狄未能言冠，故不冠而冒。"见《说文解字注》，台北：黎明文化事业公司，1974年，第357页。
② 详见周汛、高春明：《中国传统服饰形制史》，台北：南天书局，1998年，第95—103页。

明代的巾帽名目繁多，其中最常用的是"网巾"。网巾是一种系束发髻的网罩，形似渔网，巾口用布制成，旁有金属小圈，用以贯穿绳带，束紧绳带即可网发。方巾亦称"四方平定巾""民巾""黑漆方帽"，是明代士人所戴的方形软帽，通常用黑色纱罗制成，可以折叠，展开时四角皆方，故称"方巾"或"四角方巾"。[①]这两种首服虽然都属有明一代冠服之创制，为"前代之所无"[②]，但网巾为明代男子不分贵贱皆用的束发之物，比士人专用的方巾更具普遍性；再者，网巾裹于发上，方巾则是加于网巾的外着巾帽，清初行剃发令后，网巾承载的政治意义特别深厚。因此从"物"的文化象征来说，网巾比方巾更富王朝象征与时代特色。[③]

广义上说，类似网状的裹头纱，都可以叫作网巾或网子。有学者根据清朝周亮工（1612—1672）《书影》："俗传网巾起于洪武初，新安丁南羽言，见唐人《开元八相图》，服者窄袖，有岸唐巾者，下露网纹。"认为"网子"的起源很早，最晚始于唐代。[④]但根据明人的说法，网巾的定制系由明太祖微服至神乐观时由道士得之。郎瑛（1487—? ）《七修类稿》称：

> 太祖一日微行，至神乐观，有道士于灯下结网巾，问曰："此何物也？"对曰："网巾，用以裹头，则万发俱齐。"明日，有

① 周汛、高春明：《中国传统服饰形制史》，第102页。
② 王家祯：《研堂见闻杂记》，《明清史料汇编》第7集第3册（辑自1946年神州国光社排印本），台北：文海出版社，1971年，第268页。唯网巾在元代已有之（详下），此处所称"前代之所无"，系指朝廷定为一代冠服制度而言。
③ 林丽月：《故国衣冠：鼎革易服与明清之际的遗民心态》。
④ 陆锡兴：《明代巾、簪之琐议》，《南方文物》2009年第2期。丁南羽（1547—1628），名云鹏，号圣华居士，安徽休宁人。瓒子，詹景凤门人。书法学钟、王，画善白描人物、山水、佛像，供奉内廷十余年。

旨召道士，命为道官，取巾十三顶颁于天下，使人无贵贱皆裹之也。①

邓士龙《国朝典故》亦收有类似记载，其文略详曰：

> 太祖初有天下，一夕微行至神乐观，见一道士于灯下结网巾，问曰："此何物也？"对曰："此网巾也，用以裹之头上，则万发皆齐矣。"太祖去。明日朝罢，有旨召神乐观昨夕结巾道士以来。至则命为道官，仍命其取网巾十三顶，颁于十三布政司，使人无贵贱皆首裹网巾，至今遂为定制。盖自元以前，无此也。②

《明史·舆服志》则明确指出定制时间为洪武二十四年（1391），并称网巾颁行十三布政使司后，"人无贵贱，皆裹网巾，于是天子亦常服网巾"。③

"万发俱齐"音同"万法俱齐"，这对初定天下、厉行礼法的明太祖来说似乎别具意义。明末王圻（1530—1615）则称网巾："古无是制，国朝初定天下，改易胡风，乃以丝结网以束其发，名曰网巾。识者有'法束中原，四方平定'之语。"④根据这个说法，用来约发的网巾不仅有"万法俱齐"的意涵，还有改易胡风、底定中原的象征。比

---

① 郎瑛：《七修类稿》卷十四《国事类·平头巾网巾》，北京：文化艺术出版社，1998年，第164页。
② 梁亿：《遵闻录》，邓士龙辑，许大龄、王天有主点校：《国朝典故》卷六十二，北京：北京大学出版社，1993年，第1419页。
③《明史》卷六十六《舆服志二》，台北：艺文印书馆（据武英殿刊本影印），1973年，第689页。
④ 王圻：《三才图会·衣服》卷一，台北：成文出版社有限公司（据明万历三十五年刊本影印），1970年，第1513页。

网巾更早定制为士人服饰的方巾，也有类似的记载。相传源于明初儒士杨维祯（1296—1370）入见太祖时戴此巾，太祖见其形制特殊，问其巾名，维祯答称："此四方平定巾也。"太祖闻之大喜，遂于洪武三年（1370）定为儒士、生员、监生的巾服。① 因为这些记载的流传，明人相信"四方平定"与"万法俱齐"的政治寓意，是明太祖看重这两种巾服的重要因素，也为明初订定冠服的过程增添不少戏剧色彩。② 明初各种服饰细节的厘定，前后历时约三十年，其间明太祖并亲自参与定制，各级冠服从式样、质料、颜色，以至衣长袖长，无不关心。每制订一种服饰，太祖必命礼官与儒臣稽考古制上闻，然后由太祖裁夺，史称明初冠服"斟酌损益，皆断自圣心"③，恐非虚饰。以明太祖对冠服细节参与之深，决定把网巾订为明代男子"人无贵贱皆裹之"的首服，不论是否出于神乐观偶然得之，其制"断自圣心"应毋庸置疑。

从实际用途来看，网巾只是一种束发的网罩，元代应已有之。明末姚旅（万历、天启间人）《露书》录有元人谢宗可《咏网巾》诗曰："乌纱未解涤尘祥，一网清风两鬓寒。筛影细分云缕滑，棋文斜界雪丝干。不须渔父灯前结，且向诗翁镜里看。头上任渠笼络尽，有时怒发亦冲冠。"④ 并据此质疑网巾为明初道士所创的说法：

① 郎瑛：《七修类稿》卷十四《国事类》，第210页。洪武三年定四方平定巾为士人巾服，见《明史》卷六十七《舆服志三》，第1649页。
② 祝允明（1460—1526）颇疑方巾缘于杨维祯入见太祖及太祖"以手按偃落后，俨如民字形，遂为定制"之说，认为"当时巾制，乃太祖自定，恐非缘维祯与手按也"。见祝允明：《前闻记》，《笔记小说大观》第31编，台北：新兴书局有限公司，1980年，第9册，第1b—2a页。
③《明太祖实录》卷三十，洪武元年二月壬子条，"中央研究院"历史语言研究所，1968年，第10a页。
④ 姚旅：《露书》卷九《风篇中》，《四库全书存目丛书》子部第111册杂家类，台南：庄严文化事业有限公司（据明天启刻本影印），1995年，第16a页。

说者谓网巾国初一道士始创此。太祖尝私行，问之，云"一统太平"，太祖喜甚，官其人。今阅谢宗可咏物有网巾诗，则元时已有矣，不自我明也。①

元末明初诗人蓝仁（1315—1390？）有诗《谢兰室见惠网巾》，答谢友人以网巾相赠，提到原来稀疏斑白的鬓发，因为戴上以黑发编制的网巾，有了"白雪盈簪收已尽"的遮盖效果，使他看起来年轻不少，诗曰："故人于我最相亲，分惠青丝作网巾。镜里形容加束缚，眼中网目细条陈。少遮白发安垂老，转衬乌纱障俗尘。……昨日客来应怪问，衰容欲变少年余。"②可知网巾非明初始创，唯其形制至明初略加变易，遂成一代首服之制。晚明谢肇淛（1567—1624）曾考证网巾的用途说：

古人帻之上加巾冠，想亦因发不齐之故。今之网巾是其遗意。……网巾以马鬃或线为之，功虽省，而巾冠不可无矣。北地苦寒，亦有以绢布为网巾者，然无屋终不可见人。③

可见明代男子家居时可以只戴网巾，外出时则需在网巾上加戴帽子，否则便显得失礼。不过从明人刻本《天工开物》等书的插图，可见头系网巾的工匠、农夫等士庶男子，及农民单独使用网巾的形象（图1），谢肇淛所谓"无屋终不可见人"，实际上应是士人坚持的社交礼仪。

---

① 姚旅：《露书》卷九《风篇中》，第16a页。
② 蓝仁：《蓝山集》卷五《谢兰室见惠网巾》，国家图书馆藏清乾隆武进赵氏亦有生斋乌丝栏校钞本，第17a页。
③ 谢肇淛：《五杂组》卷十二《物部四》，台北：新兴书局有限公司（据明万历四十六年刻本影印），1971年，第36a页。

图1 《天工开物》中戴网巾的男子

　　根据《三才图会》的图像，网巾形如渔网，上小下大，下端网口有
"边子"，边子的两侧有两个对称的巾圈，有细绳从边子穿出，经过小环
相交系结，收紧边子。上端网口也有两绳，可以扎紧发髻。上下固定，
使得头发不会散乱（图2）。1950年代发掘的定陵，在万历皇帝的头部
有一网巾盒，盒内出土网巾十二件，用生丝编成菱形网格，呈截尖圆
锥形，下口以绢制绦带缘边，两端缀有丝绳，上口穿丝绳系结（图3）。
定陵实物与《三才图会》基本形制相同，只是细节上有所简化而已。[①]

图2　《三才图会》中之网巾　　　　　图3　定陵网巾复原件

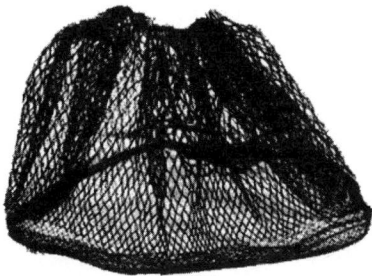

　　明末网巾有俗称"懒收网"者，与明初上下扎紧的网巾形制颇有
不同。"懒收网"又称"懒散巾"。清采蘅子《虫鸣漫录》称："相传明
末时，人皆不愿戴网巾，或束发加帽，或裹网巾而不系带，谓之懒散
巾。"[②]明清之际嘉兴士人王逋对此记述尤详。据《蚓庵琐语》载：

① 定陵出土的素网巾及复原件，见中国社会科学院考古研究所、定陵博物馆、北京市
　文物工作队：《定陵》，北京：文物出版社，1990年。另参陆锡兴：《明代巾、簪之
　琐论》。
② 采蘅子：《虫鸣漫录》卷二，《笔记丛编》，台北：广文书局有限公司，1969年，第
　46b页。

旧制府县系囚，有司不时点阅。天启中，囚苦仓卒间除网不及，削去网带，止束下网，名懒收网，便除顶也。民或效之，然缙绅端士不屑也。予冠时，犹目懒收网为囚巾，仍用网带。十余年来，天下皆带懒收网，网带之制遂绝。①

可见所谓"懒收网"者，其实就是顶部不系网带的网巾（图4）。因为巾幅短浅、脱卸方便，又称为"懒散巾"。天启间，士人认为这是变乱形制，鄙之为"囚巾"，李介甚至把具有"一统山河"象征的网带之有无，比附明朝的兴亡，斥懒收网为"服妖"，说："网巾之初兴也，以发结就，上有总绳拴紧，名曰一统山河（小字注：或名一统天和）。至末年，皆以结鬏，浅不过二寸，名曰懒收网。兴亡已征于此矣，是亦服妖也。"②但到崇祯年间，"懒收网"显然已经取代明初有如渔网的形式，成为士庶通行的网巾了。

值得注意的是这个小小的网巾在明代生命礼俗上的作用。《礼记·曲

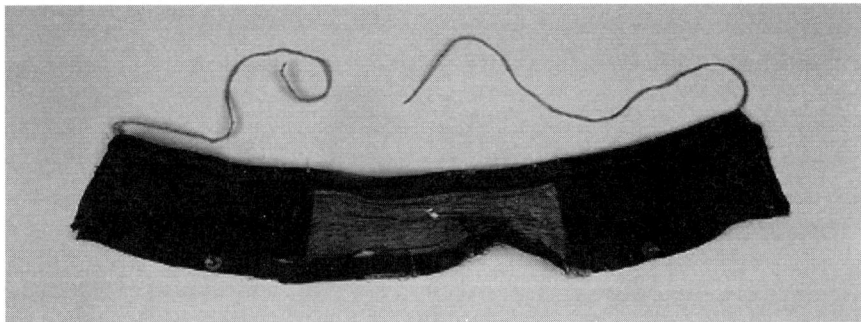

图4　朝鲜懒收网

---

① 王逋：《蚓庵琐语》，《四库全书存目丛书》子部第249册小说家类（据清康熙刻说铃本影印），第4a—b页。
② 李介：《天香阁随笔》卷二，《续修四库全书》第1175册子部杂家类，上海：上海古籍出版社（据清伍氏粤雅堂丛书本影印），1995年，第14a页。

礼》称："男子二十，冠而字。"冠本是周代贵族男子成年的标志，汉代以后，加冠以示成年，仍是冠礼的基本形式。明人的冠礼，必先加网巾以示成人，终有明一代行之不辍。①男子成人之礼后，居家外出都要戴网巾，在正式的场合，网巾之外再戴巾帽。明末来华耶稣会士曾德昭（Alvaro Semedo）对网巾的成年象征也生动地记述道："年轻人17岁前，让头发的最短部分蓬松着，把其余的发梳到头顶，打一个结。年过17，他们戴一个马鬃网，像我们的发网，把发全罩在内，不让一根露出来，再加上一顶帽子。"②网巾在明代冠礼仪式中具有特殊意义，此亦前代之所无。明清之际，遗民往往通过以明代衣冠行于冠、婚、丧、祭等礼，寄其故国之思。③顺治二年（1645）南京陷落，清廷下令剃发，桐城医者杨案山赶忙为其子行冠礼，可为此中代表。据钱澄之（1612—1693）《杨翁案山墓志铭》载：

> 剃发令下，子森甫髫，亟为制巾服，集宾客，行冠礼，曰："此本朝二百七十九年之法服，吾累世祖宗之所遵守，不可不令孺子见。今而后，听之矣！"④

文中的"巾"，自然包括明代冠礼必备的网巾。明亡以后，戴网巾象征成年的礼制与文化意象，仍然在遗民的世界中得以保留和延续。

① 郑方坤：《全闽诗话》卷六，《景印文渊阁四库全书》集部第425册，台北：台湾商务印书馆，1986年。《静志居诗话》："网巾之制，相传明孝陵微行见之于神乐观，遂取其式颁行天下。冠礼加此以为成人，三百年未之改。"
② ［葡］曾德昭（Alvaro Semedo）著，何高济译：《大中国志》，上海：上海古籍出版社，1998年，第36页。
③ 详见赵园：《明清之际士大夫研究》第六章《遗民生存方式》之"衣冠""葬制"；林丽月：《故国衣冠：鼎革易服与明清之际的遗民心态》。
④ 钱澄之：《田间文集》卷二十二《杨翁案山墓志铭》，合肥：黄山书社，1998年，第436—437页。

三、忠 烈 书 写

满洲在关外建国时期，即已深知汉族服饰明尊卑、辨等威的作用，故于天命建元（1616）之初，即订定满洲自己的冠服制度。天命四年以后，更规定被征服者无论汉人、朝鲜人，皆须剃发，改易满族服饰，并以剃发与否作为归顺大清的标志，如天命六年三月："辽阳既下，河东⋯⋯大小七十余城，官民俱剃发降。"①当时剃发已为降金汉人归顺之表示。天聪五年（1631）大凌河之役告捷后，皇太极下令归降将士等剃发②，不肯剃发的明官僚即遭囚禁。崇德元年（1636）十二月，皇太极亲征朝鲜，亦告谕朝鲜人民曰："尔等既降，勿逃避山谷，宜速剃发。"③崇德三年更下令："若有效他国衣帽及令妇人束发裹足者，是身在本朝，而心在他国也。自今以后，犯者俱加重罪。"④这段文字中以"他国"与"本朝"对称，而所谓"他国"，自然是指明朝，衣冠发式显然已是区分"两国"的具体标志。

清人入关后，厉行剃发、易服、圈地、投充、逃人等"五大政令"，有关冠服制度者即居其二。⑤清廷于顺治元年（1644）五月三日

---

① 《十二朝东华录》，《天命朝》卷一，天命六年三月，台北：文海出版社，1963年，第31b页。

② 《清太宗实录》卷十，天聪五年十一月庚午条，北京：中华书局，1985年，第20a页。

③ 《十二朝东华录》，《天命朝》卷二，崇德元年十二月壬午条，第35b页。

④ 《清太宗实录》卷四十二，崇德三年七月丁丑条，第10b页。

⑤ 所谓"五大政令"，是根据清廷于顺治三年（1646）十月下谕："有为剃发、衣冠、圈地、投充、逃人牵连五事具疏者，一概治罪，本不许封进。"（见《清世祖实录》卷二八）学者因以五事并论，或称"五大政令"，或称"五大弊政"。详参吴志铿：《清初法令与满洲本位政策互动关系之研究——以五大政令为中心》，台北：台湾师范大学历史研究所博士学位论文，1993年。

正式下令剃发和易衣冠，但因遭到汉人强烈反抗，实行了二十一天就收回成命，摄政王多尔衮于五月二十四日谕诸王群臣称："予前因归顺之民，无所分别，故令其剃发，以别顺逆。今闻甚拂民愿，反非予以文教定民之本心矣。"于是下令："自兹以后，天下臣民照旧束发，悉从其便。"①顺治二年五月，清廷又恢复剃发易服政策，并连续颁行相关禁令，严厉执行。②是年六月二十八日，下令传檄江南各省，近处限一个月，远处限三个月，"各取剃发投顺，遵依文册汇奏"，不服者即行加兵镇压。③由于清廷的雷厉风行，令下之后，激起江南地区士民的抗清活动，清军武装镇压，死事之惨烈，江阴守城、嘉定三屠等事件尤为其著者。

清初施行剃发与易衣冠的目的，最初是为了在征服战争中区别拥护者与反对者，清廷以剃发与否来"别顺逆"，对汉人来说，剃发等于投降，拒不剃发等于反清，因此剃发易服在鼎革之际具有鲜明的政治表态意涵。此外，剃发易服也是新朝气象与文化认同的具体呈现。清世祖说："一代冠服，自有一代之制。"④湖广人袁彭年降清，在广东学道任上发布的剃发令告示称："金钱鼠尾，乃新朝之雅制；峨冠博带，实亡国之陋规。"⑤清廷强制推行其关外时期即已建立的满洲冠服，自有凸显其新朝礼制、宣示文化霸权的作用。

① 《清世祖实录》卷五，顺治元年五月辛亥条，第10a—b页。
② 关于清初剃发令反复的问题，承王成勉教授指正，特此致谢。参见 Wang Chen-main, "Claiming Dynastic Legitimacy: Qing Strategies During the Dorgon Era", in Perry Link ed., *The Scholar's Mind: Essays in Honor of Frederick W. Mote*, Hong Kong: The Chinese University Press, 2009, pp.147—179. 陈生玺：《清初剃发令的实施与汉族地主阶级的派系斗争》，《历史研究》1985年第4期。
③ 《清世祖实录》卷十七，顺治二年六月己卯条，第11b页。
④ 《清世祖实录》卷七十二，顺治十年二月丙寅条。
⑤ 计六奇：《明季南略》卷十三《粤纪·朝臣媚李元胤》，《台湾文献丛刊》第148种，台北：台湾银行经济研究室，1963年，第395页。

满清章服与明朝衣冠的显著差异：一个是缨帽箭衣，一个是方巾大袖；一个窄瘦，一个宽博。鼎革之际，清廷强力执行剃发与易服令，不过顶发一剃不易复留，衣冠旧者却不易即毁，人民服装时有反复，而政令也时有张弛。①因此，清初执行改易衣冠的难度比起剃发遭到的抵抗并不稍减。网巾是明代男子束在发上的头巾，戴网巾兼具抗拒"剃发"与"改服"的双重意涵，因此，入清以后，网巾的明代认同象征显得特别鲜明。据叶梦珠《阅世编》载，顺治初年，仕清的汉人官僚"剃发之后，加冠者必仍带网巾于内"②。顺治三年（1646），招抚内院大学士洪承畴（1593—1665）奉令刊示严禁，此后"各属凛凛奉法，始加钱顶辫发，上去网巾，下不服裙边。衣不装领，暖帽用皮，凉帽用篁，俱上覆红纬，或凉帽覆红缨。一如满洲之制"③。

网巾原是用以约发之物，汉人官僚剃发之后，却仍戴网巾于冠内，网巾在方便与实用性之外，更有政治象征与文化标志的意涵，此自非清廷所能漠视。查禁的办法包括严令贩卖巾帽的店铺改业，发现戴巾者甚至当场扑责毁巾。据叶绍袁（1589—1648）《启祯记闻录》记顺治三年苏州地区的改服称："（五月廿六日）土公悬示皋桥，欲士民俱遵满装，一切巾帽俱不许戴，巾铺歇闭改业，违者重责枷示。"④同书又载："（是年）十一月初，复严衣帽之禁。大袖每加扑责，巾即扯毁。由是举监生儒皆戴小帽，士庶漫无分别。"⑤清廷一方面严厉执行剃发与改服，一方面不断致力于消除反侧，因此，网巾在清初铲除南明"余孽"的具体

---

① 郑天挺：《满洲入关前后几种礼俗之变迁》，见氏著《清史探微》，北京：北京大学出版社，1999年，第51—52页。
② 叶梦珠：《阅世编》卷八《冠服》，北京：中华书局，2007年，第198页。
③ 叶梦珠：《阅世编》卷八《冠服》，第198页。
④ 叶绍袁：《启祯记闻录》卷七，《痛史》第13种，上海：商务印书馆，1911年，第2a页。
⑤ 叶绍袁：《启祯记闻录》卷七，第4b页。

案件中，甚至等同于令牌、刀枪等作为"谋逆证物"。顺治年间刑部题本中载有一件扬州府仪真营捕获彭应龙、刘光吾、胡德山等人"交结亡命，授受伪札，谋为不轨"的案件，略谓：

> 至（顺治十一年）五月内，仪真营捕盗金美、沈富拿获彭应龙、光吾，并搜获伪牌、札票、网巾、伪钱、刀斧、枪弓等项，押解扬州江防萧同知奇兵营吴游击，转解操抚李部院，牌发扬州兵备道、分巡江宁道公审。①

是年十一月二日、十四日，胡德山、彭应龙分别病死于狱中，该案继续审理，翌年（顺治十二年）正月刑部覆会，在这件刑部的题本中，清廷搜获彭应龙、刘光吾、胡德山等人谋逆的"证物"，大约可分为三类：第一类是武器，如腰刀、长枪、斧、弓；第二类是文书，如"伪"令牌、"伪"札付、告示；第三类是具有明代符号的物品，如被视为"伪钱"的永历钱、象征前明服饰的网巾。②康熙三年（1664），江宁巡抚韩世琦（？—1686）《秋决重犯疏》中也提到青村营守备杜英探知民人陈次菫家中遗有已故胞兄陈鸿先明季武官札付，视为奇货，设计哄诱内丁，捏造网巾、木印，报系陈次菫家起出，"诬人叛逆惨毙民命"

---

① 《郑氏史料续编》卷三《刑部残题本》，《台湾文献丛刊》第168种，台北：台湾银行经济研究室，1963年，第325页。

② 刑部题本文曰："已故彭应龙，初受叛逆杨鹍之伪札，继受海寇张名振之令牌，追随贼船，阴谋纳叛，与刘光吾所受伪札，并家藏网巾、器械，俱经搜获，历审情真，骈斩何辞？续获病故胡德山，素称匪类，向因在逃，致费缉绳，今已拿获，审虽未受牌札，然曾有运粮回日再去受官之语，又经搜获网巾，谓非逆谋久伏乎？竿首亦无容喙也。……其搜获彭应龙、刘光吾月斧一把、腰刀一把、长枪一根、弓一张、弹弓一张，并胡德山家内搜获铁尺一根，俱贮仪真县库，见获彭应龙等伪牌、伪札、网巾等项，并胡德山家内搜获网巾三顶、告示、契帖等件，俱解部附卷备照。"《郑氏史料续编》卷三《刑部残题本》，第326—327页。

的案子。[1] 小小的束发网子，从搜检谋逆者住处到移送审理定罪的过程中，不断被强调为"逆谋久伏"的证据，其政治意涵之深重可见一斑。

不过，对清初明遗民来说，网巾的存废自非一纸新朝禁令所能左右。顺治四年（1647），广州生员文冠伯与同邑郑淑真率众抗清，"淑真自外越城，头裹网巾包白布带毡帽出县前，被卢俞丹子抱住，斩东北城上枭示"[2]。在这个为"反清"而死的场景中，以裹着网巾宣示"复明"的意志，不言可喻。尤其值得注意的是，明清之际的忠烈传记，坚持戴网巾与抗清殉节常是故事中的重要元素。换言之，网巾在明季忠烈的书写当中，具有相当重大的象征意义，透过明季网巾故事的流传，不仅可以一窥明遗民不同形式的抵抗行为，也可由此反观网巾这一小小对象在明清社会意识中的作用。

在明清流传的明季忠烈传中，永嘉诸生叶尚高的故事即颇具戏剧性。据清人李天根《爝火录》载，尚高"义不剃发，日荷一竿，竿系一笔、一带、一镜、一网巾，示'毕竟带网巾'意，高冠大袖，摇曳市上。大清知府吴某执之，尚高吟诗曰：'北风袖大惹寒凉，恼乱温州刺史肠。何以蜉蝣易生死，得全楚楚好衣裳。'吴以为癫生也，释之"[3]。尚高透过这个常人看来有些疯癫的举止，宣示"毕竟带网巾"的决心，最后以坚不剃发，被执而死。永历四年（1650）与瞿式耜一起殉国的张同敞，系张居正之孙，藏一白网巾于怀，临刑前服之，说："为先帝服也，将服此以见先帝。"[4] 以网巾宣示明代认同的用意一样鲜明。不

---

① 韩世琦：《抚吴疏草》卷四十六《康熙三年秋决重犯疏》，清康熙五年刻本。

② 陈舜系：《乱离见闻录》，李龙潜等点校：《明清广东稀见笔记七种》，广州：广东人民出版社，2010年，第20—21页。

③ 李天根著，仓修良、魏得良校点：《爝火录》卷十七，杭州：浙江古籍出版社，1986年，第731页。

④ 南沙三余氏：《南明野史》卷下《永历皇帝纪》，《明清史料汇编》第5集第2册，台北：文海出版社，1968年，第44a页。又见瞿共美：《东明闻见录》，《台湾文献丛刊》第238种，台北：台湾银行经济研究室，1967年，第43页。

过，在明遗民的网巾故事中，流传最广、最富传奇性的莫过于《画网巾先生传》。

《画网巾先生传》记述顺治二年（1645）清廷底定东南后，严令剃发更衣冠，福建地区士民以违令死者不可胜数，"画网巾先生"与他的两个仆人被捕，清将脱去其网巾，逼其就范；先生令二仆画网巾于额上，二仆亦交相画，以示坚不服满制衣冠，主仆三人于顺治七年不屈而死。也许因为传记中网巾的朝代象征与传奇色彩，这篇传记自清初以后传抄不绝，流布极广，学者视为明清散文史上不可多得的经典名篇。戴名世的《戴名世集》①、凌雪的《南天痕》②、吴伟业的《鹿樵纪闻》③、李瑶的《绎史摭遗》④、倪在田的《续明纪事本末》⑤、张岱的《石匮书后集》⑥和徐鼒的《小腆纪传》⑦等书，都收有《画网巾先生传》；民国二十五年（1936），北京大学影印魏建功旅韩时搜得之钞本《皇明遗民

① 戴名世：《戴名世集》卷六《画网巾先生传》，北京：中华书局，1986年，第168—170页。潘承玉考证明清流传的《画网巾先生传》皆源出李世熊而非戴名世，指出戴文是对李文同题同事的篡窃改写，详见潘承玉：《篡窃的文学经典〈画网巾先生传〉并非戴名世原创》，《文学遗产》2010年第1期。在潘文之前，笔者于2004年考索《画网巾先生传》的原作者为李世熊，并比较李世熊《寒支集》与黄宗羲《明文授读》传文的出入，详见林丽月：《万发俱齐：网巾与明代社会文化的几个面向》。
② 凌雪：《南天痕》卷十八《画网巾先生》，《台湾文献史料丛刊》第105册，台北：大通书局，1987年，第320—322页。
③ 吴伟业：《鹿樵纪闻》卷中《两先生传》，《台湾文献史料丛刊》第96册，第70—72页。
④ 李瑶：《绎史摭遗》卷十四《画网巾先生（二仆）》，周骏富辑：《明代传记丛刊·综录类》，台北：明文书局，1991年，第221—223页。《画网巾先生传》之传抄，以《绎史摭遗》所录传文最详，除了传末的"论曰"未予抄录，全篇节略甚少。
⑤ 倪在田：《续明纪事本末》卷十六《东南殉节》，《台湾文献史料丛刊》第85册，第522页。
⑥ 张岱：《石匮书后集》卷十四《义人列传》，《台湾文献史料丛刊》第100册，第463页。
⑦ 徐鼒：《小腆纪传》卷五十二《义士》，台北：台湾学生书局，1997年，第559—560页。

传》，书中也收录了这篇传记①。

《画网巾先生传》的作者，据李瑶《绎史摭遗》指出："此传节诸《明文授读》中，为李世熊著。"②徐鼒《小腆纪年》亦称："读李世熊所著《画网巾先生传》，而知有明二百年之士气，盖不与钟簴同销灭也夫！"③按李世熊（1602—1686），字元仲，号愧庵，福建宁化人。明亡后，自号寒支道人，闭门著述，坚不出仕。著有《寒支集》《钱神志》《宁化县志》《本行录》《经正录》等。《寒支集》包括《寒支初集》十卷、《寒支二集》六卷、《岁纪》一卷，为其子向昊所编，有康熙十三年（1704）檀河精舍刻本传世。《画网巾先生传》收于该书。此文含"传"与"论"两部分，但《明文授读》④不论传文或论赞，皆较《寒支初集》的文字为多，两刻本详略颇有出入。⑤其后各书传抄的主要为传文部分。

这个明季忠烈的网巾故事，其主人翁名、里籍不详，传主相关资料无从稽考，但传记中的时间、地名、提督、总兵等，又都具体明确。在这个故事中，网巾被视为明太祖创行的"祖制"，是遗民必须生死以之的坚持，邵武守将池凤鸣脱去其网巾，却无法抹去一个用笔墨画成的"假网巾"。清初厉行剃发之后，作为男子约发之物的网巾，因为丧失

---

① ［朝］成海应编：《皇明遗民传》卷七《画网巾先生传》，《域外所见中国古史研究资料汇编·朝鲜汉籍篇》，重庆：西南师范大学出版社，北京：人民出版社，2013年，第317—318页。

② 李瑶：《绎史摭遗》卷十四《画网巾先生（二仆）》，第223页。

③ 徐鼒：《小腆纪年附考》卷十七，北京：中华书局，第665页。

④ 《明文授读》共62卷，中国社会科学院近代史研究所藏有康熙三十六年张锡琨味芹堂刻本，收入《四库全书存目丛书》集部第400—401册总集类，台南：庄严文化事业有限公司，1997年。

⑤ 《明文授读》传文约1 200字，论赞约750字，合计约1 950字；《寒支初集》传文约1 000字，论赞约450字，合计约1 450字。两刻本字数出入，共计约500字。详见林丽月：《万发俱齐：网巾与明代社会文化的几个面向》。《明文授读》全文详见林文附录。

其所依附的头发，其实用性本应随之消失，"画网巾先生"却说："吾于网巾且不忍去，况发耶！"把网巾与头发并称，显然认为网巾的重要性仅次于"受之父母，不敢毁伤"的头发。传文从画网巾先生、两个仆人到总兵王之纲，都有慷慨激昂的对话，二仆在这个"画网巾"的忠烈故事中，更显得举足轻重，充满传奇性。《明文授读》传中还有一段不见于《寒支集》的叙述，说先生葬于泰宁之后，"泰人有召箕仙者，箕动如飞，辄书曰'我画网巾也'而终不名，其幽灵蕴结如此"①。更为这个明季忠烈故事平添乡野奇谭的色彩。

这个充满戏剧性的忠烈故事，除了在明末清初的野史间辗转传抄之外，后来还被编成戏剧在东南一带流传。乾隆中叶，福建邵武府重修府志，将"画网巾先生"的传记收入"寓贤传"，这也是第一部收录《画网巾先生传》的清代方志。府志中记其死后故事之传播，又有他书所未见者，如提到收其尸骨为其立墓的生员谢韩，"并二仆瘗焉，题曰'画网巾先生墓'"。又谓："宁化李世熊及邑人邱嘉彩皆为之作传，绍兴游客林景蔚又为演'画网巾剧'以传焉。"②全祖望（1705—1755）所辑《续甬上耆旧诗》有《画网巾先生新墓成志感》，诗中盛赞慷慨埋骨、不恤危疑的"谢生"谢韩。诗曰：

> 主仆何为者？相依画网巾。誓存一代制，耻作二心人。生死无名姓，艰贞泣鬼神。至今溪水碧，犹是血粼粼。
>
> 谢生贤达士，负骨葬松窠。不恤危疑甚，应知慷慨多。高风洵

① 黄宗羲：《明文授读》卷五十四，《四库全书存目丛书》集部第401册总集类，第66a—b页。
② 张凤孙等修：《邵武府志》卷十八《寓贤》《画网巾先生》，日本内阁文库藏清乾隆三十五年刊本，第63b—64a页。

足式，瘠地奈之何？华表今新筑，良霄鹤可过。①

在清初以后的忠烈书写中，此传由于传主姓名难以稽考，纂史者通常只能以"画网巾"为名记其事，网巾这一小小物件在明清的忠烈书写中刻下的历史遗痕，实在不容小觑。

四、域 外 流 移

元明易代之际，与明初的"去蒙古化"运动遥相呼应，朝鲜半岛也发生了类似的文化变革。明初建立的"大明衣冠"体系，被高丽末期的士大夫视为"华夏"文化复兴的表征；而接受明朝衣冠，也在高丽的历史与文化脉络中，被赋予"追复祖宗之盛"的特殊意义。高丽士大夫屡屡透过"请冠服"表示对华夏文明，进而对自称接续中国"正统"的明王朝的认同，而明朝也乐于透过颁赐冠服的形式显示其对藩属国文化上的接纳，在14世纪起伏跌宕的中朝关系中，"衣冠"成为建构文化与政治认同的一个重要符号，也是双方宗藩关系得以确立的基础之一。②

洪武二十五年（1392），李氏朝鲜建立，太祖李成桂（1335—1408）奉明为上国，对明朝的衣冠礼制表现出更强烈的认同。永乐皇帝即位后，也随即派遣宦官黄俨等人到朝鲜赐朝鲜国王冠服和王妃冠服。此后，明朝新君登基，都会给朝鲜"赐服"，而朝鲜国王即位，则遣朝

---

① 全祖望辑：《续甬上耆旧诗》卷百十一《证人讲社门生之四》，杭州：杭州出版社，2003年，第816—817页。
② 详见张佳：《衣冠与认同：明初朝鲜半岛袭用"大明衣冠"历程初探》，《史林》2017年第1期。

天使入明，以"请服"博取明廷的信赖。①在《朝鲜王朝实录》中，经常可见朝鲜国王以网巾赏赐来使或官员②；朝鲜王室并谨守明朝的冠礼，奉为重要礼制。朝鲜元子自册封世子之日，虽未成年，便着网巾、翼善冠、鸦青龙衮袍接待师傅、宾客。网巾本为成年始加之巾服，朝鲜世子未冠而戴网巾，是为凸显接待大臣之尊礼。中宗十七年（1522）七月，礼曹以"冠礼，正礼也，不可不行"，主张世子应早行冠礼，引发朝臣正反不同意见的讨论。③凡此，在在可见朝鲜君臣对网巾的成年象征与落实王室冠礼之重视。

明清之际，满人下令归降汉人剃发改服的同时，朝鲜人也受到易代的冲击。天命四年（1619），清人规定被征服者无论汉人、朝鲜人，皆须剃发，改易满族服饰，并以剃发与否作为归顺大清的标志。天命六年三月癸亥，"遗朝鲜国书曰：'今辽东官民皆已剃发归顺，降官悉服原职，尔仍欲助明则已，不然，凡辽人之避兵渡镇江而窜者，可尽反之。尔若纳我已附辽民，匿而不还，惟明是助，异日勿我怨也'"④。崇德元年（1636）十二月，皇太极亲征朝鲜，亦告谕朝鲜人民曰："尔等既降，勿逃避山谷，宜速剃发。"崇德三年更下令："若有效他国衣帽及令妇

---

① 马晓菲：《明朝对朝鲜半岛政权的赐服探析》，《求索》2012年第2期。
② 兹举数例如下：世宗二年（1420），"赠使臣镀金小象佛二躯、锄钵二双、锄箸四十二双、锄匙二、茶匙二、马尾网巾二"（《朝鲜王朝实录》世宗卷八，世宗二年四月十九日，汉城：东国文化社，1955年，第6b页）。世宗十一年（1429），"金满求鞍子二部、狄皮合包四、鹿皮合包二、马妆二部、天青鞨二部、黑斜皮海獭皮矢筒各一、马毛网巾一、三刀子五部，命与之"（《朝鲜王朝实录》世宗卷四十三，世宗十一年正月四日，第4a页）。世祖元年（1455），设社稷祭饮福宴于思政殿，饯慰咸吉道都节制使杨汀，"赐黑草笠、网巾、貂冠、耳掩、段子衣、大红丝带、白玉钑绦环具紫丝带、镀金边沉香带、靴子、护膝、弓矢、刀剑"（《朝鲜王朝实录》世祖卷二，世祖元年八月七日，汉城：东国文化社，1956年，第3a页）。
③《朝鲜王朝实录》中宗卷四十五，中宗十七年七月十七日；《朝鲜王朝实录》光海卷二十六，光海二年（1610）三月一日。
④《十二朝东华录》，《天命朝》卷一，天命六年三月癸亥条，第31b页。

人束发裹足者，是身在本朝，而心在他国也。自今以后，犯者俱加重罪。"①这段文字中以"他国"与"本朝"对称，而所谓"他国"，自然是指明朝，衣冠发式显然已是区分"两国"的具体标志。

鼎革以后，朝鲜士大夫更以固守"大明衣冠"彰显其对"中华"文明的认同与传承。②康熙六年（1667），朝鲜陈奏使许积返国复命，引述随行使节南龙翼的观察说："臣闻士人之言曰：'即今兵革永息，生民乐业，而独清人之日夜所忧者，只在西鞑也。'臣问所谓西鞑，不知何者，而明之子孙无有耶？其人即成绝句以示曰：'西鞑即蒙古，明孙如落花。汉仪不复见，何日变中华。'"③许积评论清人施政称："彼之失人心，专在于剃头变服。见臣等着冠耳掩，指示其儿曰：'此乃明朝旧制。'垂头而泣，见来惨然矣。"④此后，朝鲜使节"汉仪不复见，何日变中华"的感慨仍历历可见。《燕行录》中关于北方风俗、礼制、服饰、宗教、学术等等的观察，是域外之眼所见的中国社会，其中关于明代冠服的讨论与坚持则一直是标志"遗民"的要素之一。直到乾隆年间，朝鲜士人仍在中国寻觅明朝文化的踪迹。⑤乾隆三十年（1765）冬天，与金在行以私人身份随朝鲜使节团到北京的洪大容（1731—1783）在给友人的书信中说：

> 至若衣冠之变，则愚夫皆能言之。往往见我辈服着，称以明朝

① 《清太宗实录》卷四十二，崇德三年七月丁丑条，第10b页。
② 关于朝鲜对"大明衣冠"的坚持，详参葛兆光的系列研究：《大明衣冠今何在》，《史学月刊》2005年第10期；《朝贡、礼仪与衣冠——从乾隆五十五年安南国王热河祝寿及请改易服色说起》；《文化间的比赛：朝鲜赴日通信使文献的意义》，《中华文史论丛》2014年第2期。
③ 《朝鲜王朝实录》显宗卷十三，显宗八年（1667）正月十二日，汉城：东国文化社，1957年，第19b页。
④ 《朝鲜王朝实录》显宗卷十三，显宗八年（1667）正月十二日，第19b页。
⑤ 详见吴政纬：《眷眷明朝：朝鲜士人的中国论述与文化心态（1600—1800）》，台北：台湾师大历史学系、秀威资讯科技公司，2015年。

旧制而颇有愧恨之色，而或提天启事，只愤惋不平而止。盖由当场相对而伊［披］发左衽之为羞，有甚于熟习已久而殷肤裸将之至痛也。……时势所拘，首尾有畏，无怪其然矣。①

乾隆四十二年（1777）出使北京的李珥（1737—1795）有以下的记述：

清人冠服，渠辈自视歉然，我人亦笑之，而至若团领、乌纱帽、阔袖长衣，渠不敢笑。虽妇人女子，必谛视而慕悦之。是以戏谑之时，我人冠服，通官辈虽或着之，渠辈服色，未尝加之于我人，盖知我人之厌苦而然。每与渠辈语，问其衣服之制，则汉人辄赧然有惭色。问我人服色，或云此是中华之制，非不知可喜。吾辈时王之法，亦多好处。诘其所以，则头发尽剃，无梳栉之劳，上下均服，无名分之别，制度简易，执事服役，无所相碍，以此为便。有识者或曰："此吾先祖之所服，我家尚藏旧衣，以时披玩。子服之华制，宁不歆艳云。"而亦为之怆然矣。然至于明时团领及华冠等物，皆归于戏子堂，殆无旧制。大抵元氏虽入帝中国，天下犹未剃发，今则四海之内，皆是胡服。百年陆沉，中华文物，荡然无余。②

这些朝鲜士人的记述，有的反映汉人迫于时禁不得不剃发，虽已成习，却是"或乐或痛"；有的指出直到乾隆中后期，汉人对于身着"胡服"仍显得"赧然有惭色"，尽管承认剃头之便，说是"头发尽剃，无

① ［朝］洪大容：《湛轩书·内集》卷三《与金直斋钟厚书》，《韩国历代文集丛书》第248册，汉城：景仁文化社，1999年，第10b页。
② ［朝］李珥：《燕行记事·闻见杂记下》，《燕行录全集》第53册，首尔：东国大学校出版部，2001年，第52—53页。

梳栉之劳，上下均服，无名分之别"，"执事服役，无所相碍"，但还是有人坦承"我家尚藏旧衣，以时披玩"。其中汉人心态之曲折隐微，可谓掩而弥彰。

清初明遗民与朝鲜士人的书写，不约而同关注男子头发之存亡，两者相较，遗民相关记事和诗文充满悲怆与无奈，朝鲜使节则在如实记录清代中国风俗之外，常有意或无意地以朝鲜保留前明发式自豪。前者最著者有番禺屈大均之《长发乞人赞》《秃颂》《髻人说》《藏发冢铭》、宁化李世熊的《画网巾先生传》，及昆山归庄的《断发二首》、松江董含的《剃发文》等；后者如洪大容谓："余入中国，地方之大，风物之盛，事事可喜，件件精好；独剃头之法看来令人抑塞。吾辈居在海望小邦，坐井观天，其生靡乐，其事可哀；惟保存头发为大快乐事。两生（引者按：严诚与潘廷筠）相顾无语。余曰：'吾于两位，苟无情分，岂敢为此言乎？'皆颔之。"① 又，《湛轩燕记》载：

> 余曰："君见吾辈衣冠以为如何？"邓生曰："甚好。"余曰："此中剃头之法亦好否？"邓生曰："自幼习以为常，颇觉其便。"余曰："发肤不敢毁，非圣训乎？"邓生曰："威严咫尺，休为此言。"②

如前所述，王汎森曾指出，他从大量清代朝鲜使者与老百姓谈话的记录得到的整体印象是：汉人对满汉之间的差异感觉始终存在，剃发易服涉及满汉意识与文化认同，是始终存在却又不便公开谈论的所谓"敏感问题"。其中尤其值得注意的是朝鲜士人有关"剃发"与"网巾"评论的变化所透露的文化讯息。

---

① ［朝］洪大容、李德懋著，邝健行点校：《乾净衕笔谈 清脾录》，第12—13页。
② ［朝］洪大容：《湛轩燕记》，《燕行录全集》第42册，第164—165页。

乾隆三十一年（1766）二月，洪大容在与浙江举人严诚、潘廷筠①笔谈时提到："网巾虽是前明之制，实在不好。"接着有以下一段对话：

> 力闇曰："何故？"余曰："以马尾戴头上，岂非冠履倒置乎？"力闇曰："然则何不去之？"余曰："安于故常，且不忍忘明制耳。"余又曰："妇人小鞋始于何代？"兰公曰："无明证。但传云始自南唐李宵［窅］娘。"余曰："此亦甚不好。余尝云网头缠足乃中国厄运之先见者。"力闇领之。兰公曰："余尝取优人网巾戏着之，甚不便。"余戏之曰："越人无用章甫。"两生皆大笑，亦有愧色。②

洪大容虽以"安于故常"凸显自己仍戴网巾的"不忍忘明制"，却是首度把网巾和缠足并列为"中国厄运之先见者"。洪氏认为，网巾之所以"不好"，是因为此巾用马尾编成，明人以马尾罩于头，这是"冠履倒置"。此外，透过潘廷筠穿戴优人网巾的经验，也显示此物之"不便"。

乾隆四十五年（1780）六月随堂兄朴明源率领的使节团到北京祝贺乾隆七十寿诞的朴趾源（1737—1805），则在《热河日记》中透过举人王民皞（鹄汀）的议论，揭露网巾是前明"三厄"之一的"头厄"。王民皞所谓"三厄"，一是缠足（足厄），二是网巾（头厄），三是烟草（口厄）。他形容网巾之所以为"头厄"时说：

---

① 严诚，钱塘人，字力闇，号铁桥；潘廷筠，杭州人，字兰公，号秋庤。见《〈乾净录〉后语》，《乾净衕笔谈》，第133页。
② ［朝］洪大容、李德懋著，邝健行点校：《乾净衕笔谈 清脾录》，第39页。

洪武时，高皇帝微行，至神乐观，有一道士结网巾，便于韬发，太祖借他一着，照镜大悦，遂以其制令天下。其后渐以鬃网代丝，紧箍狠缠，疮痕狼藉，名"虎坐巾"，谓其前高后低如虎蹲踞，又名"囚巾"。当时亦有讥之者，谓天下头额尽入网罗，盖多不便之矣。①

这段评论所说的"紧箍狠缠，疮痕狼藉"的"虎坐巾"，其实就是本文前面提到的明末流行的"懒收网"或"懒散巾"，与明初截尖圆锥形的网巾形制有所不同，也是天启间士人李介斥为"服妖"的"囚巾"。与洪大容直言网巾"冠履倒置"之后含蓄地描述汉人"亦有愧色"一样，朴趾源对王民皞头厄说的回应，也以谐谑的对话透露汉人的尴尬与忌讳。他说：

（鹄汀）笔指余额曰："这是头厄。"余笑指其额曰："这个光光，且是何厄？"鹄汀惨然点头，即深抹"天下头额"以下字。②

出自盛清汉人之口的"头厄论"，相较于十四年前见于朝鲜士人笔下的"冠履倒置"之叹，批判更为具体而尖锐。一方面，对照明清传抄不绝的《画网巾先生传》"身殉明制"的崇高评价，王民皞的"头厄论"可说为网巾这一明代文化象征创造了崭新的时代记忆；另一方面，朴趾源《热河日记》这段以网巾为"头厄"的文字其后在《燕行录》中的收录传抄，也映现了网巾在朝鲜的流播从"海东小中华"的文化认同

---

① ［朝］朴趾源著，朱瑞平校点：《热河日记》，上海：上海书店出版社，1997年，第132页。亦见朴趾源《燕岩集》卷十四，朴思浩《心田稿》卷二。
② ［朝］朴趾源著，朱瑞平校点：《热河日记》，第132页。

与思明心态逐渐淡化的屐痕。

五、结　语

网巾是明代成年男子用来束发的网子，也是明初建立的冠服制度中最具朝代象征的首服。由于"人无贵贱皆裹之"，网巾也是明代最没有社会等级区分功能的服饰，加上这个小小对象在成年男子日常生活中几乎须臾不离，因此从明代礼制、服饰消费或日常社交等方面，处处可见网巾的踪迹。明亡以后，网巾所具有的前朝象征，更成为清廷厉行剃发改服期间凝聚遗民认同与故国想象的文化符号。明清之际遗民对明代衣冠的用心致力与至死不渝，不仅是知识阶层面对新朝的政治表态，也是传统士人抗拒异族服饰文化的社会文化性动作。明遗民"无发何冠，无肤何衣"的浩叹及其抗拒满族衣冠的行为，虽然终究不敌政治现实的压制而逐渐在汉人的日常生活中消亡，但遗民传记的故事，在后来的不同时空中，仍然不断传播。朝鲜人成海应（1760—1839）编纂的《皇明遗民传》中的抗拒剃发易服的遗民故事①，不仅彰显了清代朝鲜使节的文化心态，更佐证了大明衣冠的时空流移。

另外，明亡以后仍然穿戴明朝冠服的朝鲜燕行使羁旅中国期间，特意刺探汉人对于明朝文物制度的反应，经常与中国士人谈论衣冠制度，关注"华制"与"时制"的消长对比，使得"大明衣冠"有了确立朝鲜文化主体性的意义，朝鲜士人得以自豪地称自己是"小中华"，而清朝是"夷狄之邦"。清初明遗民与朝鲜士人的衣冠书写，不约而同关注男

---

① ［朝］成海应：《皇明遗民传》，扬州：江苏广陵古籍刻印社（据魏建功藏钞本影印），1991年。

子头发之存亡，两者相较，遗民相关记述和诗文充满悲怆与无奈，而朝鲜使节则在如实记录清代中国风俗之外，常有意无意地以朝鲜保留前明发式自豪。明代网巾一方面在遗民世界中潜藏隐蔽，书写无数忠烈，一方面则在朝鲜使行途中加深了"海东独存明制"的认知。

乾隆三十年（1765）以私人身份随朝鲜使节团到北京的洪大容，批评网巾以马尾戴头顶是"冠屦倒置"，把网巾和缠足并列为"中国厄运之先见者"。乾隆四十五年出使中国的朴趾源更透过汉人王民皞（鹄汀）的议论，揭露网巾是前明"三厄"之一的"头厄"，强调网巾在男子头部"紧箍狠缠"导致"疮痕狼藉"，对照明清传抄不绝的《画网巾先生传》"身殉明制"的崇高评价，王民皞的头厄论可以说为网巾这一明代文化象征创造了崭新的时代意象。乾隆三十年二月，洪大容盛赞他在北京结识的三位浙江士人严诚、潘廷筠、陆飞说：

> 三人者虽断发胡服，与满洲无别，乃中华故家之裔也。吾辈虽阔袖大冠，沾沾然自喜，乃海上之夷人也。其贵贱之相距也，何可以尺寸计哉？①

不同于前此朝鲜燕行使每每以"小中华"自豪，洪氏说三位"断发胡服"的清朝儒生是"中华故家之裔"，而自称"海上之夷人"，由此不难理解，洪大容、朴趾源，及道光八年（1828）出使中国的朴思浩这几位朝鲜"北学派"人物的网巾印象，也反映了这个明代文化象征在朝鲜的流播，到了18世纪后期已从"海东小中华"转向朝鲜主体性的过程。

――――――――――

① 《〈乾净录〉后语》，《乾净衕笔谈》，第133页。

兴讹造言：明清时期的谣传与民间信息传播

陈宝良

（西南大学历史文化学院）

摘要：明清两代，民间舆论以多样化的形式得以呈现。民间舆论在有效制约国家及地方政治的同时，不免带有许多谣传的因子，并由此造成社会的恐慌和混乱。在这些谣传中，尤以"造言""讹言""妖言"三者为甚。信谣、传谣者并非仅仅限于下层的愚民百姓，有时知识人、官宦同样是讹言谣传的信从者与传播者，甚至是推波助澜者。讹言谣传的兴起，实则源于一种心理恐慌，尤其是久藏于内心深处对"宫怨"与动乱时期颠沛流离生活的这种恐慌性心理记忆。当言路不通、官民信息交流不畅，甚至民意难以上达天听之时，民间百姓不得不依赖于讹言谣传，以此作为一种表达群情的舆论。

关键词：明清　讹言　谣传　信息传播

一、引言：问题的提出

明清两代是社会变迁的重要时期。在这一时期里，出现了诸多社会转型的新动向，民间舆论的勃盛则是其明显的标志之一。在明清两代，民间舆论以多样化的形式得以呈现，诸如谣谚、口号、对联、戏曲、小说、八股文，无不成为民间士民表达自己意见的重要方式，进而对国家及地方政治形成有效的制约。然而吊诡的是，当民间舆论兴起之时，就已呈一种鱼龙混杂、泥沙俱下之势。换言之，民间舆论在有效制约国家及地方政治的同时，不免带有许多谣传的因子，由此则一度造成社会的恐慌和混乱。在这些谣传中，尤以"造言""讹言""妖言"三者为甚。

造言、讹言、妖言，自古即已有之，只是在平治之世较少出现。如《周礼》中的"八刑"，"造言"即居其中之一。周末之诗云："民之讹言，宁莫之惩。"后世虽已不知当时所讹的是何事，但足以证明周末时已有"讹言"的存在。至秦汉，更是出现了"妖言者死"的律条，可见当时的"妖言"颇为兴盛。汉、晋以后，造言、讹言、妖言更是屡见于史籍记载。如汉建始三年（前30），京师百姓传言大水将至，人们奔走相告，互相蹂躏，老弱号呼，以致长安大乱；汉、晋之时，开始传言"东公王"行筹的说法；唐开成初年，京师妄言大兵将至，致使百姓四处奔逃，奔走尘起，甚至百官"袜而骑"，台省官吏亦稍稍遁去；唐代，民间流传讹言，称官府派遣枨枨杀人取心肝，借此以祭天狗，又有讹言，称毛人要食人心，甚至说有猱母鬼夜入人家；宋太宗时，益州百姓传有讹言，称有白头翁午后要食人儿女，导致一郡嚣然，晚上路无行人；又宋、元时，多传讹言，称取童男童女制药。①诸如此类，不一而足。

究造言、讹言、妖言之关系，正如清人惠仲孺所言："三者起于妖，

---

① 相关的史例梳理，参见谢肇淛：《五杂组》卷十三《事部一》，上海：上海书店出版社，2001年，第261页；法式善：《陶庐杂录》卷六，北京：中华书局，1959年，第204—206页。

成于造，传于讹也。"①既然"传于讹"，亦即以讹传讹，那么何谓"讹言"？元人曾作如下阐释："事传而虚，谓之讹言，谓流言惑众者。"②关于讹言，明末清初学者顾炎武尚有进一步的考述。根据他的考述，可知讹言的"讹"字，古作"譌"，"伪"字古亦音"讹"。如《诗·小雅》：民之讹言。《笺》云：伪也。小人好诈伪，为交易之言。所谓"交易之言"，《正义》作如下解释：谓以善言为恶，以恶言为善，交而换易其辞。又《尔雅注》云：世以妖言为讹。显然，妖言亦可归于讹言之列。③

讹言的本质在于虚伪而不实，而其功能绝不可小觑，足以"流传而惑众"。正如明人谢肇淛所言，对这些一时勃兴的谣言，却亦不可一概斥之为虚伪不实，尚有待于细加辨析。譬如有些讹言，"似讹而实有怪"；有些"妖言""童谣"，看似无意矢言，事后确实多有应验，如"檿弧箕服"之类，则又不可简单地视为讹言。④尽管如此，造言、讹言、妖言，无不具有一些共通的特性：一方面，明清时期的讹言，无不是一种假借灵异的不根传言，通过一传十、十传百的传播途径，而在民间引发骚动。正如清人惠仲孺所言："凭诸物，假诸灵，一夫说，万夫腾，无翼而飞，无趾而行，疑鬼疑神，使民无故而相惊。"⑤另一方面，当时的讹言并非仅仅限于"乌头白，马生角"之类的以讹传讹，而是关乎朝野议论，实属一种民间舆论⑥，一如明人谢肇淛所云："今朝野

① 法式善：《陶庐杂录》卷六，第204页。
② 《新编居家必用事类全集》辛集《诈妄》，北京：书目文献出版社（影印朝鲜刻、明刻本），第188页。
③ 顾炎武，黄汝成集释：《日知录集释》卷三十二"讹"，郑州：中州古籍出版社，1990年，第758页。
④ 谢肇淛：《五杂组》卷十三《事部一》，第261页。
⑤ 法式善：《陶庐杂录》卷六，第204页。
⑥ 关于民间舆论，可参见陈宝良：《明代民间舆论探析》，《江汉论坛》1992年第2期。

中忽有一番议论，一人倡之，千万人和之，举国之人奔走若狂，翻覆天地，变乱白黑。"①由此可见，有时朝野议论同样借助于讹言而得以表达与传播。

二、鸳鸯错配：承平时期选秀谣传之四起

若是仔细梳理明清时期的各类谣传，关于选秀女的谣传最为常见，且更具典型性。在传统的宫廷之中，只有为皇帝临幸之后，宫女方有出头之日，甚至一步登天。事实却是大部分宫女根本无此幸运，这才有了自古以来在宫中广泛流传的"宫怨"之曲。而《宫词》中所反映的"宫怨"生活，多有这方面的描摹，诸如："可怜空长彤宫里，一世光阴半世闲"；"静院深深昼悄然，几时好梦得扪天"；"空有华堂十数重，等闲不复见君容"。②绝大部分宫女都是在这种期盼中而不知老之将至。无奈，为了打发这种宫中毫无希望的无聊生活，宫女们或人人争唱"御制词"，声虽娇嗔，不识伊州之谱，甚至错把"腔儿念作诗"，但还是希望以歌声打动君王之心，以便得到宠幸；或借时令节日，赏秋海棠，结吃蟹之会，以打发余暇；或茹菜事佛，将希望寄托于神灵。③

正是因为入宫以后，会面临如此让人不能忍受的宫怨生活，所以朝廷一旦有选秀女入宫之令，民间女子就纷纷提前婚嫁。一旦讹传此事，更会造成新的鸳鸯乱点、错配。诸如此类的谣传，至迟在元代就已经

① 谢肇淛：《五杂组》卷十三《事部一》，第261页。
② 朱让栩：《拟古宫词三十首》，《明宫词》，北京：北京古籍出版社，1987年，第8页。
③ 朱权：《宫词七十首》；秦征兰：《天启宫词一百首》；蒋之翘：《天启宫词一百三十六首》。均载《明宫词》，第4、23、52页。

出现，只是谣言的内容由选秀女变成了"采童男女"而已。据史料记载，在至元十四年（1277）夏六月，民间一时谣言四起，纷传朝廷将采选童男童女，"以授鞑靼为奴婢，且俾父母护送，抵直北交割"。随之，自中原至于长江以南，府县村落，但凡品官庶人之家，只要有男女十二三岁以上的，无不匆忙婚嫁，有的六礼未备，就片言即合。即使那些巨室人家，也等不到车舆亲迎，就徒步迎亲。谣言所及，甚至那些守土官吏，以及鞑靼、色目之人，也纷纷提前嫁娶，而不管消息是否真实。经过十余日之后，谣传才慢慢平息，但已经悔之晚矣。仓促相信谣传的恶果，就是婚配失偶，导致贵贱、贫富、长幼、妍丑匹配不齐，各生悔怨，甚至"或夫弃其妻，或妻憎其夫，或讼于官，或死于夭"。史称这是从古未闻之事，也是"天下之大变"。当时的苏州僧人祖柏，号子庭，素称滑稽，就口占一首绝句加以讥刺，诗道："一封丹诏未为真，三杯淡酒便成亲。夜来明月楼头望，惟有姮娥不嫁人。"又有人集古句，作诗云："翡翠屏风烛影深，良宵一刻值千金。共君今夜不须睡，明日池塘是绿阴。"①

在明代，照例宫女的选取，一般是用北方人，而不是南方人。隆庆元年（1567），大江以南，民间广泛传播一种流言，说是朝廷要在江南选取宫人。于是，民间凡是八岁以上的女子，纷纷出嫁，甚至出现"良贱为婚"的状况。②这一"讹言"盛传的结果，致使民间十三岁以上女子，"婚嫁殆尽"，即使是那些官宦人家，在闻听此类讹言之后，也为之动摇。为此，途中轿子相接，家贫不能赁轿，则徒步投婿，未聘之人，更是无暇采择。与此同时，还有一个谣传，说每选取一位宫人，就

① 陶宗仪：《南村辍耕录》卷九《谣言》，北京：中华书局，1959年，第112—113页。
② 李乐：《见闻杂记》卷三，上海：上海古籍出版社，1986年，第301页。

选一位寡妇伴送入京。① 这显是一种毫无根由的谣传。另外一则史料记载证明，这则谣传在江阴的哄传，是在隆庆二年春正月十二日。其结果同样是导致民间十三岁以上的女子无不婚配。有些家有女儿的人家，就在自己家的门首守着，遇见有"总角"男童路过，就"拥之而入，遂以女配焉"。②

这是一种民间"讹言"。所谓讹言，就是一种谣传。先从浙江湖州传来，后及于杭州，最后连江西、福建、广东都有了这样的传言。从明人田汝蘅的记载可知，这一讹言传到杭州的时候，已经是隆庆二年（1568）正月初八、九日。至于讹言对民间生活造成的影响，田汝蘅也有详细的记录。下面据此叙述如下：隆庆二年正月初八、初九，民间开始流传讹言，称是朝廷要点选秀女，人已从湖州过来。讹言一经流播，民间百姓人家的女子，凡是七八岁以上到二十岁以下，"无不婚嫁，不及择配，东送西迎，街市接踵，势如抄夺"。更有甚者，有人害怕官府禁止仓促婚配，就在黑夜潜行，匆忙成婚。讹传造成的影响，不仅及于普通百姓，甚至山谷村落之僻静，以及士夫诗礼之家，也在所不免。其结果，则是"歌笑哭泣之声，喧嚷达旦，千里鼎沸，无问大小、长幼、美恶、贫富，以出门得偶即为大幸"。当时正好有一大将官到了杭州北关，放炮三声，民间更为慌张，纷纷惊走，道："朝使太监至矣。"仓卒激变，几至于乱。至十三日，地方上司开出榜文严禁，但还是不能禁止谣言的传播。不久以后，真相大白，方知是谣传，悔恨嗟叹之声，盈于室家，但已是追悔莫及。

谣传四起，民间匆忙成婚，必然导致婚姻错配。这样的例子很多。如有一富家，雇用一位锡工在家制作镴器。至夜半，正好有女尚不得其

---

① 叶权：《贤博编》，北京：中华书局，1987年，第10—11页。
② 李诩：《戒庵老人漫笔》卷五《讹言取绣女》，北京：中华书局，1982年，第179页。

配，又不敢出门择人，于是呼喊锡工道："急起，急起！可成亲也。"锡工在睡梦中茫然无知，等到起来，揉搓两眼，则堂前灯烛辉煌，主翁之女已经艳妆待聘，大出意外。还有一家已经相约一人，乘黑夜送女前往，到半道上时，巷子的栅栏门已经锁闭，相当着急。当时栅栏门内有一位卖豆腐的人，早晨起来磨豆子，自己尚无妻室，就不肯拿钥匙开门，强要成亲。女子的父亲害怕天明，又见其人正好是少年，就叹息道："亦得，亦得。"随之将女儿许配给他。又有一家已经选好一个女婿，等到将女儿送去，则已经先有一家将女儿送入其门，正结花烛之好。后到的这家不免前去争吵，都说："奈何，奈何！"此女父亲情急之下，只好说："吾女亦当送君为副室也。"于是三人同拜，一人遂得二妻。可怪的是，讹言尚莫名牵累许多寡妇。在讹言流播的过程中，又传言选寡妇伴送秀女进京，于是久已孀居的老少之妇，也纷纷改嫁。如有百姓家母女二人守寡在家，改嫁一家父子二人，正好相得。又有一位妇女守寡已经二十年，年已四十五六岁，曾经发誓不再改嫁。又有一位女儿，年已二十余岁，未曾出嫁。传言所至，不得已之下，只好"母东女西，各从其人，哭别而去"。诸如此类的好笑之事，引发好事者造出一些童谣加以刻画，如有一首童谣云："正月朔起乱头风，大小女儿嫁老公。"又有人写诗加以讥讽，道："大男小女不须愁，富贵贫穷错对头。堪笑一班贞节妇，也随飞诏去风流。"①

相关朝廷点选秀女的讹言，在万历年间再次出现。史载万历改元之后，明神宗大婚的日期已定，民间忽然讹传朝廷要点选秀女。于是，凡是家中有女儿者，无不惊慌失措，只求将女儿早日出嫁。当时有一家起初颇为从容，雇来衣匠替女儿缝制嫁衣。衣匠家中很远，就居住在主人家旁

---

① 田艺蘅：《留青日札》卷九《风变》，上海：上海古籍出版社，1992年，第167—168页。

的房子里。不久，"讹言声息益紧"，且因前所定女婿又另娶他人，举家无措。无奈之下，只好招呼衣匠与女儿结花烛之好。闻者无不绝倒。①

相同的情况，也出现在明熹宗登极这一年。为此，何伟然撰写了一篇《淑女记》，专门记述了因选淑女而引发的民间婚姻混乱之状。他记载道：

> 天启皇帝登极，下诏选人间淑女充椒掖。诏止凤阳，曾未及于江南。风闻所递，讹言辄布，三吴有女之家，咸栗如霜色。市井亡赖，乘机摇鼓，为作因地。俄而曰：某家皇已封矣。某家闻之郡邑矣。自润州而金昌，而苕霅，无不思所以毕婚嫁者。吾杭为甚。才闻井里，忽彻乡曲，父母之命，媒妁之言，一时佥举。不特及时破瓜，作缘成偶，即发未覆额，口尚乳气者，亦指童子为盟。或议归，或议赘，冰人竭蹶应千门之命，市上尽作定婚店矣。②

从何伟然所记可知，原本一纸采选秀女的正常诏令，且明确将采选之地限定于凤阳以北，却因"讹言"的"风闻所递"，影响已经及于"三吴有女之家"。再经市井无赖的"乘机摇鼓"，更是传遍整个江南，尤以杭州为甚。

何伟然所撰《淑女记》一文，同样可以得到当时史料与小说的印证。如李日华有一首诗，题为："天启改元春二月，民间忽传选绣女入宫，远近喧动，少女老鳏，一时觅配。官府谕之不止，亦异事也。戏书一律以志感。"诗云："雪晴处处说寻梅，拍手儿童笑几回。水面山腰齐

---

① 李日华：《紫桃轩杂缀》卷四，南京：凤凰出版社，2010年，第325页。
② 何伟然：《淑女记》，黄宗羲编：《明文海》卷三百五十，北京：中华书局，1987年，第3597页。

草色，树头篱脚近花开。枯梢偏许雏莺占，嫩蕊难禁乱蝶猜。不是东皇乍施令，禁林羯鼓暗相催。"①诗歌所咏，即是此事。至于江左樵子编辑的小说《樵史通俗演义》，对明熹宗登极选秀女的谣传，亦有详细记载。小说引用了一篇昔人所作的《绣女记》，其中云：

> 选语才临郡国，讹言忽彻城乡。父母之命，媒妁之言，一时金举焉。不特时及破瓜，作缘成偶，即发方覆额，亦指童子为盟。或议归，或议赘，冰人竭蹶，应千门之命，市上尽作定婚店矣。吉不必星期照之日采，轩不必鱼饰巾之绛裙。和合神马，价勒三铢；婚牍红笺，绵昂五百。致使鸡不得谈于窗，鹅不得阵于水，鱼不得乐于国，豕不得化为后，牛羊不得日夕下山。桔柚楂梨，贵似交犁火枣；葱韭薤蒜，珍如江芷杜蘅。花烛燕喜，十家而八九。有恐人知者，暗为送迎；复恐人不知，且扬言曰："吾女已有婿矣。"纵府县严为告戒，且曰是宽我故留，以答天使者也。假合错配，何异流离。命亨者，得佳人，并得金珠璧帛无算；命否者，徒多一丑妇人累耳，又安所得"杂佩赠之""琴瑟友之"耶？几日之间，系鸳鸯之足者，不知费仙人几许赤绳也。夫一言之讹，一念之误，命满城忍辟一夫妇世界，童男姹女破性裂道，可胜言哉！吾闻之："不愿生男愿生女。"戚畹之宠，昔人所希，即修仪、贵嫔、婕妤之辈，无□大不可为之事。若曰终锢长门，亦胜于骤落火炕，何又忍其委珠玉于草莽，而不自怜惜也？不亦大可笑哉！②

① 李日华撰，赵杏根整理：《恬致堂集》卷六，上海：上海古籍出版社，2012年，上册，第286页。
② 江左樵子：《樵史通俗演义》第三十六回，北京：人民文学出版社，1989年，第275—276页。

按小说所引这篇《绣女记》，实则来源于何伟然所作的《淑女记》，只是在个别文字上稍有出入而已。且因小说文学性的敷陈演绎，这一选秀女谣传更为耸人听闻。天启登极时的选秀女谣传并未停歇，一直在持续发酵，即使到了天启四年（1624）的冬天，在浙江桐乡县，民间仍在流播一个"选宫人"的"讹言"，以致民间百姓"婚嫁殆尽"。①

甲申年（崇祯十七年，1644），李自成攻陷北京，明朝覆亡。朝廷选秀女谣传暂歇，进而转变为李自成"要占闺女"的"喧传"。史载此年四月二十九日，淮城民间喧传"李贼一路要占闺女，不要妇人"。谣传甚至借助官府之言，哄传现有高监纪已经出了告示，"使闺女速速出嫁，无贻后悔"。于是，城内外大小人家，"竞先婚嫁，一舆价至二金"。民间信息的不畅通，导致民间以讹传讹，信以为真，即使巡抚、巡按亲自贴出告示，亦难以禁止，流播长达一月之久，方才偃旗息鼓。②

南明弘光建国，选秀女谣传再起。弘光元年（1645）春，浙江桐乡哄传朝廷选妃，"江南童男女无不婚嫁者"。③同年，"讹言"再起，讹传朝廷"选西女，民大骇，亟配合，嫠妇嫁且尽"。④从小说《樵史通俗演义》的记载可知，弘光朝时朝廷选秀女之令一下，在江南嘉兴、苏州一带更是引起了骚动。正如小说所言："有女儿的人家，那一个不害怕，那一家不惊慌，连夜着媒人寻女婿，富家女儿嫁与贫家儿子，标致女子嫁与丑陋儿郎。还有那十五六岁的闺女，媒人撺掇嫁了三四十岁的丈夫，那管白头之叹。几日之间，弄得个嘉兴城中举国若狂，嫁的、娶的日夜不停，路人为之挤塞。苏人闻风效尤，亦是如此。其间错配的

① 张履祥：《杨园先生全集》卷十七《桐乡灾异记》，北京：中华书局，2002年，中册，第516页。
② 佚名：《淮城纪事》，上海：上海书店，1982年，第139页。
③ 张履祥：《杨园先生全集》卷十七《桐乡灾异记》，中册，第517页。
④ 张履祥：《杨园先生全集》卷十七《桐乡灾异记》，中册，第517页。

不可胜记，后来有许多笑话出来，难以枚举。当时巴不得推了女儿出来，有人受领，就算是造化了。甚至有缙绅人家，也是这般。愚民越以为真，那一个不忙碌去干这件事件，岂不可叹。"①

入清以后，采选秀女谣传持续在江南流播，甚至影响及于福建。顺治四年（1647）夏间，在松江府开始讹传朝廷采选秀女，府县城镇乃至乡村僻壤，凡是家中有女儿的无不惊慌失措，"早说暮成，俱幼婚配。不必三杯水酒，只用一鼓一笛，甚至良贱不拘，岂论贫富难匹。限时限刻，从早至暮，从暮达旦，无论日之吉与不吉，周堂利与不利，遍地结亲，亦希遇之事"。当时有人写诗一首，四出传诵，云："一封丹诏未为真，三杯淡酒便成亲。夜来明月楼头望，只有嫦娥为嫁人。"这一谣传事件，历经两个月之后，方渐渐停息。②至顺治五年，谣传又起，所传不仅限于朝廷采选秀女，甚至涉及满汉联姻问题。以松江府上海县为例，此年民间讹传朝廷将采选童女入宫。城乡有女之家，"婚配者纷纷，无论年齿，不择门第，朝传庚帖，晚即成婚，傧相乐工，奔趋不暇，自早至暮，数日之内，无非吉日良时，阴阳忌讳，略不讲择"③。可见同样引发了民间的骚动。此类关于朝廷采选秀女的讹言，一直流传至顺治十三年仍未停息。如在浙江桐乡县，此年"讹言又兴，婚嫁不已"。④

清代相关采选秀女的谣传，因时代的转换而使之所传内容有所改变，亦即在原本朝廷采选秀女的基础上，加上了满汉联姻之说，而引发的地方社会骚动则一般无异。以江南松江府为例，顺治五年，传闻

① 江左樵子：《樵史通俗演义》第三十六回，第275页。
② 姚廷遴：《历年记》上，《清代日记汇抄》，上海：上海人民出版社，1982年，第64页。
③ 叶梦珠：《阅世编》卷二《礼乐》，上海：上海古籍出版社，1983年，第40页。
④ 张履祥：《杨园先生全集》卷十七《桐乡灾异记》，中册，第518页。

朝廷将实施满汉联姻政策，将关外并满洲女子，"驱逐而南，配与中国男子，天下一家，华夷为眷"。至顺治十年，又哄传朝廷将把满洲之女发配给中国男子，中国女子也要配满洲男子，名为"满汉联姻"。讹传之下，"人家养女者，父母着急，不论贫富，将就成亲，遍地皆然"①。

至康熙三十一年（1692），朝廷采选秀女的谣传继续在江南传播。以苏州府为例，这一年的冬天，"喧传点绣女信，纷纷嫁娶，错配甚多，苏、松、常尤甚"。当时正值提学官考试生员，且不时应接北来的显官达人，再加上考题中有"桃之夭夭"一节及"钻穴隙"之类，更是引发人们的联想，"人情愈疑，逾月乃息"。②毫无疑问，这一谣传并非无根之言，而是来源于对朝廷政令的误读。朝廷政令的真相并非如此。此年九月，清朝廷为了选妃，专门差遣大学士明珠、索额图前往江南、浙江及陕西、湖广、四川等处，要求满洲旗下官员，自三品以上一品以下，凡有亲生女儿，先期开报，等待明珠、索额图选择进用。这一选妃之举，原本与民间百姓毫无干涉，无奈民间百姓听信传言，一听之下，无不惊惶失措。以浙江桐乡县为例，从这一年的十一月二十日起，到十二月初十止，民间"迎亲、并亲日夜不停"。并亲之人很是着忙，导致百物踊贵。其结果则是，不论贫富，不计礼仪，也不择门当户对，不管男女年纪大小，大约只要茶二斤、礼银四两即可成亲，甚至"有不费分文者"。③在松江府，同样广泛流传这一讹言，以致从十一月十五之后，"举国若狂"，甚至"婚嫁者因此尽削繁文"。④

---

① 姚廷遴：《历年记》上、中，《清代日记汇抄》，第66、70页。
② 许治：《眉叟年谱》，佚名：《吴城日记》附录，南京：江苏古籍出版社，1985年，第244页。
③ 姚廷遴：《续历年记》，《清代日记汇抄》，第143页。
④ 叶梦珠：《阅世编》卷二《礼乐》，第40页。

自明代以来，朝廷采选秀女的谣传，大抵以在江南传播为盛。入清以后，相关朝廷满汉联姻之说，开始向福建流布。康熙二十六年（1687）十一月邸报有言：如汉军文武官员，有女不许配人，如已配，不许嫁人。细究邸报所言，仅仅限于汉军文武官员之女，并无言及民间女子。至康熙二十七年春天，广东马侯女子被纳为妃子，要择"好女"十六人随嫁，曾移文两广总督吴兴祚查取。因福建漳州、泉州与广东临近，于是谣言开始在福建传播开来。六月初八日起，一二"鳏夫浪子"，大肆编造谣言，或云"朝廷要选淑女充掖廷"，又云"西虏进贡，要回好女千余赐之"。一时之间，民心惶惶。更有甚者，谣传指名道实，说"某大人并内监已到福州矣，令府县密查某家，已报名在府县矣"，又说"某家有差官来点验矣"。如此一传，不由得民间百姓不信。于是，"有女之家，如负重担。多男之家，居然奇货。已拟配者，催促讨亲。未拟配者，急托说合。共择十四、十八二日合卺，不顾门风，休询年纪，送往迎来，日夜如织"。谣传一直到十八日方止。①

三、邮讹造谤：动荡时期讹言之风传

相较而言，承平时期的谣传不仅数量颇少，且所讹传内容大多限于朝廷采选秀女。一至社会动荡时期，或边境不靖，或战乱四起，谣言更是纷起。

南倭北虏，是明代的大患，最终导致东南、西北边境动乱，百姓

---

① 陈鸿：《熙朝莆靖小纪》，中国社会科学院历史研究所清史室：《清史资料》第1辑，北京：中华书局，1980年，第112页。

受其蹂躏。一旦出现讹言，四处流散，以讹传讹，就会造成地方社会
的骚动。如嘉靖末年，"倭虏交徼，中原皆震，又加以水旱，各处盗贼
蜂起"，导致讹言四起。先是河南人"讹传倭至"，继而凤阳、泗州人
又传言"开封没于黄河"。后虽知所传非实，然讹传之下，当时景象，
正如朱国祯所言，可谓"危矣，危矣"。①倭乱讹传可以到达深处内陆
中原的河南，足见讹言流播之广。至于东南沿海之地，自嘉靖以来因
时常遭受倭寇骚扰，有关倭警的讹言，更是不时而起。万历二十九年
（1601）三月二十七日，因为遇到大风与雾，有两只倭船暂时停泊于桐
盘山，前去海上捕捞墨鱼的渔民被倭船所劫而逃归。一听之下，温州府
永嘉场各乡乡民，就四处"哄传倭警，居民奔避，各所及乡堡俱戒城
守"。过了数日，蒲歧所上报，"有异船在后塘行驶"，再加之"磐石卫
关外望见苏州船七只"，众人不明就里，"讹传倭至"，于是"溪乡、江
乡、河乡居民多奔入府城"。至四月望前数日，更是声势仓皇。为此，
兵备道专门出了告示，"谕以无恐"，且督兵船棋布防御，倭寇不敢进
入汛地，至府城避难的各乡百姓，随之"累累还集"。四月十九日，有
一只倭船，突然停泊于束落山，巡哨船前去拦击，生擒倭寇十八人，斩
首级若干，其余跳水溺死，滨海才趋于安堵。②东南倭寇之患，盛行于
嘉靖中期。自嘉靖末年以来，一直到万历年间，可谓是四十年来海上安
然。即使如此，倭寇蹂躏的记忆一直留存于东南沿海百姓的记忆之中，
所以突然听闻倭警传言，就难免人心惊虞。温州府这次倭寇事件，既有
真实的倭船存在，却又因讹传而夸大其事，甚至以讹传讹。万历年间，
倭警讹传，仍遍布浙江、南直隶。如万历四十二年三月二十六日午时，

① 朱国祯：《涌幢小品》卷三十二《盗徼讹传》，上海：上海古籍出版社，2012年，下
  册，第640页。
② 姜准：《岐海琐谈》卷九，上海：上海社会科学院出版社，2002年，第155页。

忽然"讹传倭至"，导致"城野狂奔"。在南直隶无锡县，男女老少因为争相逃奔入城，导致"蹂躏死者甚众"。这则讹传的记录，进而记录了当时曾有人在四野看到"赤身披发奔者，顷之杳然"，以至于口耳相传，直至明末仍有故老称之为"阴兵乱也"。[①]可见，原先并不存在的倭乱，一旦经人讹传，即使被事实证明不过是虚惊一场，仍有人引发无限的遐想，进而将其虚化为阴兵之乱。这就是民间讹言、谣传的基本特点。

在明代，与南倭讹传相应者，则是诸多虏警传言的勃兴。自明代中期以后，西北边防大坏，诸如独石、马营、长安岭、保安、永宁一带，均在正统十四年（1449）失守，后虽悉已收复，但在边地一带，无论是官军，还是边民，无不对"虏患"极其畏惮。尽管当时的官员深知"息流言者，莫重于严号令"，但西北边地关于北虏入寇的流言一直未曾中断。究其原因，还是因为专有一些"小人"，妄生异议，鼓煽愚人。他们专造诸多流言，"或以为守边官员，走入虏境；或以为各堡官军，仍要掣回；或以边报贼情，如何严急"。其结果，则直接导致"无知之人，不审虚实，辄便惊疑；一闻流言，忧惶无措"。[②]诸如此类的"虏警"讹言，有时直接源自守边将领的不察。如嘉靖二十八年（1549）春，虏警不断，抚宁侯朱岳、英国公张溶、西宁侯蒋傅、惠安伯张镧、锦衣指挥同知郑玺、金事孙堪，偕同给事中杨允绳，在阅武场比试应袭的官舍。郑玺忽报"讹言"，云："虏入寇，至沙河。"朱岳等均因惧怕而奔逃。杨允绳将此事奏闻朝廷。明世宗下诏，责罚郑玺"讹言惊众，褫职"；朱岳、张溶"怯懦损威，革坐营管事"；蒋傅等人"不能规正，

---

① 计六奇：《明季北略》卷一《清朝建元》，北京：中华书局，1984年，上册，第6页。
② 叶盛：《边务疏》，陈子龙等：《明经世文编》卷五十九，北京：中华书局，1962年，第1册，第469页。

各夺俸二月"。①

万历二十、二十一年间（1592—1593），东征事起，因为"江南讹传"，最终导致大狱之兴。据明人沈德符的记载，事情原委大致如下：东征事起之后，苏州府太仓州有一位士大夫，出于为桑梓考虑，"厚募拳勇，习骑射，备水师，慕义者因相从谈武事"。此人家世九卿，"席膏腴，负时名，初非有封狼居胥想也"。在他的号召之下，其家族中的佻达少年子弟，与同乡纨绔之辈，"骤见驰骋决拾诸事而悦之，益务招集健儿同居处，乃至沈命胥徒场伶市棍，未免阑入"，可谓鱼龙混杂。每次外出，弓刀侍卫，舆马鲜华，引起时人的关注。当时正好有一游士，素以气侠著称，亦预于诸公子之列，偶然通过福建的一位游客，向福建巡抚许孚远夸耀，称："此曹世家子，能报国恩，且有小则保障一方，大则勤王千里之誉。"许孚远是老成人，心中独有疑虑，且私下担忧，就修书一封给江南巡抚朱鸿谟，让其廉知其中的真实情况。许孚远是湖州人，修书的目的，无非是为吴越一地担忧，深怕有些不逞之辈，乘间窃起，并未说"诸公子蓄异谋也"。不料朱鸿谟一向"喜事"，在收到许孚远的书信后大悦，打算以此邀功，就与幕丁、偏裨等商量计策。这些幕丁、偏裨一直受到诸公子的轻侮，借此由头，"务张大其说，且谓变在旦夕，不先发，则江左必不保"。于是，朱鸿谟就通过露章将此事上奏朝廷，"直云连结倭奴，反形已具"，随后将诸公子收捕入监。在被捕的诸公子中，包括王世贞的爱子王士骕。朱鸿谟疏入之后，举朝莫晓其端。当时在朝的首揆、次揆均为吴越人，得此奏疏，无不错愕，不知所出，只是拟旨"抚按会勘"。明神宗得知此事，"意且不测"，幸亏阁中诸辅臣力持之，"得小挺"。许孚远获知朱鸿谟一疏后，大为悔

① 朱国祯：《涌幢小品》卷一《讹言惊走》，上册，第7—18页。

恨，但事已无及。不久，朱鸿谟擢升南京刑部侍郎，许孚远次年亦入为大理寺卿，"事亦渐解"。最后的结果，则是王士骐因牵连此案而被剥夺"荫籍"，其他因此案而坐死者尚有数人，后均"瘐死狱中"。①通观整个事件始末，此案始于世家公子之比昵匪人，张于游士之好为捭阖，成于文帅之借端幸功。诸公子最后不至于夷灭，实属万幸。然而值得关注的是，无论是巡抚幕下幕丁、偏裨出于报复之心的好为捭阖，还是巡抚的借端幸功，他们的惯技还是借助"讹传"夸大其事，以便引起朝廷的关注，而后达到自己的目的。

天启年间，山东"莲妖"徐鸿儒作乱，同样导致讹言四起，引发民间一时恐慌。这些讹言的流传，大多是在畿南广平府一带。王徵时任广平府推官，暂署知府一职。据他的记述，可知白莲教在畿南有不少党与，其中有一位杜光辉，是永年县北乡的裁缝。平日里经常聚集徒众，收取香钱，号称"白莲教首"，实则不过是乡愚村夫而已。巡抚廉得其主姓名后，就密疏上报朝廷。杜光辉得知后，深感惧怕，"潜弃其少妇、家业而逃焉"。密疏上报之后，巡抚亟欲"扑灭之以靖地方，严檄下县急捕"，但不知杜光辉已远遁很久。永年知县得令后，多派差役缉拿，务期必获。凡是杜光辉"少妇、家属与其族党并缝衣徒众少有罣碍者，株连蔓引，咸捕系之，囚禁仓监，累累数十人。暑剧乏食，多致毙命。捕役勒限责比且再三，卒毫无踪影，而累系者莫之释也"。不料巡抚始终以没有拿获杜光辉为歉，再次露出要缉拿杜光辉的风旨。正月十五夜，突然有奸民张月，手执铁鞭，在乡村大声呼叫："都老爷为杜光辉未获，发兵三千，目下洗荡我一十三村百姓，只尺将到。有身家、妇女的还不急急逃命？恐大兵一到，玉石不分！"乡人闻听之下，惊惶

① 沈德符：《万历野获编》卷十八《刑部·江南讹传》，北京：中华书局，1959年，中册，第477—478页。

终夜，相率逃窜的男妇不下数千人。整个广平府城，人人震骇，惶惑特甚。为了平息讹言到处散播，王徵下令严守城池，并与永年知县相约，要求其"速拿讹言惑众张月一名，便可根究主使倡乱之人；再拿一二沿路抢物人，便可立定此番攘乱，但勿先自张皇可也"。此外，王徵又手书"再有讹言惑众者立时斩首"的告示数十张，张贴于四门冲道。不久，将造谣的张月缉拿归案，同时又拿获抢劫妇女裙裤、衣物及驴的两人。在鼓楼前，王徵当众将张月责打八十板子，抢物的两人各责打六十板子，仍枷号通衢。随后，王徵又刊出"大字俚语告示"数百张，发到各个乡村张挂。因讹言流播而逃窜的人，在读了告示之后，纷纷回归乡井，"安堵如故，其乱始定"。经过对张月的仔细拷问，得知主使他传播讹言的人，是曲周县武举贾振武。①

明清易代之后，引发大的社会变动，人们的神经更为脆弱，有时朝廷正常的一纸诏令，也会引起别有用心者的刻意解读，甚至导致讹传。据史载，南明弘光朝建立后，人心稍定。然弘光帝诏书内有"与民更始"一句。这原本是帝王即位诏书的套语，但一至民间，即信以为真，讹传为真的要"与民更始"，甚至还说"奴仆之辈，尽行更易，不得复奉故主"。于是，从上海至闵行、周浦、行头、下沙、一团，以及华亭各镇，千百成群，奴仆沿家索取卖身文契，甚至"奴杀其主者，不一而足"。当时周浦沈庄有一位叫李长的奴仆，更是为横异常。时松江知府陈亨，有戡乱之才，派遣通判何洁（引者按：据《松江府志》，当作何源，宜宾人）至沈庄，将李长枭首示众，"诸恶稍为敛迹"。②

在交战状态下，其中一方通常会采用散布"流言"的方法，以动摇

---

① 王徵著，林乐昌编校：《王徵集》卷一《治状一·平干息乱》，西安：西北大学出版社，2015年，第5—6页。
② 曾羽王：《乙酉笔记》，《清代日记汇抄》，第16页。

敌方的军心。如顺治十一年（1654）郑成功北伐时，"先布流言，不曰今日破某城，即曰明日攻某地"，于是"往来之人因讹传讹"。其结果，则造成"百姓皆兵火余生，惊魂未定，轻听浪传，遂生疑畏，甚至有欲携家出城避匿深山者"。①从姚廷遴的记载可知，北伐之师从海上抵达上海之时，确实引起很大的骚动。城内之人惶恐不安，讹传纷纷不一。一会儿有几个老鹅头说讹话云："方才舡上送起纱帽一顶，员领一件，安民告示一道，要知县穿戴投降，他明日竟到松江去也。"一会儿又有老人说："此王者之师也，不用相杀，竟来招抚，明日通要包戴网巾了。"纷纷讹说不一。在讹传之下，百姓惊慌失措，各挟细软衣资，都出西门逃难。至于其逃难的狼狈窘况，姚廷遴身经亲历，有如下记录："余同唐姑娘家表妹挤出西门，由西转北，过野栗树，至长浜姚侍山家安插。路上又逢大雨，狼狈逃命，甚有内眷从未经走路者，小脚泥泞，一步一跌，牵丝赶队，冒雨而奔，惨状可怜。"②

四、哄然讹传：其他相关谣传

除了上述承平时期选秀女谣传与动乱时期讹言四起之外，若是再加细分，明清时期的讹言谣传，尚可包括以下三类：一是政治性的讹言，其中不乏暗含造言者的政治目的；二是有关僧道政策的传言，亦曾引起一时哄传；三是一些稀奇古怪的传言，有时甚至涉及妖魔鬼怪一类

---

① 汤斌：《汤子遗书》卷八《海逆肆犯有年讹言浪传无忌晓谕官民勿听眩惑以定人心奉宪晓谕事》，汤斌著，范志亭、范哲辑校：《汤斌集》，郑州：中州古籍出版社，2003年，上册，第492—493页。

② 姚廷遴：《历年记》中，《清代日记汇抄》，第71—72页。

的民间信仰。

众所周知，明世宗入承大统之后，出于巩固自己政治地位的目的，遂有改祧之议，由此引发"大礼"之议。议定之后，因议礼而失势的一方显然并不甘心，伺机而动。嘉靖二十五年（1546）四月初五日的一场大火，终于让那些失势者找到了由头，进而大传讹言，以发泄对嘉靖议礼新政的不满。关于这次讹传火焚宗庙一事，明人沈德符有如下详细记载：

> 嘉靖二十年四月初五日未申时，东草场火起。京师人遂讹传火焚宗庙，远近惶骇。至暮大雨雹，且风霆大震，咸谓灾止草场，今且熄矣。夜分以后，火忽从仁宗庙起，延烧成庙及太庙，各庙尽付煨烬。惟新立睿宗庙独存，果应讹言，真可异也。按成庙旧号太宗，先是十七年改称祖，而兴献帝称宗，其主与成祖同入庙，说者谓文皇帝神灵不豫使然，或有云诸庙尽毁，独留新庙，亦祖在天之灵不安于并祀，因有此变。讹言之发，盖神告之矣。①

"讹言之发，盖神告之矣"，如此云云，无非是借助神灵而张大其事而已。若是细究其事，火焚宗庙发生之后，随之而生的讹传、讹言，以及对火焚事件的解读，如"说者谓文皇帝神灵不豫使然"，以及"或有云诸庙尽毁，独留新庙，亦祖在天之灵不安于并祀，因有此变"，一场大火引发如此过分的解读，这一讹言背后的政治意味已是昭然若揭。

明代自万历末年以后，党争大盛，随之而来者则是政治性谣言的勃兴。史称万历末年，"讹言朋兴，群相敌仇，门户之争固结而不可

---

① 沈德符：《万历野获编》卷二十九《祇祥·讹言火庙》，下册，第745页。

解"①。其中所谓的"讹言朋兴"，背后自然暗寓打击政治对手的目的。天启年间，东林与阉党相持不下。进入崇祯朝，逆案一定，党争暂息。即使如此，名列逆案中人，一直等待时机给自己翻案。据吴应箕的记载，崇祯九年（1636），当南京乡试之时，正值"北警"，南中拟出兵勤王，于是"讹言不一，诸生一日数警"。其中所传的"讹言"，"时有言皇上先以兵三千送储君来南也"，"又言福藩亦起兵自卫矣"，其实"绝无影响"，不过是一些政治性的谣言而已。这些"讹言"的出现，其实均来自原先列于逆案中的官员。他们翻案不遂，所以就庆幸国有大难，或"造为蜚语，以摇动人心"；或"先造讹言，冀以摇动人心"。②

朝廷僧道政策的波动不定，传统士大夫内心固有的辟异端意识，佛道的世俗化倾向，以及随之而来的僧、道民间形象的异化，导致僧道政策最易被民间误传，进而引发社会轰动。早在明弘治年间，史载延绥巡抚黄绂奉明孝宗之诏，毁掉庵寺，并将尼姑解送巡抚衙门，"给配鳏士"。此令下达之后，人人大悦，尼姑无不愿配，甚至出现了"去位尼有携子拜跪路旁远送者"的景象。③地方官沙汰僧尼以及毁掉庵寺之举，固然并非常态，却极易引起民间的谣传。如明末崇祯年间，兵科给事中沈迅上疏，疏中有"即不能如唐臣傅奕所言，命僧尼匹配，增户口数十万，亦宜量汰"等语。此疏被人误读，一时哄然讹传，认为朝廷不日将推行"僧尼匹配"政策，于是"京城诸尼，或易装越城，远匿村墟，皆以偶僧为惧"。④明清易代之后，顺治二年（1645）六月二十八日，江南初定。忽然到处流传从北边传来的诏书，共计48款，其中有

① 张廷玉等：《明史》卷三百六《阉党》，北京：中华书局，1974年，第7833页。
② 吴应箕：《留都见闻录》上卷《科举》、下卷《时事》，南京：南京出版社，2009年，第21—22、38页。
③ 徐学聚：《释教》，《国朝典汇》卷一百三十四，明天启刻本。
④ 李清：《三垣笔记》上《崇祯》，北京：中华书局，1982年，第28页。

一款有"驱除僧尼、道士,俱令还俗,寺、观、庵、院封闭入官"等语。当时苏州承天双塔寺僧人,久以造酒外卖为业。一听传闻,寺僧恐慌,当晚将酒减价发卖。其中有寺僧向军门具呈,军门随即发出告示,云:"从古三教并重,断无遣逐僧道之理。"随即下令,访拿讹传诏旨之人,拿获玄妙观李道士,发捕厅审究。当时署总捕一职的是苏州府同知王志古,是昆山人,经审讯李道士,方知所传诏旨,得自抄传,并非自己捏造,就将李道士责打四十板,解赴巡抚衙门。巡抚并未深罪李道士,才得以免死。①

　　明清两代的谣传,很多所传为稀奇古怪之事,甚至不乏涉及妖魔鬼怪。这是民间谣传的常态。成化二十年(1484)夏秋之间,苏州一带忽然流播"讹言",称有一种狐精,专门取小儿的心肝,兼能伤人。讹言传闻之下,民间百姓每至晚上,就将自家小儿藏在秘密之处,"鸣金鼓以备之"。一会儿传闻狐精在城西,忽然又传狐精在城东,导致民间"喧哄不宁"。这则讹言传闻出自江南才子祝允明的笔下。针对这一传闻,祝允明家也不免时加提防。据祝氏自述,起初他认为不过是"讹言"而已,后来经姻亲中的老妇告知,方知真有狐精。据说这位老妇曾经早起时在临街上亲眼见到过狐精,声称此物"身如犬而尾长数尺,伛偻路旁沟上,见人乃升屋,其立也如人,忽乃不见"。②是否真有狐精此物,以及这位老妇亲眼所见的狐精是否真实,这均不在考察之列,但祝允明的这则记载,至少可以说明以下两个问题:一是讹言流播,并非只有无知愚民才信从,即使像祝允明这样的知识人,也难免会受到此类讹言的裹挟而遵信不疑;二是讹言流播之下,难免造成民间"喧哄

---

① 佚名:《吴城日记》卷上,第204页。
② 祝允明:《祝子志怪录》卷二《讹言》,祝允明著,薛维源点校:《祝允明集》,上海:上海古籍出版社,2016年,下册,第1041页。

不宁"。

关于狐精妖怪一类的讹传，一直在明代民间流播。万历二十三年（1595）七月初九，连日来在杭州的民间百姓中，一直"盛传"有妖"夜入人家，压男妇，出血吮之，有昏迷至死者"。传闻之下，妇女无不惊怖，"夜逐妖叫呼，金鼓之声不绝"。这一传闻，起自富阳，至七月初四、初五两日，才传入杭州城中。①崇祯十一年（1638）六月，忽然有人从江北来，声称人身上有一种羊毛疹者，假如不用针挑出，人则立死。有人就依言去挑，果真从肉中挑出了毛。于是，"群相煽惑"，街巷之间，竞以戏文祈禳。南京的梨园整日演剧，导致戏价骤涨，一部戏价格高达六七两银子，优人日得千钱，仍然快快不乐。至后，因为"讹言日甚"，南京巡城御史杖死倡说之人，"事遂已，民亦卒无他患"。②入清以后，讹传仍不乏见于史籍记载。如雍正五年（1727）七月十九日，苏州大雨如注，顷刻间水涨二尺许。至夏间，"讹传将以小孩祭河"，导致"以佛殿寄名长幡投河筑岸，取焚者如市"。其结果，则是到了冬天，小孩患"痘疡不下千余"。③

揆诸明清时期的诸多讹传，很多均显莫名其妙，令人深感可笑。唐人重鲤，据说佩用鱼符，所取就是鲤鱼的象征意义。因"鲤"与国姓"李"同音，所以按照《唐律》规定，"取鲤即放之，卖者杖六十"，甚至称鲤鱼为"赤鳙公"，其中的"鳙"即鲤字。这一先例的存在，导致明朝正德年间，在吴越一带，到处流传一种"讹言"，称因为"猪"与国姓"朱"同音，朝廷禁止百姓养猪。谣传之下，民间信之，凡是猪无

① 冯梦祯：《快雪堂日记》卷七，乙未七月初九条，南京：凤凰出版社，2010年，第89页。
② 吴应箕：《留都见闻录》下卷《时事》，第30页。
③ 许洽：《眉叟年谱》，佚名：《吴城日记》附录，第255页。

大小，屠宰一空，以致猪肉价贱，不好售卖。[①]万历年间在北京广泛流播的“兴土”妖言，同样让人莫名其妙。史载万历三十六年（1608），太监在内府织染局建了一座西顶娘娘庙。当时在京城中忽然流传“进土之说，一切男妇不论贵贱，或车运，或马载，以至艳妇处女，亦坐两人小舆，怀中各抱一土袋，以香楮随其后，入庙献之”。又数年，宫中忽然流行一种“掠城”的赌博游戏，其法是画地为八方，“令大珰辈以八宝投之，自十两至三两，能入者即为赏”。一种莫名其妙的“妖言”产生，以及一种新颖赌博游戏的出现，却被解读者加以无限的联想：一是将“进土”一说，与万历四十六年辽东失陷抚顺一事联系在一起；二是将“掠城”游戏与万历四十七年春的“大败丧地”联系在一起。[②]这就是所谓的“人以为谶”。

五、喜讹尚怪：谣传盛行的社会原因及司法惩治

基于一些时代性的社会原因，明清两代谣传盛行。谣传一旦广泛流播，轻则导致民心惶惶，错配鸳鸯，重则导致死伤事件，甚至有些流言背后的舆论效应，更会动摇统治者的统治基础。为此，无论是法律条文，还是地方官员的行政、司法实践，均对谣传采取重治之法。

（一）谣传盛兴的社会原因

明清两代谣传的兴盛，固然有历史传承的因素，有时也确乎与“愚民无知”颇有一些关系，然若深究之，则必有其带有时代性的社会原

① 田艺蘅：《留青日札》卷三十《赤鲤公》，第561页。
② 沈德符：《万历野获编》卷二十九《禨祥·妖言进土》，下册，第746页。

因。统而言之，大抵有以下两个：

其一，官方言路及信息传播系统不畅，导致讹言四起。明清时期，除了官员士大夫得以从邸报中了解朝廷部分信息之外，普通百姓很难获悉官方消息。即使对于在朝官员而言，或塘报不通，或事涉军机的奏疏留中而不发抄，都会引发官员的私下猜度与议论，进而导致讹言四起。即以明末崇祯朝为例，由于塘报不通，直接引发"讹言煽动"，甚至出现了"无端捏造飞语"之人。崇祯十年（1637）闰四月，杨嗣昌在上疏中言：

> 自边寇交讧，声唤屡惊，兼以好乱之人讹言煽动，自近及远，益觉皇皇。今春畿南偶有土寇抢掠，村庄遂喧。传敌骑再至，男妇奔入都城，势不可遏。虽通行晓谕，终不相信。迩因皮岛溃失，道路之口更复纷纭。臣以为调度军机不应泄露者，自当加谨秘密。若边腹塘报，仍不妨抄传与众兵知，使远近无事于揣摩，而奸徒莫容其鼓煽，未必非安定人心之一策也。①

从杨嗣昌的疏中可知，当社会动荡之际，边地、腹里塘报不通，以及好乱之人的"讹言煽动"，难免会引起人心不宁；再加之"道路之口更复纷纭"，更是造成"长安之中以耳语耳，几于乱真"。为此，杨嗣昌在疏中建议，由皇帝敕谕厂卫、五城缉捕衙门，先期禁止，"敢有无端捏造飞语之人，即便严拿正法。立惩一二，以警其余"。崇祯皇帝为此下旨："塘报不关机密的，准照常抄发。有无端擅造飞语的，着厂卫

---

① 杨嗣昌著，梁颂成辑校：《杨嗣昌集》卷十一《讹言易煽疏》，长沙：岳麓书社，2008年，第236页。

城捕衙门严拿正法，毋得徇纵。尔部仍行申饬。"①

崇祯十一年，面对清兵突然入关之势，杨嗣昌建议罗致人才，以御清兵。总督卢象升得以被崇祯帝召见。此事引发了朝臣的诸多议论，甚至不乏流言。究其原因，就是有关军机的奏疏，照例留中，不发兵科抄出，群臣无法知道实情。对此，杨嗣昌在崇祯十一年二月二十五日的上奏中有如下揭示：

> 奈军机奉旨严密，条奏蒙谕留中，阴阳疑揣之端自是而起，异同构斗之隙不卜其终。臣不得已将一二题稿密传臣部坐门司官，质之九卿科道。同坐门者代臣求益，盖欲同舟之人略知篙橹邪许之事，以息捕捉风影之谈。而臣心如是之苦，流言如彼其兴。除另奏请裁外，臣思无可奈何，必祈我皇上俯采刍言，广收群策，将前此留中者俱下臣部看详。②

可见，无论是"流言"的兴起，还是出现诸多"捕捉风影之谈"，均源于有关军机重务奏疏的不发抄，最终导致流言四起。崇祯帝在读了此疏后，下一旨云："兵事贵密。诸奏留中，面谕甚明，何庸疑揣？览卿奏，广收群策，朕知道了。该部知道。"③尽管杨嗣昌关于战守之策累疏百余，而且经过崇祯帝批红的奏疏或发给兵部，或发到兵科，还是引起了朝野的猜测，甚至"流言四起"。④

其二，地方风俗中好"新闻"，甚至"喜讹尚怪"风气的形成，无

---

① 杨嗣昌著，梁颂成辑校：《杨嗣昌集》卷十一《讹言易煽疏》，第236页。
② 杨嗣昌著，梁颂成辑校：《杨嗣昌集》卷二十八《再祈圣鉴疏》，第652页。
③ 杨嗣昌著，梁颂成辑校：《杨嗣昌集》卷二十八《再祈圣鉴疏》，第652页。
④ 杨嗣昌著，梁颂成辑校：《杨嗣昌集》卷二十八《军务方殷流言可骇疏》，第653页。

疑对讹言谣传的流播起到推波助澜的作用。

在明清时期，诸如造言、讹言、妖言一类的谣传，已经相当普遍。在有些地方，更是形成一股流播谣言之风。这可以从以下三个方面观之：

一是正如明人王稚登云："吴风淫靡，喜讹尚怪。"① "喜讹"导致造作讹言，"尚怪"更是让讹言有了流播的土壤。另有史料证实，在明代的苏州当地，已经形成一种好"新闻"的习俗。人们聚集在一起，一坐下，就"问新闻"。对此，李乐从传统的角度作了解读，认为这是"游闲小人入门之渐，而是非媒蘗交构之端"。他进而认为，只有地方上"无新闻可说"，才称得上是真正的"好风俗""好世界"。这一解读的根据，就在于将"新闻"等同于"讹言"，并认定讹言之"讹"，就是"化其言而为讹也"。②

二是"杭州风"的形成，且本身所具的"撮空"特点，显已证明明代的杭州已是"讹言"成风。史称杭州风俗浮诞，轻誉而苟毁，道听途说，无复裁量，譬如某处有异物，某家有怪事，某人有丑行，一人倡之，百人和之。当面质疑，似乎如亲眼看见一般，其实就好像风一样，起无头而过无影，不可踪迹。外地人抓住这一点，毫不客气地直斥为"杭州风"，并造出一则谚语加以讽刺，道："杭州风，会撮空，好和歹，立一宗。"③

三是在湖广京山县，传播谣言，更是形成一种风气。李宗定《京

① 王稚登：《吴社编》，王稼句编纂点校：《苏州文献丛钞初编》，苏州：古吴轩出版社，2005年，上册，第324页。
② 李乐：《见闻杂记》卷七，第594页。
③ 田汝成：《西湖游览志余》卷二十五《委巷丛谈》，上海：上海古籍出版社，1998年，第363页；杜文澜辑：《古谣谚》卷六十四《外方人为杭州人谚二则》，北京：中华书局，1958年，第739页。

山竹枝词》云："紫气氤氲帝里东，南新开市杂其中。一年好事无多少，只有谣言疾似风。"① 所言即此。

（二）谣言的制造者、传播者

讹言谣传的兴盛，实有赖于制造谣言、传播谣言者的广泛崛起。据明末人杨嗣昌的奏疏可知，那些政治性的讹言谣传，其传播途径大致如下：先是"出之舆台皂隶之口"，而后"入之市井闲民之耳"，再经过这些市井闲民的流播，最后"轰轰殷殷彻于都市矣"。② 由此可见，讹言谣传的兴起，既有造作者，又有传播者。两者相合，最后汇聚成一种不可小觑的舆论影响力。

就讹言谣传的制造者而言，造言之人亦是形形色色。细加勾勒，大致有以下几类人，最习于制造谣言：

一是读书士子。如在湖广宝庆府，士风也开始发生转向，已从"守其师说"转而变为"邮讹造谤"。史载宝庆府的士人，起初是"葛巾素服"，一望即知是读书的士人，且能做到坚守"师说"，言必称"某先生之言"。其后，则发生很大的变化，士人之口，不再用来"穷经说礼"，而是用作"邮讹造谤"。③ 此外，生员落魄，仕进无门，成为山人游客之后，亦擅长制造流言蜚语。明代山人乐新炉堪称典型一例。据史料记载，乐新炉是江西临川人，原本是国子监的监生。此人颇有才智，至京城之后，凭借捭阖之智游于公卿之间，甚至一度入于大珰张宏幕下，太监冯保得罪于神宗，就是张宏通过乐新炉授意科道弹劾而致。乐新炉

---

① 姚旅：《露书》卷九《风篇》中，福州：福建人民出版社，2008年，第201页。
② 杨嗣昌著，梁颂成辑校：《杨嗣昌集》卷二十八《军务方殷流言可骇疏》，第653页。
③ 顾炎武著，谭其骧、王文楚、朱惠荣等点校：《肇域志·湖广·宝庆府》，上海：上海古籍出版社，2004年，第3册，第1928页。

是万历年间朝中诸多政治性谣言的制造者，史称"多造口语，人多畏恶之"。万历十九年（1591）冬，刑科给事中王建中专门上疏，纠劾乐新炉。从奏疏中可知，乐新炉所捏造的"飞语"颇多，如将邹元标、雒于仁、李沂、梁子琦、吴中行、沈思孝、饶伸、卢洪春、李植、江东之称为"十君子"，将赵卿、洪声远、张程、蔡系周、胡汝宁、陈与郊、张鼎思、李春开称为"八狗"，将杨四知、杨文焕、杨文举称为"三羊"。继此之后，他又大造谣言，云："若要世道昌，去了八狗与三羊。"①

二是"无籍之徒"。在明清两代，无籍之徒有时就是无赖流氓的代名词，他们通常也是谣言的制造者。如成化年间，各乡村之地便有"无籍之徒"，捏造妖书妖言，煽惑人心，图为不轨。②明代的史料记载也说明，江南很多市镇的讹言，均由一些领袖无赖子的"魁猾"所造。他们不但开赌博，张骗局，贩盐窝盗，甚至"兴讹造言，无所不至"。一旦异说经他们制造之后，很多人随之"附丽"，"显为民害，暗酿乱端"。③

三是妖僧妖道。如弘治年间，妖僧李道明撰写妖词歌唱蛊惑人心，从而讹诈财物④；万历年间，妖僧李圆朗制造妖书煽动人心，进而谋划在广东始兴县谋乱⑤。嘉靖三十四年（1555）秋，杭州民间百姓中讹传

---

① 沈德符：《万历野获编》补遗卷三《刑部·山人蛊语》，下册，第873页。
② 戴金编：《皇明条法事类纂》卷三十二《禁约捏造妖书妖言及收藏传用》，日本古典研究会1966年影印本，第274—275页。
③ 崇祯《乌程县志》卷四《风俗》，《稀见中国地方志丛刊》，北京：中国书店，1992年。按：县志所录上面这段记载，其实就是一位名叫陆呐斋的老翁所言。这位老翁为朱国祯的父执辈。其所说原话，与县志所载大抵相同，但亦稍有出入。引述如下："假如今各镇市中必有魁猾，领袖无赖子，开赌博，张骗局。僧道念佛，则挨入司香火；社节出会，则奋身酿金钱，甚至贩盐窝盐，兴讹造言，无所不至。黠者又结衣冠人为助，把柄在手，头绪甚多。流棍异说可疑之人，因而附丽。显为民害，暗酿祸端。"参见朱国祯《涌幢小品》卷三十二《小匿》，第651页。
④《明孝宗实录》卷二百六，弘治十六年十二月辛丑条，台北"中央研究院"历史语言研究所1964年校印本。
⑤《明神宗实录》卷二百十，万历十七年四月乙酉条，台北"中央研究院"历史语言研究所1966年校印本。

的"马祖师"其实就是一位妖道，民间将马祖师妖魔化了。或称其"能入人家，迷惑人至死，变幻飞走，异形多能，为蝴蝶，人御之，则刀枚反伤其人，或害及家人妻子"；或称其"能剪纸为兵，念咒即能布阵，夜入人家，男妇睡时，多为所压，不能醒，虽醒，气犹索索不苏，有因而死者"。关于马道人的传言，开始起于苏州、常州，而后盛行于湖州，不仅士民崇信，甚至有名的仕宦大夫也受其愚弄。流风所及，杭州、宁波，甚至广西，均有关于马祖师的传言，可见其影响之深。马祖师不仅成为民间讹言的神化对象，更是谣言的直接制造者。他声称："以盆水照影，则贵贱迥别：或有影带貂珰、幞头、纱帽、兜鍪诸色种种奇怪者，亦有带平天冠如帝王像者。"照影之后，他就署名簿籍，借此预定官爵大小高下，将来大率如所见之影。①云云。

四是溃逃的军兵。如明代北方边地流言的传播者，大多是"比先弃城逃走之徒"，他们或托故存留在京，或怪恨拘发原卫，侥幸脱罪，不知感恩，于是"更造言以为得志"。②

至于讹言谣传的传播者，若是细加探究，除了前面提到的市井闲民之外，以下两类人群，则最为引人瞩目：

一是"三姑六婆"。毫无疑问，在明清两代，三姑六婆已经成为"新闻"的传播者，以致很多士大夫家族的家训中，大多告诫自己的家族内成员，不止娼妓不许"出入门内"，即使是三姑六婆，也必须"勿令入门"，"万勿令得往来"。究其原因，就是三姑六婆这类人，"或称募化，或卖簪珥，或为媒妁，或治疾病，专一传播各家新闻，以悦妇女"。除了传播各家新闻之外，三姑六婆有时还会"暗中盗哄财物"，甚至"诱为不端，魔魅刁拐，种种非一，万勿令得往来。至于娼妓出入

① 田艺蘅：《留青日札》卷三十五《马祖师》，第1133—1135页。
② 叶盛：《边务疏》，《明经世文编》卷五十九，第1册，第469页。

门内，尤为不可"。①

二是"老鹅头"。顺治十一年（1654）九月，南明郑成功等率兵从海上北伐时，曾在松江府上海县一带引起地方骚动，一时讹言四起。姚廷遴在对此事的记载中，有云：

> 城内惶惑，更有几个老鹅头说讹话云："方才舡上送起纱帽一顶，员领一件，安民告示一道，要知县穿戴投降，他明日竟到松江去也。"又有老人说："此王者之师也，不用相杀，竟来招抚，明日通要包戴网巾了。"纷纷讹说不一。②

文中明言"讹话"的传播者是"老鹅头"与"老人"。老人其义明晓，不必赘言。唯"鹅头"一语，需要稍加辨析。"鹅头"一称是苏州俗语，通常是指愚蠢之人，一如杭州之称"豺头"，嘉兴之称"酒头"。鹅头一称，除了专指愚笨之人外，还有另外一层含义，即专门讥讽那些"顽傲"之人。③由此可见，姚廷遴所谓的"老鹅头"，实则有两层含义：一则指愚笨老人，二则指久已顽傲之人。

（三）谣言的防治及司法惩治

在明清两代，讹言谣传一旦出现，官方最为常见的防治之法，就是下发或张贴告示，通过澄清事实，以安定民心。早在明代中期以后，鉴于西北边地流言的传播，叶盛就曾建议朝廷特降"圣旨榜文"，让官员

---

① 申涵光：《荆园小语》，诸伟奇、敖堃主编：《清言小品菁华》，深圳：海天出版社，2013年，第468页。
② 姚廷遴：《历年记》中，《清代日记汇抄》，第71—72页。
③ "鹅头""酒头""豺头"诸称之义，以及所涉相关问题的考辨，可参见陈宝良：《中国流氓史》，上海：上海人民出版社，2008年，第134—135页。

赍送边地，在各城堡"永远张挂"，其目的在于"安人心"。①崇祯九年（1636）正月，"流贼"攻破和州，江浦被围。于是，南京开始加强防御，"未见一贼而先张皇自敝"。所幸官方发出告示，说明城内"安静无事"，方使民心稍定。②

明清鼎革，弘光朝廷建立。因在诏书中有"与民更始"一语，被人"讹传"，造成上海至闵行、周浦、行头、下沙、一团乃至华亭诸镇，奴变纷起。当时地方官员发出告示一通，云："有倡乱者，照李长枭示例！"方使周镇稍趋安宁。③

入清以后，尤其是到了顺治十一年（1654），南明郑成功等北伐，导致流言四起。为此，地方官同样采取张贴告示之法，以安抚民心。在江南上海县，地方官员所出安民告示云："逆贼张名振志图抢掠，突入江浦，谅此海底游魂，何难摧枯拉朽。尔百姓与官民当协力防御，乃有无知奸狯之徒，从而猖獗，有执梃而阻遏官兵者，有包戴网巾者，有讹言惑众者，有恐喝官府者，种种悖逆，本应荡洗，今姑网开一面，令尔自新，着即还家复业。"自此而民心稍定，渐归复业。④当北伐流言往江西扩散之时，时任江西岭北道参政的汤斌，也只好"檄行各属，张示晓谕，使各安心乐业，不得妄自迁移，自取丧身失业之祸"。⑤

天启年间，山东白莲教徐鸿儒起事，导致流言四起，民心纷乱。为此，时任广平府推官且署知府一职的王徵，专门出一告示，以安抚民心。为了对地方官员的安民告示有一详尽的了解，不妨将王徵所出告示

---

① 叶盛：《边务疏》，《明经世文编》卷五十九，第1册，第469—470页。
② 吴应箕：《留都见闻录》下卷《时事》，第30页。
③ 曾羽王：《乙酉笔记》，《清代日记汇抄》，第16—17页。
④ 姚廷遴：《历年记》中，《清代日记汇抄》，第71—73页。
⑤ 汤斌：《汤子遗书》卷八《海逆肆犯有年讹言浪传无忌晓谕官民勿听眩惑以定人心奉宪晓谕事》，《汤斌集》，上册，第492—493页。

全文引述如下：

本厅到任以来，窃见此方百姓，各安生理，颇多善良，私心甚为喜慰。向闻东省妖民倡乱，初若倡狂自恣，后乃邪不胜正，人难欺天。渐渐穷促，渐渐剪灭。为首的凌迟处死，协从的多遭杀戮。妻孥死亡，家业荡尽。平日妄想心肠，到头竟成何济？本厅每羡此方百姓安家乐业，父子兄弟团圆，母妻儿女厮守，何等快活？何等太平？视彼作乱地方，何等受用自在？何意今日忽起无端风波，做出一番莫来繇之张皇也。他那奸徒捏造讹言，正要你们乱动，他好乘机抢掠。你们略略有些识见的，怎么肯堕他的术中？俗语云"狗咬脚踵"。你们若是定定的不动，看他如何抢掠？况你们小男、妇女投奔外乡，也不是容易走的。何不先着一两个壮男子，前去打听的实，再作行止？何如就是他们妄传上司发兵来洗你们村坊？你们也试自想一想，你们有甚罪过，上司恼恨至此！想都院念你们是旧游地方百姓，爱惜你们如同自家儿女，见你们有些小苦累，即行刊挂大大告示，谆谆禁约官长，就是有宁难为官长处也不恤。都只为你百姓来，何尝有一件恼恨你们百姓处？况你们百姓告下一张状子，也三番五次着官详辨是非曲直，不忍误伤一人。岂有不论青红皂白，就将无于〔干〕平民尽行洗荡的理？就是当日有名的白莲教首，逃避远方。自那武邑事平之后，抚、按都明悬告示，一切置而不问。不是不能拿他，正是不肯惊扰地方，欲百姓相安于无事，共享太平之福而已。你们今日却如何无端自家张皇，几令奸人得志？自今经了这番光景，你们大家须要回想回想，看那逃窜的有甚好光景？那不动的有甚不好光景？今日果是如何？则官府晓谕之言可信乎？奸人虚传之言可信乎？从今以往，既还乡井，各宜安心坚守自家家业，保护自家骨肉，成全自家性命，稳稳当当的坐享清平世界。勿再妄信传言，虚生恐怖，致令一家骨肉拆散，亲戚飘零，背乡离井，到做个逃亡乱民。到后来家业被奸人抢占，妻子遭道路羞辱，掯的有家难奔，那时埋怨何及？悔恨何及？本厅迂阔无当，不能化诲吾民。然自信畏天爱人一念，断不忍一言欺我百姓。凡我百姓，其尚亟相体亮，转相告戒，永作善良，各安生理。毋忽！①

不厌其烦地将告示录于上，其目的在于对地方官的安民告示格式、内容有一个全面的展示。而从王徵所出告示来看，为了使百姓安心，告示不但采用白话与口语，甚至不惜引用民间俗语，借助苦口婆心之法，使百姓不信奸徒所造讹言，且能"各安生理"。

当讹言谣传疯传之时，地方的一纸安民告示，对于防治讹言、抚辑民心显然很有必要。至于那些制造、传播流言者，朝廷与地方官员更是将他们上升到法律的层面加以惩治。从国家法律层面来说，在明代，但凡制造与传播讹言、妖言等等，均与叛逆、强盗相同，将此类案件归属大罪，一概交由锦衣卫镇抚司治理，而不是三法司。"狱具，虽法司大臣，无敢出入。"②又从成化、弘治年间就诏狱下发的各项圣旨来看，只要是制造或传播"妖言"之罪，大多下旨"好生打着问"，显然不同于一般的"常犯"。③

针对讹言、妖言，法律惩治条例如此严厉，固属必然。若是将视角转向地方官员的行政与司法实践，对流言、讹言、妖言之类的流播，他们同样采取了极其严厉的惩治之法。如明代中期，叶盛针对北边广泛

① 王徵著，林乐昌编校：《王徵集》卷三《治状三·谕惊逃》，第64—65页。
② 崔铣：《喻刑》，《明经世文编》卷一百五十三，第2册，第1539页。
③ 林俊：《陈愚悃以附余忠疏》，《明经世文编》卷八十八，第1册，第796页。

流播的"虏警"流言，上疏要求朝廷特降圣旨榜文，授予地方官特别的权力，凡是有人"倡为异议流言，摇惑人心"，则允许地方官"指实参处，以极刑示众，仍籍其家"。① 吕坤出任山西巡抚时，曾专门规定：那些"造言之人"，只要"无端捏事，见影生风，或平起满街议论，或写贴匿名文书，或擅编歌谣剧戏，或讲说闺门是非"，若是因此而出人命，必须与人抵命。其余者，一旦经乡约人等指实，"即便绑缚到官，有司尽法重治，遍于城市乡村游迎，仍写奸诈贼民某人大字竖牌一面，钉于本犯门左，申明亭纪恶，朔望念堂，良民不与为礼"。② 崇祯末年，刘宗周任都察院左都御史时，疏呈《乡保事宜》，其"惩恶条例"中，就列有"讹言惑众"，且在"约备"条中，建议"其讹言者，以军法论"。③ 又在《乡约事宜》中，刘宗周进而补充道："凡道路流传之言，不得转相告语。传讹者即是生讹之人，法在不容。"④

六、余论：谣言止于智者？

揆诸明清时期兴讹造言的历史事实及其传播途径，将信谣、传谣的责任一概推诿于百姓之愚，既不符合历史的真实，更有悖于史家的求真精神。俗语有云：谣言止于智者。此语实当从三个层面加以解读：

---

① 叶盛：《边务疏》，《明经世文编》卷五十九，第1册，第469—470页。
② 吕坤：《实政录》卷三《民务·恶风十戒》，《吕坤全集》，北京：中华书局，2008年，中册，第1006页。
③ 刘宗周：《文编一·奏疏四·遵奉明旨疏》，吴光主编：《刘宗周全集》，杭州：浙江古籍出版社，2012年，第4册，第173—175页。
④ 刘宗周：《文编九·杂著·乡约事宜》，吴光主编：《刘宗周全集》，第6册，第854页。

其一，无论是讹言、谣言，还是妖言，其兴起乃至流播的最大特点，就是"凭诸物，假诸灵，一夫说，万夫腾，无翼而飞，无趾而行，疑鬼疑神，使民无故而相惊"。假若纵而勿问，则会"因是而为乱"；如果从而治之，则又"窈冥不见踪迹"。①面对讹言谣传，理应奉持曾子之说，即"君子不唱流言，不折辞，不陈人以其所能，言必有主，行必有法，亲人必有方"。就此曾子之言，明末大儒刘宗周曾作如下诠释："流言，如水之流而无定也。言而无主，流莫甚焉。折人以辨而不穷，陈己之长而不逊，皆流言之导也。君子不唱流言，故言必有主。言有主，则行有法矣。"②清人惠仲孺在论及君子面对讹言时，也主张应该"镇以静"③，其实就是曾子"不唱流言"说的翻版。细究曾子、刘宗周、惠仲孺之意，实则是俗语所谓的谣言止于智者。历史的事实确乎已经证明，谣言可以止于智者。如隆庆元年（1567）在大江以南，广泛传播朝廷要选取宫人的流言，民间百姓凡是有八岁以上的女儿，一概出嫁，良贱为婚，不可胜纪。当时桐乡县乌镇人陆相，有一年方二十岁的女儿，众人劝告陆相从权将女出嫁，而陆相却说："万万无是事也。皇家选宫女，须用北人，南人必不与选。万一我女与选，何福胜戴？吾当亲送入宫耳。"陆相并未将女匆匆出嫁，而是以礼"如期于归"。④此即谣言止于智者的典型个案。

吊诡的是，信谣、传谣者并非仅仅限于下层的愚民百姓，有时知识人、官宦同样是讹言谣传的信从者与传播者，甚至是推波助澜者。换言之，知识的多少、官爵的高低，并非是智者的必备条件，有时普通的百

---

① 法式善：《陶庐杂录》卷六，第204页。

② 刘宗周：《曾子章句·立事第一》，吴光主编：《刘宗周全集》，第2册，第532页。

③ 法式善：《陶庐杂录》卷六，第204—205页。

④ 张履祥：《杨园先生全集》卷四十四《近古录二·见闻杂记》，下册，第1273页。

姓反而是真正的智者。已有的诸多史料已经证明，很多知识人颇喜记录讹言谣传，并借此大加附会，作为后世动乱的一种征兆。[1]即以明代广泛流播于江南的选秀女谣传为例，一些士大夫也称不上是真正的智者。在面对朝廷选秀女的讹言时，"虽宦家往往摇动"[2]，就是最好的例证。

其二，讹言谣传的流播，一旦经人以讹传讹，风靡于世，就会导致人心惶惶。清初学者张履祥将讹言列入"灾异"类加以记录，足见谣传引发的恐慌可以导致一场大的灾难。即以明清时期广泛存在的选秀女谣传为例，一言之讹，有时确乎"令人间忽辟一夫妇世界，鸳鸯系足，不知费仙人几许赤绳也"[3]。讹言流播之下，匆匆嫁女，致使鸳鸯错配，最终导致许多婚姻悲剧。嘉靖末年嘉定节妇殷氏，即为讹言流播而导致的婚姻悲剧的牺牲品。[4]若以明代倭警讹言流播为例，正如前述，同样

---

[1] 如明末清初人曾羽王，作为一个下层知识人，就颇为喜欢记录讹言谣传，并由此加以附会。在他的日记中，有下面两则记载，即是最好的例证。一则记载如下："崇祯十三年，传言于护塘有一妇人，身穿白衣，形如道婆，自云：'可惜此地，不久作战场矣。'始以为讹传，不信。及约十有八年，自顺治辛丑、康熙壬寅，上台巡历，如无宁晷。"另一则记载如下："至崇祯六七年，余年三十。值流寇纵横，青村有调兵之举。或征安庆，或守桐城。二三仆人如朱二、童喜、王受、王常，不时从征，归述流寇事甚悉。此时乡民顿兴立教。有'一拜天，二拜地，三拜朱朝灭，四拜我主兴'之语。又有'蝴蝶满天飞，身穿和尚衣，弥陀清世界，大明归去时'。余始以为妄谈也，不知十年之后，其兆立应。"参见曾羽王：《乙酉笔记》，《清代日记汇抄》，第34、7页。

[2] 叶权：《贤博编》，第10—11页。

[3] 陈鸿：《熙朝莆靖小纪》，《清史资料》第1辑，第112页。

[4] 关于节妇殷氏，徐允禄有如下记载："嘉靖季年，民间倡诏选宫人之说，一时男女昏嫁略尽。邑（引者按：指嘉定）庠殷儒女，乃归娄塘里徐某。先是，徐少猾不良，邑人尽知之。会为讹言所迫，故归徐。未逾月，殷夫妇遂以女还。还而母探其意，女恚曰：'业与之醮矣。'母大怒，骂之曰：'尔即淫私其夫，不谓若遂能当尔意？'女饮泣不敢言。其后，徐某数至殷室，庶几见其妻。母预戒其女，不与见。使人迎妇归，亦拒之。如此者二年，而徐某疾发死。殷女为哭死者数四。无何，会其母亦病死，殷女愈哀，遂绝饮食而病作。将卒，其父谓之曰：'噫！尔死，则何归？'女愀然曰：'惟命。'曰：'以尔伴母氏，何如？'女复愀然曰：'惟命。'又曰：'以尔归徐郎所，何如？'女即据床叩谢曰：'如此则死而生矣。'须臾，死。竟从其意。"参见徐允禄：《思勉斋集》卷九《殷节妇传》，清顺治刻本。

造成了"踩躏死者甚众"的死伤恶果。①更有甚者，妖则有形，讹则有声；妖讹相仍，奸宄其兴。可见，许多妖言、讹言背后有着造谣者不可告人的目的，甚至有导致"奸宄其兴"的谋叛之举。就此而论，清人惠仲孺进而提出"绳以法"之说②，借法律对造言者加以惩治，实有禁止讹言谣传进一步流播之效。

其三，讹言谣传的传播，单凭事后法律的惩治，并非一劳永逸之计。当讹言谣传盛兴之时，官方及时出台的安民告示，固然可以收安定民心的一时之效，但单纯依靠官方的禁令、告示，终非长久之计，有时甚至适得其反，出现"官愈禁愈以为实"的尴尬结局。③

若是从深层次的心理层面加以探析，讹言谣传的兴起，实则源于一种心理恐慌，尤其是久藏于内心深处对"宫怨"与动乱时期颠沛流离生活的这种恐慌性心理记忆。当然，绝不可过分夸大讹言谣传的负面影响。禁止讹言谣传流播的最佳方法，尚须凭借信息、言路方面的制度建设。唯有朝廷与地方、官与民、上与下之间的信息渠道畅通，讹言谣传方可不兴。换言之，当言路不通、官民信息交流不畅、民意难以上达天听之时，民间百姓才不得不依赖于讹言谣传，以此作为一种表达群情的舆论。

---

① 计六奇：《明季北略》卷一《清朝建元》，上册，第6页。
② 法式善：《陶庐杂录》卷六，第204—205页。
③ 叶权：《贤博编》，第11页。

医儒互济：明代江南袁黄家族的谋生与立命*

冯玉荣

（华中师范大学历史文化学院）

摘要：袁黄祖上受靖难之役，世代不可科举，转而业医以谋生计。至万历时，建文一事已有松动，受迫害牵连之家亦可重返仕途。袁黄重拾科举，成功入仕。医儒互济，可以说是袁氏家族渡难重兴的两大支柱。学界研究多集中于袁黄个人行迹及功过格为主体的劝善思想，对其家族业医与入仕的关系未加深究。在科举之路被禁之后，袁颢、袁祥由儒入医，以医藏身，以医谋生，为其家族重振开辟一条韬光养晦的通道。这一职业道路的选择，既有儒学作为知识根基，也通过有意识的家族联姻得以巩固拓展。与其时儒医相似的是，袁氏在行医过程之中，并未弃下诗书，而是广交士林，提升家族在地方上的影响力。袁仁以医喻文，倡导上医医心，与上医医国的言论，其实有相通之处。袁黄本人既通儒，又习医，兼擅农学、水利、术数、历法等经世之学。《了凡四训》，功过之学，是为修行改命指明了一条世俗之路。而从其家族命运来说，关键并非是谦命行善，而是

---

* ［基金项目］国家社会科学基金一般项目"明清江南儒医研究"（16BZS052）。

医儒互济。袁氏家族孜孜以求者，还是回到仕途，袁黄、袁俨
父子二进士，入乡贤祠，可称改命成功。遗憾的是，后人竟再
无人习医，科举之途又并不得意，家族荣耀反不如昔。袁家四
代为医，世传痘疹之技，却不以世医标榜，袁黄家族为我们重
新检阅医学世家提供了一个特殊的个案。儒者习医，医以儒相
尚，在明清科举制度之下，实包含有学术、生计及社会多层面的
因素。

关键词： 明代　袁黄　儒　医　谋生　立命

宋元以来，读书人众而科举取士有限，儒生出身的读书人或世家子
弟习医、从医十分普遍，医者向儒、宗儒也成为杏林风气。同时因为朝
廷并未建立医生的认证及审核制度，医儒之间身份常可自由转换，因举
业不成而改从医并成为著名医家者不可胜数。就家族与医学而言，已有
的研究成果较多关注"世医"家族，探讨明代医事制度与世医群体之间
的关联，并以此来解释由元至明世医家族的存续，以及明代中后期世医
家族的整体性衰落。[①] 亦有关注像青浦何氏家族这样的医学世家，构建
医士交游的社会网络，以及对地方社会文化事务的参与等。[②] 袁氏家族
从本质上很难说是一个世医家族，其家族本习儒业，因靖难之变科举绝
途，不得已由儒入医，谋身安命，沿传四代。至袁黄之时，终于改命成

[①] 邱仲麟：《绵绵瓜瓞：关于明代江苏世医的初步考察》，《中国史学》（京都）第13
卷，2003年12月；邱仲麟：《明代世医与府州县医学》，《汉学研究》第22卷第2期，
2004年12月；谢娟：《明代医人与社会——以江南世医为中心的医疗社会史研究》，
范金民主编：《江南社会经济研究·明清卷》，北京：中国农业出版社，2006年；
Yüan-ling Chao, *Medicine and Society in Late Imperial China: A Study of Physicians in
Suzhou*, 1600—1850, New York: Peter Lang Publishing Inc., 2009 等。
[②] 王敏：《清代松江"医、士交游"与儒医社交圈之形成——以民间医生何其伟为个案
的考察》，《社会科学》2009年第12期。刘小朦：《医与文，仕与隐——明初吴中医
者之形象与社会网络》，《新史学》2015年第1期。

功，重归仕途。学界通常将袁黄置于明末清初"劝善改过"这一社会思潮的脉络之中来加以处理①，袁黄的改运实与生计选择、家族命运密切相关。袁黄之后，后人基本上弃医归儒，不复有习医者。医、儒作为袁黄家族渡过危难的两条路径，在家族命运的兴衰过程中各担角色。袁氏家族亦因时应变，对医儒关系有着既充满理想又极其务实的看法。袁黄家族之医儒互济，可以为这一议题提供更为具象的解读。医以儒相尚，儒者乐于习医，在明清科举制度之下，实包含有学术、生计及社会多层面的因素。

一、"靖难之变"与科举绝途

哈佛大学图书馆所藏刊于明万历年间的《袁氏痘疹丛书》五卷，由袁颢创稿，子袁祥增修，孙袁仁删正，曾孙袁衷、袁坤、袁黄同述，玄孙袁锡寿订，袁天启校。不过非常吊诡的是，这样一本济世之书，袁黄又特别强调"袁氏之盛"当不止于医。

---

① 学界对于袁黄及其家族研究积淀较深，但对其医业尚未有系统论述。奥崎裕司：《中国乡绅地主研究》，东京：汲古书院，1978年；酒井忠夫：《中国善书研究》，南京：江苏人民出版社，2010年；包筠雅：《功过格：明清社会的道德秩序》，杭州：浙江人民出版社，1999年；杨越岷：《了凡及其善学思想二十六讲》，上海：上海三联书店，2016年；游子安：《明末清初功过格的盛行及善书所反映的江南社会》，《中国史研究》1997年第4期；章宏伟：《有关袁了凡生平的几个问题》，收入《明清论丛》第七辑，2006年；王卫平、马丽：《袁黄劝善思想与明清江南地区的慈善事业》，《安徽史学》2006年第5期；任宜敏：《袁了凡佛学思想析论》，《人文杂志》2007年第4期；张献忠：《袁黄与科举考试用书的编纂——兼谈明代科举考试的两个问题》，《西南大学学报》2010年第3期；冯贤亮：《袁黄与地方社会：晚明江南的士人生活史》，《学术月刊》2017年第1期；冯贤亮：《布衣袁仁：晚明地方知识人的生活世界》，《学术月刊》2018年第8期等。

呜呼！东方朔之智不尽于诙谐也，而传《汉书》者竟以诙谐概其名。王羲之之学不尽于笔札也，而慕右军者竟以笔札掩其大节。我祖宗之心术行谊不尽于是也，而后之读是编者或指是以称袁氏之盛，则误矣。余谓欲知菊泉（袁颢）者，当观其所著《周易绪言》《春秋别传》；欲知怡杏（袁祥）者，当观《春秋或问》《革除编年》《忠臣自请录》《智士顺天录》；欲知参坡（袁仁）者，当观《大易法》《毛诗或问》《尚书砭蔡编》《春秋针胡编》，及《一螺集》等书，庶足以知其概耳。虽然遗编种种皆粗迹也，心之精华口不能宣，而况形之副墨之迹乎？然则总未足以知吾祖考也。善学者由粗致精焉可矣，由粗致精，即《痘疹》一编亦足玩也。是不可不传也。①

　　袁氏举一家之力，对世传《痘疹丛书》不断翻刻，而又竭力澄清袁氏并不以医来彰显袁家的兴盛，并以东方朔以诙谐传世而掩其智，王羲之以书法传世而掩其大节的故事加以说明，袁氏究其实还是为"文献世家"②，其对于袁家医术的心态亦是非常之尴尬。《礼记》云"医不三代，不服其药"，袁家四代习医，家传痘疹之技，却不以世医标榜，袁黄家族为我们重新检阅医学世家提供了一个特殊的个案。

---

① 袁黄：《刻袁氏世传痘疹丛书序》，《袁氏痘疹丛书》，哈佛图书馆藏明万历刻本。
② 王畿：《参坡袁公小传》，载袁嵩龄辑：《袁氏家乘》一卷，民国九年吴江柳氏传钞本。本文所引袁氏家谱，均为上海图书馆所藏。袁氏家谱存世有三种：《赵田袁氏家谱》《袁氏家乘》《袁氏家乘续编》。此三种家谱均以袁黄直系为主，袁颢为一世祖，袁祥为二世，袁仁为三世，袁黄为四世。此系恰好为《袁氏痘疹丛书》世传之系。袁营等辑《赵田袁氏家谱》一卷，清咸丰八年（1858）纂修，民国间增益，载有自一世祖袁颢至十七世的世系、行传等。袁嵩龄辑《袁氏家乘》一卷附书目，民国九年吴江柳氏传钞本，主要载一世祖袁颢至六世祖的行传，并附袁氏书目。《袁氏家乘续编》一卷，民国九年吴江柳氏传钞本，由六世祖叙及后世，载袁氏墓志、行传等。

据袁颢《家难篇》称：袁家本来"世居嘉兴之陶庄（今析归嘉善），元末家颇饶"，袁顺"豪侠好义，尚气节，人有急投之，不论寒暑蚤暮，辄倾身赴之，尤邃于经学，《易》《诗》《书》、三《礼》《春秋》三传，咸有论核。与同邑杨任、胡士高、庄毅、庄衍等订礼义之社，各置一籍，日书其所行之事，每月轮会。坐不序齿，各较其行义之多寡难易以为先后"。实践礼义之学，社中之人置一册，记录每人每天所行之事，每月轮会，成员不拘年龄，以行义多寡为先后。此举促进了乡里的为善之风，"人皆勇于为善而奔义若赴"。袁家本来应该是以诗书持家的书香门第，家族命运的改变始于袁顺。"靖难之变"时，袁顺因与支持建文、在姑苏密谋匡复的黄子澄有来往，受牵连而被抄家，从嘉善逃到吴江，作《绝命词》"北风萧萧兮秋水绿，木落松陵兮野老哭，周武岂不仁兮，耻食其粟，生无益于时兮，死又奚赎。吾将遵彭咸之遗则兮，葬于江鱼之腹"，颇有风萧水寒的壮士之气，亦可见其诗书传家的士子风骨。松陵人吴三贵亦是豪侠之士，愿破家相救，袁顺才幸免于难。袁顺长子迁北平，袁顺携妻在吴江居住下来，以塾师谋生。永乐十二年（1414）生子袁颢，因无乳被寄养在芦墟的良医徐孟彰家，并改姓徐氏。洪熙元年（1425），有复还田土之令，朝廷归还了袁家被没收的田地，袁顺始返陶庄，其子颢始复袁姓，留在吴江入籍。①

这次变故给袁家的打击巨大，不但在逃亡途中失去了大部分财产，更由于涉及政治问题，袁顺及之后的几代人都被禁止参加科举考试，以致一度隐姓埋名。仕途之路既不通，为了生存，袁家的子孙选择了行医。袁氏习医起于袁颢，他幼年曾寄养芦墟良医徐孟彰家，后又娶徐孟彰之女。不过袁颢之所以能够从医，又与其好学及天资密不可分，发箧

---

① 袁颢：《袁氏家训·家难篇》，袁黄编：《袁氏丛书》卷一，台北"国家图书馆"藏明万历嘉兴袁氏刊本。

伏读，至忘寝食。"初读《易》，作《周易奥义》八卷；次读《书》、读《诗》、读《礼》，咸能洞其阃奥；最后读《春秋》，叹曰：仲尼实见诸行事，惟此书耳。杏坛一会，俨然未散也，作《春秋传》三十卷。其学自象纬舆地，以及三式九流之属，靡所不窥。"①因而在《袁氏家训》中特别强调，为医者有十事须治：

一、医之志。须发慈悲恻隐之心，誓救大地含灵之苦。视众生之病，不论亲疏贵贱，贤愚贫富，皆当恫瘝乃身，尽心殚力，曲为拯理。

二、医之学。须上通天道，使五运六气，变化报复之理，无一不精。中察人身，使十四经络，内而五脏六腑之渊涌，外而四肢百骸之贯串，无一不彻。下明物理，使昆虫草木之性情气味，无一不畅，然后可以识病而用药。

三、医之识。医之用药，如将之用兵。纵横合变，呼吸异宜。非识见之高，不能神会而独断也。然此识非可袭取，非可商量，全在方寸中，虚明活泼，须涤除嗜欲，恬淡无为，则虚室自然生白也。

四、医之慎。医为人之司命，生死系之。用药之际，须兢兢业业，不可好奇而妄投一药，不可轻人命而擅试一方，不可骋聪明而遽违古法。倘或稍误，明有人非，幽有鬼责，可惧也。

五、医之养。君子之游艺，与据德依仁，皆为实学。故古人技艺之工，都从善养中得来。若承蜩，若养鸡，皆是法也。医虽小技，亦有甚深三昧。须收摄心体，涵咏性灵，动中习存，忙中习

---

① 袁仁：《一螺集·记先祖菊泉遗事》，袁黄编：《袁氏丛书》卷十。

定。外则四体常和，内则元神常寂。然后望色闻声，问病切脉。自然得其精，而施治得宜也。

六、医之术。医非徒仁术，亦仙术也。谚云：古来医道通仙道。此岂无稽之言哉？凡欲学医，须将玄门修养之旨，留神讲究。玄牝之门，生身之户，守中养气之诀，观窍观妙之理，务求明师指示。亲造其藩而闯其室，此处看得明白，则病候之生灭，身中之造化，已洞悉矣。以之治疾，岂不易易？况人之疾，有草木金石所不能治者，则教之依法用功，无不立愈。天台智者禅师谓：一日一夜调息之功，可以已二十余年之痼疾。盖天之阳气一回，则万物生色。人之元气一复，则百体皆和。宿疾普消，特其余事耳。

七、医之量。《书》云：必有忍其乃有济，有容德乃大。医者术业既高，则同类不能无忌。识见出众，则庸庶不能无疑。疑与忌合，而诽谤指摘，无所不至矣。须容之于不校，付之于无心，而但尽力于所事。间有排挤驱署，形之辞色者，亦须以孟子三自友之法应之。彼以逆来，我以顺受，处之超然，待之有礼，勿使病家动念可也。

八、医之言。仲尼大圣屡以慎言为训，而医者之言尤所当慎者，不可夸己之长，不可谈人之短，不可浮诞而骇惑病人，不可轻躁而诋诽同类。病情之来历，用药之权衡，皆当据实晓告，使之安心调理。不可诬轻为重，不可诳重为轻。即有不讳，亦须委曲明谕。病未剧，则宽以慰之，使安心调理；病既剧，则示以全归之道，使心意泰然。宁默毋哗，宁慎毋躁。

九、医之行。语曰：以身教者从，以言教者讼。故慎吾之言，不若端吾之行。道高天下，守之以谦。智绝人群，处之以晦。敦孝弟，重伦理，而于礼、义、廉、耻四字，则秉之如蓍龟，遵之如柱石。久而勿失，自然起敬起信，而医道易行也。

十、医之守。医虽为养家，尤须以不贪为本。凡有病人在床，即举家不宁。当此时而勒人酬谢，家稍不足，则百计营求，艰难更倍。即充足之家，亦于满堂懊恼之中，而受其咨诅痛苦之惠，亦非心之所安也。故我生平于病人听馈，不敢纤毫轻受。有不给者，或更多方周给之。非以市恩，吾尽吾心而已矣。子孙习医而能依此十事，古之圣贤，何以加此。①

告诫家人行医时谨慎其行，从志、学、识、慎、养、术、量、言、行、守十要来加以规范，其医业守则和道德规范中也渗透了儒家的礼义廉耻。在袁颢的眼中，医虽为"贱业"，但"可以藏身，可以晦名，可以济人，可以养亲"②，正是处于困境中的袁氏家族所急需的。从时境分析，这一选择也是合理的。由儒入医，为当时士人习医的普遍方式。袁颢著有《脉经》《针经》各一卷，在行医之中，常以言悬断祸福。

有关袁颢医术，流传着这样两则故事：

王氏有子，素有不孝之名。袁颢为其把脉，心脉为己身，肝脉为父母，现在心脉弦急，凌其肝脉，恐怕是因为不能孝顺亲长，要立即改过，不然三日后会遭火厄。几天后，王氏子果然因炉火烧伤，于是大为折服，再来拜见袁颢。袁颢又以孝亲之语教导，王氏子自此悔悟，潸然泪下，改节力行，成为一名孝子。这则医案表明，医疗的救治，不仅是在疾病的本身，也是医心，以疾病的治疗来教人劝善，孝其父母。

再一则医案。苏州胡倅，有治世之能，但是居官不廉。听闻袁颢出神入化的诊断，于是微服求诊。袁颢仍然以号脉来劝其改过。他试探问道："心脉圆而清，公殆贵人乎？""肺金为财，脾土生之。脾脉滚滚，

① 袁颢：《袁氏家训·民职篇》，袁黄编：《袁氏丛书》卷一。
② 袁仁：《一螺集·记先祖菊泉遗事》，袁黄编：《袁氏丛书》卷十。

且浮且沉，公得毋有羡心乎？"胡当即羞愧不语。袁颢又预言似的劝道："察君之脉，官当至三品，有二子登科。能茹冰啮柏，则验。不然，寿且不永。"此番劝说后，胡自省，后以廉洁著称，二子果然登科。①这一则医案，即以号脉来劝官行廉，并且行廉也获得了仕宦升迁、子嗣登科的福报。

两则医案一以劝孝，一以劝廉，医案的背后实际是有关教化的故事，医术的背后有大道。从袁氏家训到医案的流传，实际上处处塑造的是袁家文献世家的内涵。袁颢借助于行医行仁，将一度飘摇的家族命运稳定下来。

二、由儒入医与家传学术

宋以来士人"尚医"风气下，医学已不再是纯粹的"方技"，而成为"行仁"、实现儒家理想的重要手段。②袁颢在成名之后，曾对为何习医有所解释："士农工商，所谓四民也。吾家既不应举，子孙又未必有能力耕，而工商皆不可为。所借以养生者，不可无策也。昔邓禹有十三子，教之各执一艺，最可师法。今择术于诸艺中，唯医近仁，习之可以资生而养家，可以施惠而济众。"行医既可以解决生活问题，重要的是并不违背袁氏家族的一贯道德标准，为善积德，或许也可以由此改变袁家以后的命运。

袁颢之后，习医就成为家业了。袁颢之子袁祥（1448—1503）、孙

---

① 袁仁：《一螺集·记先祖菊泉遗事》，袁黄编：《袁氏丛书》卷十。
② 关于士人"弃儒业医"，可参见陈元朋：《两宋的"尚医士人"与"儒医"——兼论其在金元的流变》，台北：台湾大学出版委员会，1997年。

袁仁（1479—1546）都是医生，而曾孙袁黄（袁仁之子）在重拾举业以前也学习了一段时间医学，且对医学颇有研究。袁家人在行医的同时，积德行善，致力于研究学问和提高自身道德修养。袁颢之妻徐氏过世后，过了近四十年的独身生活，并专筑一室，称为杞菊山房，左图右书，焚香晏坐，闭户著书。这段传奇的描述也无不昭示着袁家的修行——身在医，心在儒。

袁祥为医，虽是家族的传承，但在他的内心，却存在医、儒的交战。究竟是做一名医生，还是读书入仕，他还是经历了选择的考验。不知是不是袁颢刻意的安排，袁祥六岁时，就被送到嘉善魏塘镇医术世家殳珪家抚养，父亲袁颢一心希望他能从殳珪名医习医。殳珪（恒轩），字廷肃，魏塘人，精于医，治疾有奇验。一个怀孕八月的妇人突然卧床不语，当时众医束手，殳珪诊断后认为这是《内经》所说的"瘖"，不需要着急，等孕期满十月，诞下男婴后，不药自愈。又有一男子请诊，殳珪称此疾不至死，然脉无生理，过三日，当为尔投剂，三日内忽溺死，人咸异之。殳珪治病有良效，名动浙右。①殳珪为袁祥专门延师授书，袁祥过目成诵，日记万言，但是记得快，忘得也快。不过袁祥的父亲袁颢却认为此儿有悟性，接回吴江芦墟，家居三年，"尽授以家传学术"，天文、地理、历律、书数、兵法、水利无不熟谙。殳珪却不以为然，劝告袁颢："男子负奇秉灵，上之不能腰金策肥，显当世，建鸿猷。次之犹当执一艺以成名。二郎泛滥若万顷波，一无所就。吾医君亦医也，盍教之业医为治生计？"②有师如此，应当刻苦用功，方不负用心。不过袁祥从小就表现出来对学医的不屑。殳珪认为袁氏家族如果与仕途科举无缘，就应当为

① 徐象梅：《两浙名贤录》卷四十九《方伎·殳珪传》，明天启刻本，《续修四库全书》史部第543册，上海：上海古籍出版社，2002年，第670—671页。
② 袁仁：《一螺集·怡杏府君行状》，袁黄编：《袁氏丛书》卷十。

谋生计，安心医业。在殳珪的奉劝下，袁颢又送袁祥向殳珪习医。袁祥闭门阅医经，由于有较好的学识为功底，由儒入医，不数月，医理尽通。

袁祥娶了名医殳珪女为妻，仍心不在医，喜好读书，豪气勃勃，好与名士交往，名士亦乐与之交往，"户外之辄常满"。袁祥的妻子倒与他志同道合，"古风妻似友"，竟然常常背着父亲殳氏，私自出资招待名士。遗憾的是，殳女不久逝去。袁祥依然交游不断，宾客招待靡费甚多，其岳父殳珪大为不满。袁祥与殳女育有一女，殳珪招钱蕚为孙女婿，授其医术，殳氏家产亦全部归钱蕚。后来钱蕚学得殳氏医术，著有《医林会海》四十卷，成为江南一代名医。钱蕚的两个儿子钱昞、钱晓，孙子钱赟皆承医业。[1]袁祥却因妻子去世，"毫无所取，茕茕一身"，"更折节为恭俭。布袍蔬食，有客过门，糜粥菜羹，欣欣共饱"。医者收入优渥，殳氏因此家业殷实。袁祥虽不屑行医，但因科举无望与经济状况的窘迫，又不得不重操医业。

袁祥为生计计，开始卖药于市，不过日得百钱，即闭门不出。病者虽强扣之，也不出。然而因药到病除，上门求药者反而越来越多。当时四方豪贵相邀，或赠逾常额，不过袁祥从不多要，只取百钱之数，其余均掷而还之。有使者病，用药投方七，立愈。使者大喜过望："吾患此二十余年，服药无算，卒莫效，子用药不多而辄奏功，何也？"袁祥称："公有积水在脾，去之则病源拔矣，何难之。"二十年顽疾，一朝治愈，特以五十金重谢。但是袁祥计往来只有七日，只受七钱，其余全数退还。故时人或以袁祥为痴。[2]

袁祥虽以医谋生，但以医谋生的最大困境在于其本身所暗含的求利

---

① 盛枫辑：《嘉禾征献录》卷四十九《艺术》，清钞本，《续修四库全书》史部第544册，第743页。
② 袁仁：《一螺集·怡杏府君行状》，袁黄编：《袁氏丛书》卷十。

本质，这与儒者安贫乐道的理想人格及其重义轻利的价值观又有冲突。如何在谋生求存与安贫乐道中寻找平衡，这是儒者治生中普遍存在的困惑。徐渭一生或以训蒙处馆卖文为活，或以入幕为书记，他的治生方式在不断变换，有时身兼数业，同时又兼顾举业，其身份也在县学生员、教书先生、幕府书记、笔耕文人中转换，然而其治生效果并不理想。①缪希雍亦然，由儒入医，迫于生计，在教书、堪舆、行医和游幕之间不断变换职业，最终以名医享誉后世。②儒生的普遍贫困化，使其谋生的职业多样化，而内心又常会遭遇道德的拷问。袁氏家族虽习医，但并不甘于文化身份的改变，始终在"医"与"儒"之间徘徊挣扎。袁颢送子习医，发现此儿聪颖，又接回习儒，但迫于生计，又不得不让袁祥继续行医。袁氏家族成员大多在彷徨、苦闷与进退两难的心境中从事着医生的职业。故袁祥虽以医谋生，但仅以满足温饱所需，自我节制，日取百钱，不多索取，坚守了儒者安贫乐道的儒雅品性。

坟氏女儿殁后，袁颢为袁祥续娶了平湖巨室大户朱氏的女儿，妆奁甚厚。朱氏勤勉，善于料理，袁家遂大起。于是在东亭桥之浒择地，大修厅园。正堂的东面植数十株杏，构轩其上，称"怡杏轩"。后面有园，四周载竹，种药草三十余种，称"种药圃"。垒石为山，对山为楼，称"云山阁"。阁后为雪月窝，园中凿池，种莲养鱼，称"半亩池"。池上架小桥，称"五步桥"。沿池植芙蓉，而虚其北，称"芙蓉湾"。园之南悉植蔷薇，以木架之，称"蔷薇架"。晨夕则与良朋胜友聚会其中，赋诗唱和。③ "客至则对酒赋诗，评花咏月，陶然有忘世之

---

① 闫雪文：《生计与道德：明代中后期江南秀才徐渭的治生选择》，华中师范大学历史文化学院硕士学位论文，2016年。
② 冯玉荣：《上医医国：一位晚明医家日常生活中的医疗与政治》，《华中师范大学学报》（人文社会科学版）2018年第3期。
③ 袁仁：《一螺集·怡杏府君行状》，袁黄编：《袁氏丛书》卷十。

趣。"①袁祥子袁仁及孙袁黄，都生于东亭桥的庄园里，袁黄的出生使袁家显得房屋有点狭窄，后来袁仁在旁新建房屋以居，房前临溪，即魏塘河，有"无穷活人意，带月自耕犁"之句。后钱棅读书于此，改名南园。后又归曹清臣，割其东偏属海宁查氏，名半园。②

袁氏家族行医，日益成为不得已勉强为之的选择。他们在生活中有意忽略、淡化行医的一面，和大多数富裕的士人家庭一样，构建园林，交游唱和，突出其文学成就以及与文人士大夫的社会交往。

嘉善袁氏一门自袁顺起，其后三代皆不出仕，且致力于建文朝相关史事的整理，可谓建文遗臣家族的典范。袁祥有感于建文实录不修，忠臣死事，泯没无传，于是收集典章，撰修有关建文史实。"遂往留都，博询遗事，诸部院残文旧案，靡不翻阅，下至军司之册，教坊之籍，亦旁求而笔记之"，后成书三部：《建文遗事》《革除编年》《忠臣录》。曾参与夺门之变的徐有贞与袁颢有姻亲关系，徐有贞在"南宫复辟"中，"不顾杀身灭族之祸，起而救之，然后君臣父子兄弟之伦一反乎正"③。徐氏谪官之后，又拜袁颢为师，学习天文占卜，为《袁氏家训》写序，家族之关系当较为密切。与明代一些显赫的世医家族类似，袁氏亦通过祖上追随建文、建文忠臣等历史记忆，来实现"攀援于儒""医儒相济"，争取家族的再次振兴。总的来说，袁氏大多数成员虽然无法参与科举而从事医学，但仍然保留着一般士人家族重义轻利、雅好文学等特点，并刻意突出自身学问造诣而非医学成就，寻求医、儒兼济的多元化家族发展路径。

---

① 袁仁：《一螺集·家居八景赋》，袁黄编：《袁氏丛书》卷九。
② 光绪《嘉善县志》卷三《古迹·药圃》，《中国方志丛书》华中地方第59号，台北：成文出版社，1970年，第72页。
③ 史鉴：《西村集》卷八《祭武功伯徐公文》，《文渊阁四库全书》第1259册，第877页。

三、以医喻文与上医医心

到袁黄父亲袁仁一代，更将医儒兼济之道发挥到极致。据袁黄回忆父亲袁仁，方额长耳，垂颔美髯，仪容伟然，望之知其为盛德长者，有"儒者之道"。而"参坡"之号，则因袁仁认为拯民命者莫如医，而药之中和补益者莫如参，因号"参坡"。①

袁仁倡导"上医医心病，下医医身病"，行医最高的境界是医心。有关袁仁的医术，也流传了两则医案：

仁和邵锐患眩瞀，久不瘥，诸医莫效，邀公治之。公既诊，不付药，惟坐谈清虚广大之旨。邵听之忘疲，谈三日，病良已。其子问故，袁黄称："尔父之疾在心，非药石所能及，病由心生，心空则愈。且尔父素拘于方之内，而吾以物外之言涤之，宜其霍然而解也。"邵遂相与订为心交曰："吾阅我多矣，如公者海内第一流人物也。"②昆山魏校患疾，曾三次遣人召袁仁诊治，但袁仁都未前往。袁仁还特意写了一封书信《辞魏子材相召书》表其志向："仁之少也，气豪肠肥，窃有志于斟酌元气，寿国寿民。因不屑雕虫细业，遂托迹于岐黄，期救民疾苦，登一世于春台。不意韩康知名，奔走吴越，而足下亦因而物色之。侧闻足下义至高，咄咄向往。所以不即应召者，欲以道自重，而不欲以艺相售也。乃烦从者三顾矣，敢以直请，今而后，足下倘以心疾召仁，仁当咀嚼道德，炮治礼义，而醒先生之沉痼，畅先生之精神；如以身疾召，则负笈鬻技，岂少而人，奚必仁耶？虽使者十至，不能来也。"③后魏校

---

① 袁衮：《记先考参坡遗事》，袁嵩龄辑：《袁氏家乘》。
② 王畿：《参坡袁公小传》，袁嵩龄辑：《袁氏家乘》。
③ 袁仁：《一螺集 · 辞魏子材相召书》，袁黄编：《袁氏丛书》卷十。

亲自登门相见，与之畅谈三日，稽首谢曰："公抱伊周之志，精孔孟之学，而吾徒以术召，公宜不欲赴也。"①

两则故事均是医心的案例，通过化解病人内心的焦虑，达到不药而愈的效果。魏校仅以医者相召，袁仁辞而不赴，表明袁仁虽以医谋生立业，但不愿意接受"医"的应召，而愿意固守"儒"的身份，以儒者的情怀济世，传承文化与道，以仁义礼乐涤荡人心，表明其寿国寿民的志向。有关袁仁的医案故事，如同其父袁祥，仍然是医心的案例，家风一以贯之，在袁氏家族多位成员身上都得到了体现。

不仅如此，在行医的同时，对于当下学问之弊，袁仁也用医心的眼光来看待。袁仁认为当时学者，皆奉宋儒之学，而轻视孔孟之经典，病在膏肓，莫可救药。儒家义理核心应当在于"六经"。于是读《易》作《本义沉疴》，读《诗》作《素王素问》，读《礼》作《三礼穴法》，读《书》作《砭蔡编》，读《春秋》作《针胡编》，读《论语》作《疑症举讹》，读《孟子》作《孟脉辨》，以警醒后世。②以往的研究认为儒医掌握较高阶的文本知识，以文本知识正当化其技艺，并将之比附儒学传统，以此夸示其他医者。这些"尚儒医士"不仅精研医学文本，也能掌握一般士人传统中的文本知识，并将儒学传统中的文本技巧，如注疏和考证等，施用于医学文本之上。③而从袁仁的例子，我们看到精通医者，亦能巧妙地将治病之术与救治学术之风相比附，将治病救人的诊断，用于学问的精研。对于六经，皆针砭时弊，以"振文运而正士风"。又著《竹林乡试录》讽刺当时缙绅，一度遭到诋毁，因惧祸自焚

---

① 王畿：《参坡袁公小传》，袁嵩龄辑：《袁氏家乘》。

② 光绪《嘉善县志》卷三《古迹·药圃》，《中国方志丛书》华中地方第59号，第72页。

③ 祝平一：《药医不死病，佛度有缘人：明清的医疗市场、医学知识与医病关系》，《"中央研究院"近代史研究所集刊》第68期，2010年。

其书。后来其子袁黄敢于挑战经典，被视为异端，应也与家学传承无不关系。

与袁祥相比，袁仁更乐于交游士林。袁仁与关中孙一元、海宁董沄，同邑沈概、谭稷等结为诗社。袁仁与王学后学也交集甚密，曾与王艮畅谈，王艮视为"王佐之才"，将他引荐给其师王阳明，但阳明敬重他，不以弟子称。[1]然而即使袁仁满腹诗文，但仍然会遭遇以"医"相召的尴尬境地，"回首东风事已非"，感慨往事，"茅屋三间老布衣，多少长安骑马客"[2]，寂静处还是心有不甘。袁仁曾经说过："位之得不得在天，德之修不修在我。毋弃其在我者，毋强其在天者。"[3]功名利禄是上天注定的，而自身的品德修养则是自己修行得到的。作为以诗礼传家的袁氏家族，在无法正常追求政治高位的情况下，固守文化道德，同时广交士林、积极联姻，希望得到人际关系的拓展与认可。

袁仁娶嘉善王孟璠女，生子衷、襄，一女；继娶嘉善李月溪女，生三子裳、黄、袞，二女。袁仁《应举说示襄儿》："吾祖宗忿元以夷主华，戒子孙不得应选。既而高皇帝起淮甸，氾扫腥膻，中国河山复旧矣。然初年犹惧峻法，惴惴伏幽岩，虽抱经济阔材，不轻出也。兹圣天子在上，世路清夷，因遣汝备弟子员，习时艺，尔其慎诸。夫应举者，匪以徼荣也。欲汝明经适用，举祖宗数百年来所郁抑而未畅者。"[4]袁仁

---

① 王畿：《参坡袁公小传》，袁嵩龄辑：《袁氏家乘》。
② 袁仁曾有《暮春有怀》："花老辛夷万绿肥，草香江岸燕低飞。故人竟负看春约，回首东风事已非。"《漫兴》："不干荣禄息危机，茅屋三间老布衣。多少长安骑马客，故乡深院锁重扉。"朱彝尊：《明诗综》卷三十，《文渊阁四库全书》第1459册，第776—777页。
③ 袁衷等录，钱晓订：《庭帏杂录》卷上"袁襄录"，《丛书集成初编》，北京：中华书局，1985年，第5页。
④ 袁仁：《一螺集・应举说示襄儿》，袁黄编：《袁氏丛书》卷十。

将希望寄托于子辈，以期重整袁氏家族命运。袁裳幼颇聪慧，母亲欲教习举子业，袁仁却认为这儿子福薄，恐不能长寿，不如教习六德六艺，做个好人，"医可济人，最能种德"。[①]后来袁裳弃儒习医，但其果真未长寿，早早离世。袁黄登科时，对弟弟袁衮说："汝祖汝父，读尽天下书。汝兄今始成名，汝辈更须努力。"[②]此一语道破，世代的积累，方成科名。业儒需要一定的财力，而行医可以谋生，名医甚至能获得丰厚的报酬，为业儒提供经济支持。在诸子分家析产的继承原则下，诸子分散业医、业儒，既能保持家族的长盛，又可为族中习儒之人提供必要的经济支持。而一旦科名高中，反过来又可振兴家业。袁仁有五子，三子从医，四子袁黄从文。在子孙择业时，依其资质，因材施教，让诸子分别从事医与儒，维持一定的平衡和良性互动，使得家族获得总体性的均衡、持续发展。

袁仁还将其妹嫁给沈扬。袁家与沈家是邻居，袁家以德报怨，尽弃前隙，鼎力相助处在困境中的沈家，两家遂由冤家变为亲家。沈扬有子沈科和沈称，袁仁对这两个外甥关怀备至，诲之不倦。沈科中嘉靖二十三年（1544）进士，是嘉善沈氏家族进士第一人，袁仁为此赋《沈科登第》一首。[③]沈科后任工部营缮司主事，擢升至临江府知府和江赣兵备副使，为官勤勉，清廉恤民，有政声。沈称则仕途坎坷，十试不举。沈科退休归乡，兄弟二人以孝友闻名乡里。[④]沈科的儿子沈道原后来中万历二十三年（1595）进士。袁仁长女嫁钱南士，为嘉善望族钱春之后人。钱春，成化二十三年（1487）进士，官至监察御

---

① 袁衷等录，钱晓订：《庭帏杂录》卷下"袁裳录"，第14页。
② 袁衷等录，钱晓订：《庭帏杂录》卷下"袁衮录"，第18页。
③ 袁仁：《一螺集·沈科登第》，袁黄编：《袁氏丛书》卷九。
④ 光绪《嘉善县志》卷十九《人物志一·名臣·沈科》，第359页；卷二十一《人物志三·孝友·沈称》，第407页。

史。钱天胤是钱春曾孙，万历二十九年进士，任攸县知县，官至兵部郎中。钱南士即钱天胤之子，曾任主簿。次女嫁张高标。三女所嫁钱晓，是嘉善钱氏另一望族，为名医钱薲之子，与钱晅是兄弟。①嘉善钱氏是袁家最为密切的姻亲，钱氏是在与袁家联姻之后，"姻袁"而兴。袁仁对外甥钱晅特别钟爱，精心施教。钱晅为人诚朴不琢，曾向袁仁问学诗的原则，袁仁称："须熟读毛诗，反复玩绎，俟有所得，然后将楚词汉选次第观之。若径从唐人，所作必不唐矣。"钱晅为学有本，而又能调节性情，冲融恬雅，有陶韦之风，以诗闻名，钱晅奠定了钱家兴盛的世业。钱晅有子钱贞、钱贺，孙钱湛如，皆以文章显。②钱吾德，字湛如，为官清廉，政多惠民。与袁黄及秀水县的冯梦祯，合称为万历初嘉兴府三名家。③虽然钱薲以医闻名，但钱氏后人亦以文学仕宦著称，与袁氏家族如出一辙，由医谋生起家，以儒振兴家族。

袁氏家族与其他家族并无二致，始终以科举入仕为家族发展的第一目标，而非行医。袁家以精湛的医术努力经营，并与当地望族如吴江徐家、平湖朱家、嘉善沈家、钱家联姻，逐渐恢复了经济实力和社会地位。④明代中期以后，有关建文忠臣逐渐恢复，他们由医学向儒学的转向更为明显，但受制于科举竞争的残酷与激烈，他们会以"医、儒兼济"作为折中的发展策略，伺候时机，重归仕途。

---

① 《赵田袁氏家谱·世表》。

② 光绪《嘉善县志》卷二十四《人物志六·文苑·钱晅》，第458页。

③ 光绪《嘉善县志》卷十九《人物志一·宦业·钱吾德》，第360页。

④ 章宏伟、冯贤亮先生对此有极其细致的考证。参见章宏伟：《有关袁了凡生平的几个问题》，朱诚如、王天有主编：《明清史论丛》第7辑，北京：紫禁城出版社，2006年，第152—235页；冯贤亮：《布衣袁仁：晚明地方知识人的生活世界》，《学术月刊》2018年第8期。

四、袁黄改命与重归仕途

袁黄祖上个个都饱读诗书，若非政治上的原因，袁家在科举仕途上也应该是人才辈出。袁黄在《立命篇》中总结之所以重拾科举，是因受占卦人卜算启醒，又勘悟云谷大师之训。然而这种改命似的谶言，只不过类似于宗教里的偈语而已。在四代的积累之后，袁黄高中进士，对于科考成功的时间来说其实是符合一般家族发展的规律。袁黄于明隆庆四年（1570）中举人，万历十四年（1586）中进士，任河北宝坻知县，颇有善政，二十年擢升兵部职方司主事，在朝廷发兵助朝鲜抗击倭寇时参赞军机。万历二十一年因与主事者不合而遭弹劾。袁黄削职为民后，没有回到家乡嘉善，而是居住在江苏吴江县赵田村，著书立说。袁黄以自身成功的事例说明，通过功德的积累，能使自身获得功名、财富、子嗣等一系列的报偿，袁黄所预示的不是原先道教成仙、佛教轮回的等待，而是在今生就能实现的"现报"。

在袁黄长辈的著作里可以看到《内经辨疑》《痘疹全书》《惠幼良方》《参坡医案》等医术、医案的著作。而袁黄流传最广却是《祈嗣真诠》，对医的关注在于延嗣与长寿。所谓祈嗣，就是祈求生育子嗣之意。全书共分为十篇，依次为改过、积善、聚精、养气、存神、和室、知时、成胎、治病和祈祷。其中改过、积善两篇是强调求子者首先必须注重思想品性修养，祈祷篇则云求子者应礼拜神佛。此书在当时就得到了广泛响应，王肯堂在《胤产全书》里专有《求子类》一篇，谈及男子聚精，引用袁黄语："聚精之道一曰寡欲，二曰节劳，三曰息怒，四曰戒酒，五曰慎味。"①清心寡欲，劳逸结合，控制忧喜恼怒，保持良好心态，戒除烟酒等不良嗜好，注意调适饮食营养，这确实是有利于聚精和生育的。《发育论》一篇引袁黄《知时篇》云："天地生物，必有绸缪之气；万物化生，必有乐育之时。绸缪乐育之气，在人与物，触之而不能自止耳。此天然之节候，生化之真机也。"②倘能抓住时机进行交合，顺而施之则成胎矣。此书流传甚广，明末名医李中梓在《颐生微论·广嗣论》中引袁黄语："爱者生之本，忍则自绝其本。"③袁黄研医一为长寿，二为延嗣，的确是了却凡人的愿望。袁黄的功过格不仅通过积善行德以获得科名子嗣的回报，后世医生对于疾病的治疗也采用功过格：

> 医士贫富一体，细心审察定方，疗一轻疾，不取酬。（一功。）疗一关系性命重疾，虽取酬。（准十功。）不取酬者。（准百功。）若待极贫人，并能施药不吝，照钱数记功。（虽一剂药不满十文，亦准一功。）倡募刻一济人善书。（随缘乐助易，倡首劝募难，故特记五十功，助者以施之多寡记功。）为师成就一人学业，品行兼全。（准百功。）遇贫人危疾，助医药钱米。百钱，准一功。（贫人偶为之者，虽十钱、五钱与百钱同论。）疫疠设局施药施医。（百钱，准一功。）普施应病丸散膏药。（百钱，准一功。）刻施经验良方。（百钱，准一功。）秘一经验方。（二十过。）误一门人。（五十过。）④

① 王肯堂：《胤产全书》卷一《求子类》，明乔山堂刻本，《续修四库全书》子部第1007册，第327页。
② 王肯堂：《胤产全书》卷二《发育论》，第337页。
③ 李中梓：《删补颐生微论》卷二《广嗣论第十九》，明崇祯十五年刻本，《四库全书存目丛书》子部第46册，第577页。
④ 顾世澄：《疡医大全》，北京：人民卫生出版社，1987年，第246—247页。

此功过格，强调医者的传道、授业，把它抬到与疾病的救治同等的地位。传统文人士大夫不屑于医，往往力求把"艺"上升为"道"，无论是对疾病的救治，还是医药的观念，文化意识往往超越了医学本身的技术。

五世袁俨，为袁黄子，天启乙丑（1625）进士，崇祀嘉善吴江乡贤祠。娶嘉善陈于王女，生五子仑、徽、祚鼎、崧、祚充，一女嫁吴江周宗建长子周廷祚，为东林遗孤。周廷祚，字长生，崇祯初年，为父亲周宗建请恤祀典。宗建之祸因郭巩而起，郭巩力图掩盖，送万金求廷祚。廷祚正色道："父仇即死不避，富贵可饵我耶？"坚持弹劾郭巩，郭巩终究绳之以法。[①]六世袁祚，娶周廷祚女。袁俨长子袁仑，廪生，娶吴江沈氏，万历丁未（1607）进士河南大梁道沈桐冈之女，生二子蘅、莅。袁俨三子袁祚鼎，庠生，娶叶家垺叶执，天启乙丑进士工部主事叶绍袁长女，字昭齐，江南有名的才女，也是族谱中唯一载有姓名的女子，著有《愁言集》，附刻《午梦堂集》行世。袁崧，廪生，娶嘉善戴氏，副贡、象山训导戴原迩女，生子五。七世袁蘅，康熙丁卯（1687）举人，娶嘉善夏氏，天启甲子（1624）举人夏缮之女。袁华，少有俊才，能诗，从武塘魏氏读书。魏有才女名于云，华与之订婚未几，嗜酒跌死，魏亦自缢。入清以后，袁氏家族无显者，也无名医，亦没有医著流传。后世成员甚至贫病交加。八世袁天鲸，性孤介，不肯随俗，时三藩用兵，每学例增饷生，入财足额，家贫无以应，遂终身不获。至十世袁瑞，钦旌义夫入崇祠祀，娶芦墟周氏，康熙甲午（1714）武闱举人天生女。而袁珠，读书究心八法，为里中塾师，口讲指授，至老不倦。十一世袁煜，幼失怙，贫不能攻书，粗通大义，尝手录遗谱，至今赖之。[②]

---

① 乾隆《江南通志》卷一百五十七《周廷祚传》，《文渊阁四库全书》第511册，第531页。
② 《赵田袁氏家谱·世表》。

直到十三世袁嵩龄，才得以重登进士，入选翰林庶吉士。袁氏家族早年为谋生计，娶良医、富户，后娶簪缨世家之才女，而当家世衰落时，所娶女子亦无簪缨之家。

袁氏家族孜孜以求者，还是回到仕途，袁黄、袁俨父子二进士，入乡贤祠，可称改命成功。遗憾的是，后人竟再无人习医，科举之途又并不得意，家族荣耀反不如昔。

五、结　语

袁氏家族命运在靖难之变（1399—1402）后发生转折，对这样的缙绅之家来说，不能科举入仕可以说是沉重打击。但从家变至袁黄出生（嘉靖十二年，1533）的近一百三十余年间，袁氏家族由儒入医，成功维持了家族的兴盛，有惊无险度过了禁仕危机。所谓命由天定，运由己生，袁氏家族得以顺利转型，固然因时势之压力，但从中也可以看到是有意识的主动安排。这在家族的联姻方面体现尤为明显。袁颢与徐氏良医结合，袁祥为谋生计，与殳氏联姻，后续娶朱氏，经营药圃。此二人的婚姻，奠定并拓展了袁氏家族的从医之路。袁氏得以儒学为基础，获得良医训练。既通过行医得令名，又撰写医书传杏林。这一路径，与世医家传有所不同，但在人才养成与学术传承方面的作用，其实是一致的。袁氏在地方渐有声名，由隐而显，又得以与平湖朱家、嘉善沈家、钱家通婚，门当户对，互得扶衬。到禁令取消，恢复科举资格之时，袁黄得中进士，其子袁俨又成进士，娶进士女。一门两进士，传为佳话。袁黄所言功过格改命，在其本身家族的命运上讲，不是在于积善，而是在于行医。

　　尽管医是袁氏家族的渡江之舟、傍身之技，其家族始终仍以科举为光宗耀祖的本业，这其中也存在着必然与偶然的交错互济。袁氏本为耕读之家，饶有资财，虽由儒入医，而仍持医儒兼济之路。尤其为明显的是，袁祥虽投身于医，但自幼对医并不高看，也有意结交士林。与专业世医不同的是，袁氏一门始终未放下诗书。袁氏家学的体系又较为庞杂，医为谋生之道，但不论是袁颢还是袁祥，都通《周易》，知天文。至于袁黄，更是无书不读，经世实学，旁通博涉，这其中虽有个人兴趣志向的原因，但也未尝不是在寻找更多的安身之术。袁黄信命理，言功过，其来源或与此亦有关联。有此坚持，回到科举也是顺理成章之事。从医的角度来说，由儒入医，也是明清时期最为普遍的成医之路。袁黄通医，但重在养生养嗣，较其祖辈而言，医名已经衰微。换而言之，在袁黄改命成功之后，医作为其家族发展的支柱地位已经消解。如此，或可以解释为何袁黄之后，袁氏子孙不再行医。可惜的是，后世子孙并未完全实现袁黄的厚望，仕途不顺，又失医道，家族的荣耀反而难以维系。

　　袁氏家族命运发展中的医儒关系，在一定程度上反映了明清时期医者地位的尴尬。在传统社会，医者的地位一直比较低，被归入方伎者流，而儒者则是社会主流精英阶层。宋元以来，尽管医者地位得到了一定的提升，尤其是那些"习儒术者，通黄素，明诊疗"的儒医，成为医者中的上层，也是"医"中最接近于"儒"的群体，但在儒家思想占统治地位、普遍崇尚科举入仕的社会，儒医相对于儒者，依然处于较低的地位。读书应试，出仕为官是士子改变自身命运、显亲扬名、光耀门楣的不二法门，其他任何社会活动都无法取代。正因如此，医者往往积极"攀缘于儒"，希望能够跻身儒者的文化圈，进而作为"士"而非"医"获得社会的认可与尊重。在留存下来的家谱、文集等文献中，不乏反映袁氏家族成员这种心态的记述。注重儒学，不仅在于提高家族成员的文化素质和个人修养，更是为了通过科举博取功名，从根本上改变家族身份地位，进而跻身地方名门。科举的无法实行与经济状况的窘迫，不断地把家族成员从"儒"拉回到"医"的轨道，并终生都在"医"与"儒"之间徘徊挣扎。对于医者而言，这样的文化身份上的挣扎与纠结，使他们从心底里无法对医生职业产生认同感和自豪感，导致中国传统医学在专业性上很难获得发展和突破，亦使得像袁氏这样的家族在科考成功后，后世无以医显者。

附表 《袁氏家乘》附袁氏丛书书目①

袁 颢	《周易奥义》八卷，《春秋传》三十卷，《主德篇》，《家训》一卷，《袁氏脉经》一卷，《袁氏针经》一卷，《痘疹全书》《痘疹论》《内经辨疑》《运气图说》《惠幼良方》
袁 祥	《春秋或问》，《新旧唐书折衷》三十卷，《天官纪事》《建文私记》《革除编年》《忠臣录》《慧星占验》《六壬大全》《八阵图说》《金穀歌注》《用药玄机》《乐隐编》《乐律通考》
袁 仁	《大易心法》《尚书砭蔡编》《毛诗或问》《春秋针胡编》《三礼要旨》《三礼穴法》《纪年备考》《纪年类编》《天文图注》，《地理异同辨》一卷，《本草正伪》一卷，《活人本旨》一卷，《参坡医案》八卷，《韵府群玉补遗》四十卷，《一螺集》《庭闱杂录》
袁 裳	《三命要诀》《选择新书》《天文志》
袁 黄	《周易补传》《河图洛书》《虞书大旨》《周礼直解》《石经大学解》《中庸疏意》，《论语笺疏》十卷，《孟子笺疏》七卷，《史汉泛本》，《纲鉴补》三十九卷，《群书备考》《京都水利考》《宝坻劝农书》《宝坻政书》《袁氏政书》《赋役新书》《历法新书》《皇极考》《祈嗣真诠》《训儿俗说》《袁生忏法》《净行别品》《静坐要诀》《四训》《诗外别传》，《两行集斋》十四卷，《八代文腴类选》《文规》《闽中士子诗》《评注八代文宗》，《春秋义例》三卷
袁 俨	《尚书百家汇解》六卷，《抱膝斋漫笔》三卷，《续群书备考》三卷
叶 纨	《愁言集》（又名《芳雪轩遗集》）

---

① 《袁氏丛书书目》，袁嵩龄辑：《袁氏家乘》。

清代讼师秘本所见徽州木商的经营活动
——以《控词汇纂》抄本为中心*

王振忠

（复旦大学中国历史地理研究所）

摘要： 在历史文献学中，诉讼文书是一类比较特殊的文本，它通常会以耸人听闻的字眼以及夸张的语气，状摹案情之经过，以期通过指控对方，达致解决纠纷的特定目的。在徽州民间文献中，此类诉讼文本为数众多。本文聚焦的文书抄本《控词汇纂》，系婺源读书人抄录的诉讼案卷控词底稿，应是作为当地讼师之秘本而得以辗转传抄。本文首先对抄本之成书背景作一初步的探讨，并以《控词汇纂》为中心，结合其他相关史料，勾勒清代前期婺源木商在长江流域（特别是下游地区）的经营活动。从中可见，在盛清时代，婺源木商之商业网络已遍及长江下游各地。在当时的长江三角洲各地，无论是作为行商的木客，还是在地坐贾之木行，徽州婺源人皆充当了重要的角色。

关键词：《控词汇纂》 讼师秘本 徽州 婺源 木商

---

* 文中插图，承复旦大学社会发展与公共政策学院李甜博士协助清绘，特此谨申谢忱！

一、《控词汇纂》抄本及其成书背景

明清时代，徽州是个"健讼"之区，素有"人平不语，水平不流"①的说法，故而在皖南，有的诉讼案卷就以此为标题加以命名②，类似的诉讼文书迄今仍有诸多遗存。抄本《控词汇纂》1函4册，书中收录了好几位生员的禀文：

标　　题	内　　容	姓名或称呼	身份	时间
具呈儒学生员戴天柱	为叩采葑菅，澄澈奸胥类罪，以严觉察，以树仁声事	戴天柱（岩前人）	生员	不详
控两学呈词	靳泽扬兵，玷官傲众，恳赐牒详存案，以防各宪访闻事			不详
无	为重灾叠祸，旷古奇闻，恳赐通详，下情上达事	汪绍琦	生员	乾隆九年八月
无	为冒干清听，叩鉴苦衷，褫革无恨事	詹洵（即幼潜）	生员	不详
无	○○○因蒋国祚县主辱打府庠生，六县府学公呈	詹邦贞（秋溪人）	不详	不详
无	分牙请示	方静夫先生	不详	不详
胡敬老稿	为叩查追案，惩奸救异事	奏（？）恺山先生	不详	乾隆三年以后
岩前戴石臣（名柱）与段莘汪公立（名坛）、汉口汪允明（名时宇）为合伙冤帖	江南徽婺百万势宦汪坛门下走狗汪允明朋奸造孽，内则灭伦败度，外则蠹国剥商。八字全无，四犯俱备，柱遭惨烹降杀，遵禁不敢具揭，谨陈恶迹冤章	戴天柱	不详	不详
仙女庙禀设立循环簿禀状	为叩别奸良，以柔远人事	卢觉山先生	不详	不详

---

① 《控词汇纂·图内告甲下出户》。

② 南京大学历史系就收藏有一册《不平鸣稿》，为明代天启、崇祯年间潘氏的讼词稿。

该书在"具呈儒学生员戴天柱"条控词后，有"捏词混砌，健讼极矣"之"郭主批"。与《控词汇纂》相关的文书，尚见有乾隆十年（1745）二月《贪酷署令郭自成详文》抄本1函2册。可见，此"郭主"应即婺源县令郭自成。另外，书中还钤有方形红印的"同馨堂记"，这说明该抄本之誊录者可能与某个商号有关。其后另有一篇《控两学呈词》，作者戴石臣，其后注明："即天柱，戴天柱。"

关于戴天柱，民国《重修婺源县志》中有一简单的小传，其中提及：

> 戴天柱，字石臣，桂岩人，邑庠生。性直才优，慷慨仗义，有古烈士风。蒿目时弊，辄以身先，不避艰险，如保护县龙、请革浮杂税等项，俱公正要务，人甚德焉，年八十四。①

上揭小传，被列入方志的"义行"栏目，可见其人在婺源当地应有较好的口碑。有关戴天柱之生平，《控词汇纂》在"具呈儒学生员戴天柱为叩采葑菲，澄澈奸胥类罪，以严觉察，以树仁声事"一词中亦稍有涉及："身自幼遵庭训，即严三畏四知，祖授言官，遗风骨鲠，五十恭膺御试后，方获入景峰张夫子之门。苦志芸窗，希绳祖武，国计民生而外，从无争讼案宗。嗣因忤蠹中伤，八年养晦，岂仍多口，干蹈批鳞？"所谓三畏四知，即畏天命、畏大人、畏圣人之言以及天知、神知、我知、子知。在这里，戴天柱声称自己受过良好的家庭教育，祖上曾官居言官之职，故而素有骨鲠之风。书中还有其人所作的《控两学呈词》等，可见戴天柱的确好兴诉讼，时常打抱不平。此外，在另一种婺

---

① 民国《重修婺源县志》卷三十七《人物十一·义行一》，《中国地方志集成·江西府县志辑》，南京：江苏古籍出版社，1996年，第686页。

源诉讼文书抄本《告词》①中，亦见有《为戴石臣先生复功名》一文：

> ……斥生戴天柱，盛世老成，直狂蠢性，然于风土故事，无拘雅俗，博闻强识。情因钦差张大人清查民欠，临婺严比，在于三级阶上，亲切勘杖，血秽淋漓，琴堂减色。戴天柱趱纳钱粮，目击直诤，言县堂虎形阶系虎头之上，行杖有妨官民，坚请移案下，再三冒犯，争论触怒，此诚非宪度所能容也。勒县通详，加以咆哮抗欠之罪，此又开雷霆之下难为平情之谶也。但见戴云：于张县主莅任，仰见仁慈保赤，曾布帖劝谕各乡输将，岂忍自为顽梗？今岁县主升堂扑跌，遂成痼疾，虽蒙天恩展限调养，终不见愈，解组在即，而百姓于三级阶上受杖者，归病十有八九亡。嗟彼顽户，死有余辜，而廉明县主未竟其功，谁无攀辕之泣？切思戴△健言颇验，非尽荒唐，虽有犯颜之罪，实抱勿欺之忠，为公被革，士民关心。幸际宪天太宗师，万民父母，六属瞻依，沾化汪洋，草木昆虫，咸思得新，岂惜一回恩顾，下逮寒儒？既蒙犀审，请宽于前，仍乞全恩培植于后，阳春出自天心，蚁私焉敢径恳？为此冒禀，伏乞恩赏，转详学宪大老爷原情，开复慭遗，此老虽不足当三老五更之名，聊为老马识途之用，将见救一士而众士含恩，恤一老而欢腾万姓。批沥上呈。

从内容上看，这应是婺源的某个或一批读书人为戴天柱（石臣）叫屈求情的呈子，由此可见，戴氏曾因冒犯钦差大人而被革去功名。而从县令郭自成之批语来看，在他眼中，戴天柱是个不折不扣的"健讼"

---

① 抄本1册，私人收藏。

之徒。

另外，《控词汇纂》中还有《岩前戴石臣（名柱）与段莘汪公立（名坛）、汉口汪允明（名时宇）为合伙冤帖》，其中提及：

> 泣思天下行商坐贾，最苦莫逾木商，每携重本，背井离乡，穷尽长江之险，常涉洞庭之惊。深入穷山僻谷，日惧虎豹豺狼之患，夜防水火盗贼之忧。或数载难归故里，或半世不得还乡。间亏血本难归，致累债负无限，凄惶苦难备述，奚堪恶棍节种剥吞？

此处的"岩前"，亦即前述的桂岩。可见，戴石臣（天柱）也曾外出，在长江流域各地从事木业经营。换言之，戴石臣实际上是位亦儒亦贾的婺源人。

从《控词汇纂》所收的文字来看，此书应是当地读书人抄录的诉讼案卷，可以作为讼师秘本使用。[1]由于作者特殊的身份背景，该书对于研究清代前期的徽商活动与婺源地方社会实态，皆有较为重要的价值。本文即以《控词汇纂》抄本为中心，结合其他相关史料，探讨清代前期徽州木商在长江流域（特别是下游地区）的经营活动。

二、清代前期婺源木商的经营活动

在清代，徽州婺源以木商、墨商和茶商最负盛名。《控词汇纂》中有相当大的篇幅，反映了清代前期婺源徽商的活动，其中，以木业经营

---

① 书中的《妇为夫禀》之下，注有"援原例成案"的字眼。

最为集中。

《控词汇纂》抄本共4册，其中的《公议行规》，首先指出婺源人出外从事木业，实属不得不然："舍本逐末，原为下策；而牵车服贾，岂是良图？奈缘地窄，苦于无土可耕，且又人俦，只得有怀贸易。"此处的"俦"应作"稠"，这是指婺源地少人多，民众不得不外出务工经商。《公议行规》接着说从事木业颇为艰难："百凡生理，固皆不易，惟我木行，更有其难。或自江西，或由湖广，路越三千，税经四纳。贩至平陵，既已备尝辛苦，而处兹蓬荜，复有无度支维，彼外人方谓奇货可居，趋然若鹜。讵意本同牛后，利仅蝇头，加之银色低潮，天平短少，数年之内，客本多亏。"此处特别指出，婺源木商之主要活动区域是在江西和湖广各地，路途遥远。身为木商的作者，慨叹当时木业经营之艰辛以及利润的微薄，其所叹苦经，当然并不完全是事实。因为在民间，素有"盐商木客，财大气粗"的说法，徽州木商之囊丰箧盈亦闻名遐迩。

《公议行规》接着指出当时木业经营中的乱象：

> 平合入山，色议九七，教之京、常二滩，犹属酌中，而取未常，格外苛求。不谓同行之众，乃有悖义之人，岂真不为利诱，亦实别有奸谋。谓欲网罗生意，必须笼络人心，而堕其计者，则以彼为便宜，我为苛求。庸讵知挈豚蹄以默祝，持鱼木而夜沽。平让一分，名虽松放；价贾三倍，实获奇赢。是彼之阴行诡道，孰若予之交易公平。

文中的"鱼木"应作"鱼目"，相关的两句应典出唐人李商隐之《为举人上翰林萧侍郎启》一文："是以更持鱼目，当夜肆以沽诸；复挈豚蹄，祝天时之未已。"这应当是形容一些人在商业经营中鱼目混珠。有鉴于此，部分木商决定会同其他同行，共同形成行规定例：

> 今后四方君子，倘蒙赐顾，宁可移价就平，不可违条坏例，特此预闻，为画一行规事。木行一业，上输国课，下便民用，商人将本求利，行主托业营生，贸易迄今，童叟无欺，规例岂容参差莫定？向年旧例，平以工法为准，色以九七为期，出簿每两二分，本属江、常滩例，诚为不易良模。近因人心不古，天平随其轻重，银水任其高低，出簿听其有无，行规日坏，客本多亏。若不亟为整齐，将来弊于胡底！为此捐资演戏，设酒立议，痛除前弊，悉照滩规。在木价之低昂，固应随时斟酌；而一定之成例，皆宜永远恪遵……

此处历数了银钱成色、出簿滩例等方面的规矩，文末还有"谨书规例于后"的字样，但抄本之中却并未得见其详。文中提到了"京、常二滩"以及"江、常滩例"，当时，木材停泊在江边、河边，总称为滩，亦即木滩。木排停靠滩边，都要经过改排后方可逐排卖去。在此过程中，必须共同遵守各项规则，这就叫"滩规"或"滩例"。上述的行规定例，就具体规定了银钱的成色，以及木材每"两"之价格。"两"是龙泉老码或姑苏老码的单位，反映的是每根杉圆木粗细的计量数值。定立滩规的过程，必须彼此共同捐资，通过演戏酬神之仪式加以确认。

对于木商的经营状况及其所面临的困境，书中的《木商赴总督条陈》一词有较为详细的论述：

> 商等徽民，业木生理，自进三关钱粮，兼纳淮扬钞税。在省

滩，则应皇木、架木、椿木、战舰、马船各项之差徭；在府县，则供厂衙署、吊桥、水闸、派修沙船之取用。诚上有益于国计，下有利于民生。

在这里，婺源木商首先认为自己对于国计民生皆有裨益。在《控词汇纂》中屡次提及的"三关"，其具体所指并不统一，此处则是指龙江、芜湖和扬州三关。而"省滩"所指，则应是江南省江宁府城西的上新河，此处是婺源木商最为集中的地区。①根据《大清会典则例》等书的记载，在清代，江宁一向是采买架木的要地，而椿木亦常与石料并列，为当时诸多工程建设之必备材料。另外，在府县层级，诸多兴建亦需要来自上江的木材。

《木商赴总督条陈》一文，还概述了婺源木商在行商期间遭遇到的各种困难："……窃惟商困日滋，一在产木之区，一在行木之所，弊害多端，难于枚举。"关于这些问题，以下拟分别论述。

（一）"产木之区"的各类弊端

根据《控词汇纂》之描述，婺源商人从事木材经营的地区，主要集中在江南省徽州府的婺源、祁门，宁国之太平、泾县，池州之石埭、青阳，江西省饶州之德兴、万年，广信之上饶、玉山，赣州之龙南、瑞金等州县。在这些"产木之区"，"商自入山采买，则有势豪栽捏，分毫股植，勒掯居奇；带工伐运，则有衙营弁钻买委牌，查篷炙诈；木运下河，则有地霸借倚陂堰，留难阻挠。或遭构讼酿衅，致有囊橐尽倾

---

① 参见拙文《诗意的历史：竹枝词与地域文化》，《千山夕阳：王振忠论明清社会与文化》，桂林：广西师范大学出版社，2009年。

之虞；或遭洪水漂流，竟有身命莫保之患"。①根据上述状摹，徽商在采买过程中，会遭到一些有势力的当地人之囤积居奇；而在木材运输之沿途，有些官兵则借口查验而行敲诈勒索之实；当木材运下河道时，又有车匪路霸以堤堰水利横加阻挠，这些情况，时常会引发诸多的诉讼纠纷，以致商人遭受巨大损失。为此，木商迫不及待地请求官府予以保障。

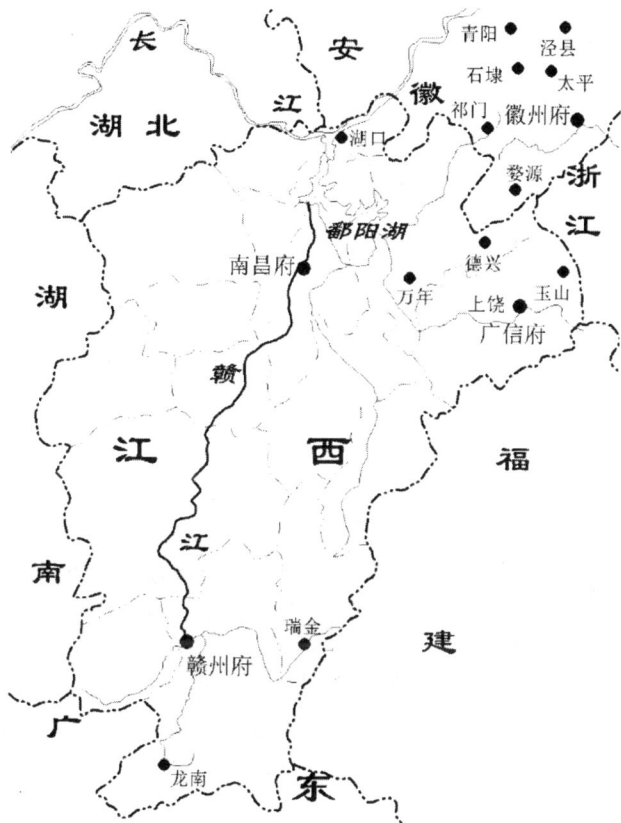

图1 《控词汇纂》抄本所见的主要采木之区

---

①《控词汇纂·木商赴总督条陈》。

关于上述的这些困难，《控词汇纂》中的《木商具呈三害》更为具体地加以论列。此处所说的"三害"，其一为"伙党戕材之害课"：

> 商等揭运输供，大都木植，半出于江西，半由于闽、楚。年来近水之木伐运殆尽，采购必于穷谷深山，是以今岂抵关之梱簰，尽属上年预岂之木植。

文中提及，除了江西、湖广之外，福建也是婺源木商重点经营的场所。个中指出，由于持续不断的砍伐，靠近水边、交通便利之地的木材已被砍伐殆尽，所以想要伐木，必须前往交通不便的深山老林。在这种背景下，遭遇到的困难也就更加严重。当时，有一些"走空之神棍，招纳土著之奸徒，引类统匪，百千成群，分头蟠踞于产木之区，遇有巨木，或瞰山主远鸷而肆行盗砍，或乘商拼未伐而恣意窃偷。戕贼材木，断锯板枋，名为板商，行同伙盗"。这是反映因木商远道而来，当地人欺负他们人生地不熟，所以常常乘着其人拼山之后还来不及砍伐，就肆意盗砍。关于这一点，《锄盗剪窝疏商裕国》一文中还列举了一个实例："窝盗表里造奸，商民顶踵莫保。漏盗 Δ 名作包头，实为戎首，历年盗木，向恃积窝 Δ 代抽，混卖灭踪，彼此致富数千余金，坑商不可胜计。""戎首"是出自《礼记·檀弓下》的一个词汇，意思是发动战争的主谋、祸首，此处比喻首先挑起事端或带头做坏事的人。而所谓的包头，有时也叫排户，这些人大多是以船为家，祖孙世业，他们熟谙港湾河道、风潮水性。一般是在山客开始砍伐时就帮助联系相关事宜，承包放运。通常情况下，"包头"又为木行在产区的重要耳目，关于货品优劣、出水迟早以及山客之资力货源等方面的情报，木行大多需要利用"包头"代为搜集，后者有的还要代木行拉客放款。不过，这些人也往往作奸犯科，中饱私囊。因此，木商主张应"锄盗剪窝，以保国课，以清商路"。另外，《并粘条陈六害三弊》中有"势豪勒揸之害"，其中提及："民间买卖，照时售值，山产交易，计股派价，此一定之理也。商等入山采买，有一山而一主者，有一山而数主者，甚有一山而数十主者。自应照所业之山，得所卖之价。无何势豪作祟，或受重张投献，或栽股植居奇，榷诈不遂，构讼兴词。官蠹交烹，不饱不餍，此害不除，商本倾蚀。"这是说因所拼之山股权分散，木材产权有时颇为复杂，徽商在拼买时，一不小心便会引发诉讼纠纷，而一旦身陷其境，则血本无归。

关于"产木之区"的弊端，《木商具呈三害》中提到的第二害是"埂壅筑河之害课"："商等揭运输供，跋涉山川，逾越险阻，入山遴购木植，陆运动经百里，即有一线山溪，又皆怪石突阜，荒秽纡回。时乘春夏，备费人力工本，相度芟芜，浚筑闸坝，时其启用，以资济运之穷。"从中可见，木商进入深山老林砍伐木材，将这些木材运出山外，需要花费极大的气力。当时，便有当地的土著"凭凌地利，霸截揽先，累月经旬，耽羁水次，正且泛滥冲缺，筑闸坑商，前功尽废。即欲兴工重筑，转盼秋冬，届期水涸难运，以致经年坐食，费计千余"。这是说因当地人的故意作梗，木材运输活动被严重耽误，有时因洪水泛滥冲垮闸坝，有时则因水浅难以转运，以致误了一年中转运木材的最好时机，平添了诸多运营成本。[1]对此，《疏通河道》还指出：

课籍［藉］木以纳，木通而课乃通；商因木以疏，木壅而商

---

[1]《控词汇纂·并粘条陈六害三弊》中的第三害为"地虎霸截之害"："……商等运木下河，按候撑放，无容后时。无何地棍借以河干陂坝，将顺则饱欲放行，拂欲则鸣锣聚众，拦截阻扰，驱逐排夫，致羁水次。一旦洪涛腾沸，绳缆无施，木遭飘荡，商命俱倾，此害不除，商路壅塞。"

亦壅。木簰一滞，商课两坑。土寇Δ踞坝嚼商，截河捃木，撑放随其喜怒，序次任其颠倒。骗橐未盈，甲居乙后；贪囊已满，李在张前。挖坝之弊日滋，占杰之风渐炽。甚至蝇头之本，不满百金；而鲸喉之厄，动经数月。商脂告竭，虚焰莫攒。且有遵课已输者，尚然欲末；负粮不纳者，反行挽先。彼此两不相干，昼夜绝难通行。只图快溪壑之巨贪，不顾朝廷之急课。公私交害，罪恶贯盈。

这里专门强调了河道畅滞对于商课的重要性。木商指出：只有木材鱼贯而出，方能课税泉流，"裕国通商"。然而，在他们购买木材的沿途，经常遇到一些人或挖坝或截河，想方设法阻拦木材运输，以此为要挟，榨取商人钱财。在这里，徽州木商殚思竭虑地将木材运输与商课国税相关联，以期引起官府的高度重视。对此，《请示疏河运木》还举出一个具体的例子：

> 身缘揭本，契买Δ处程Δ杉木万余株，旧因谬膺战船差务，赴省供应，急需本处杉木，误雇土人Δ管理，伐运无异。于Δ月木放Δ处，突出逆豪Δ父子、家丁，声称Δ欠伊宿逋，队哨群凶，拥簰殴杀，断缆飘流，存木堆贮，蹇辖虎峋，徒为侧目……

这是说木商接受国家的调度，进山采购杉木，以备战船修造之用。砍伐过程虽然比较顺利，但将木材运到河边时却遭遇挫折，有人以债务问题为由半路杀出，抢夺木簰，砍断缆绳，从而使得商家陷入困境。文中多处出现"Δ"字样，显然说明这是一个具体的案例。

（二）"行木之所"的种种困难

关于"行木之所"的种种弊端，《木商赴总督条陈》指出："商自分投变卖，所在官司，则有蠹役胧禀白票，用少取多，娄烹短价。到处市镇，则有土棍出头敛分，违例私科。以土著排门之差，累及孤客；以地方保甲之役，滥派浮商。乃若牙行，则有奸徒倚营靠宦，不任客投，肆行垄断，纠群狐为腋间之羽，视孤商等几上之肥。党镕赊欠，影射朋吞。或遭坑血本，时兴蜀道之悲；或莫顾妻孥，常抱穷途之泣。如兹弊害，所宜急吁示饬者也。"此处概括性地描述了各地衙役之为非作歹，"土棍"的借机勒索，以及牙行之肆意垄断。

关于各处衙役的为非作歹，《并粘条陈六害三弊》中提及的第四害，即"蠹役白票滥取之害"：

> 商等木筏分投货卖，无何所在蠹役，嗜利罔法，阳奉阴违。或借修理衙署，或借考试蓬厂，或借吊水闸，动称应用急需，或倚派修沙虎船只，借题军重大。不思煌煌宪示，平价采买，毋许白取民间。而蠹等乃借种种名色，朦胧本官，白票娄取，用一取十。及至具票领价，巧赖内司，非批查发，即批候领，年复一年，蠹役侵渔，终归乌有。

"白票"应指未钤有官印的清单收据。这是说木商前往各地经营，衙役往往会以官府需要修理衙署、考棚、吊桥、船只等为借口，不花费任何代价，就恣意强征木材，而且还会以各种借口，巧立名目多取木材，借以中饱私囊。

除此之外，不肖衙役还会以治安为由，对木商加以敲诈勒索。《并粘条陈六害三弊》中提及的第二害，就是"蠹弁查蓬之害"：

衙蠹弁兵，嚼民有禁。商等带工伐运，所雇工人，悉皆同乡、土著，熟识其踪。自顾本为重，身命攸关，岂肯容纳匪流，自贻祸患？况自古迄今，从无商蓬藏奸之事，亦无例索查蓬之名。自经甲寅闽寇之余，惟广信府属乃有蠹役弁兵，纠同地棍，钻买委牌，或赂赇内署，借稽查之名，为饱壑之计，大商索取礼仪，小商恣其鱼肉。今当四海荡平，泰宁无事，岂竟视为膻途，酿成锢弊莫破。稍不遂欲，蠹役络绎，枭卒狰狞，逞强扎诈，微本何堪？此害不除，商遭蹂躏。

"甲寅闽寇"是指康熙十三年（1674）爆发的三藩之乱①，当时，徽州等地亦被耿精忠部之骚扰所波及。此后，由于各地治安不靖，江西广信府的衙役兵弁，就一直以此为借口巡防稽查，并借机向大小木商索取贿赂。

除了衙役之外，各地的"土棍"也颇为活跃。《并粘条陈六害三弊》中的第五害为"土棍滥派差徭之害"："商民各有差役，难甘以李代桃。商等到处开厂，或南或北，或去或留，非土著居民可比。屡奉宪恤商艰，商有商差，民有民役，是以各处俱免差徭。无何土棍视异可啖，间有以朝廷血脉，瞰木贮河，而索租水面。甚有以本地之差，如排门保甲，与夫杂差夫役，而滥派浮商，借名代募，一任烹肥，否则党棍咆哮，逞威要胁。"这是说各地的一些土著，将外来客商视作肥羊，想方设法地将当地的差役负担等强行摊派，转嫁给南来北往的客商。

此外，《并粘条陈六害三弊》中的第六害"奸牙垄断之害"还指

---

① 《控词汇纂·役陈利害免累》："婺邑四乡，东、南、西、北计一百三十八图。惟西乡二十六图，自康熙十一年至十七年止，旧欠钱粮，经今十有余载，寨于十三年寇变，十一月恢复，四乡俱平。"

出："任客投牙，古今大例。有等奸牙，欺商孤异，惟利是趋，倚营靠宦，不任客投，肆行盘踞，分班轮值，垄断自肥。间有自己侵那［挪］，勾腹出名，赊欠临取，则狡延互推。甚有乡愚买卖，当面叫口，抽丰交成，现除正价，不顾客本，串脱无常。孤商误堕术中，微资尽倾网内，此害不除，商途荆棘。"这是说徽商出外经商寻找牙行时，也常常遭遇陷阱，使得商路颇显坎坷。

（三）婺源木商与沿途榷关及市镇

乾隆《大清会典》记载："凡天下关津榷务，户部掌之。其隶工部者，专税竹木。商旅辐辏之地，间榷船货，皆因地制宜。……凡竹木，经过关津，验量得实，各按时地以权征榷之平。部颁则规条，诸关刊榜

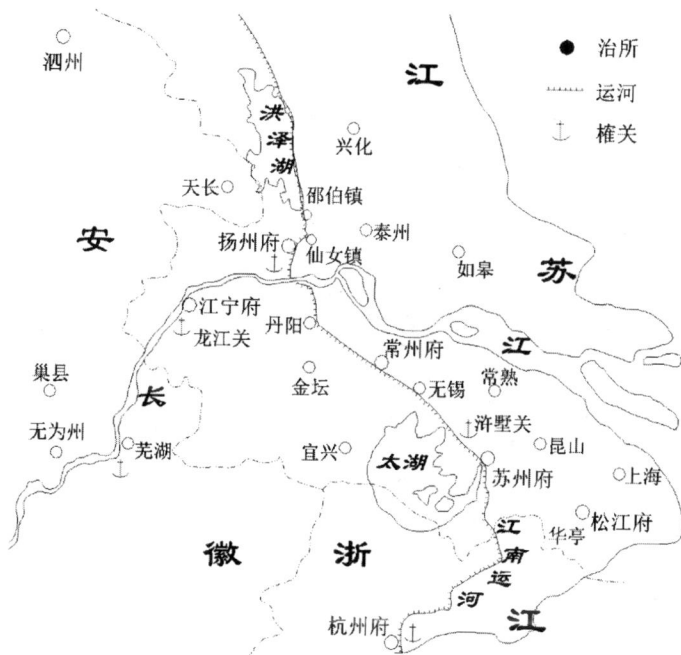

图2　长江下游区域的木材运输与沿途榷关

昭示，俾吏不能欺。"①当然，这只是制度上的一种规定，其具体运作与日常实态则未必能得以严格实施。

从《控词汇纂》的描述来看，徽商历经千辛万苦将木材运出产区，在运往各个城镇的过程中，在长江下游区域，需要途经芜湖、龙江和扬州三关。对此三关，木商颇多怨言。《并粘条陈六害三弊》中提及的"三弊"，主要就是针对这三个榷关，以下分别论述：

1. 芜湖关

芜湖是长江下游木材运输的必经之地，不少长江商编路程中就有"芜湖有个抽分厂，报税客商要小心"的记载②，所谓抽分也称抽解，亦即对行商征收的实物商税。如最初对过往的竹木茶漆按照一定比例抽取实物，后来则改为直接征收银两。《并粘条陈六害三弊》指出："芜关量簰之弊：木筏抵关，量簰阔狭、长短、深浅，照志靠实无虚，此一定之例也。近则明虚爬口三尺，商已茹苦难言，更加爬手人役使费，小筏索费五六十两不等，稍不遂欲，则以狭报阔，以短报长，以浅报深。以及零木、地板、筚木，以无报有，以少报多。上人诘之，则曰前官通例如是。本商追怨，则曰上命不得自由。健恃操纵在手，喜怒从心，此芜关量簰之弊也。"此处提及的"量簰之弊"，是指芜湖的爬手人役视所得好处之多少，随心所欲地估算木排数量。对此，《木商赴总督条陈》亦有类似的描述。此外，在徽州文书中，还见有具体的例证。譬如，清代雍正年间婺源木商俞氏在江西从事木业经营，他由赣州运送木排，经湖口沿江东下。在他所写的放排札记中，不仅有"芜关量簰钱

① 《大清会典（乾隆朝）》卷七十五《工部》，南京：凤凰出版社，2018年，第400—401页。
② 关于徽商所编的长江水路程，参见笔者所撰《清代徽商与长江中下游的城镇及贸易——几种新见徽州商编路程图记抄本研究》，《安徽大学学报》（哲学社会科学版）2019年第1期。

粮则例"（其中具体概述了量篺以及钱粮计算的方法），而且还有"芜湖关使用定例"，较为详细地记录了在芜湖榷关的各类使费——如"正官，廿两；副官礼，十六两；小礼，一两六钱；册公，八钱；书房，一两二钱"等。此外，还提及量篺、总管、水众、天平、平扒、报数、皂隶、虎舡、封包、填单、兑平、领旗、收旗、册使和算使等名目，每处皆需打点。① 书中诸多名目之具体所指为何，因其语涉专门而颇难悉数索解，但与《控词汇纂》所述却可比照而观。

在芜湖关，除了"量篺之弊"外，还有增税之事。《条陈芜关增税》曰：

> 窃惟天下诸税俱烦催征，惟我木税尽属自进，故训古因事制宜。诸如三分取税，木植十一抽分，是以商愿出于其途，乃有三万七千之额。木梱丈量，长短浅深阔狭，合式无虚免粮，部法较同，画一不爽。迩来国家多事，每税一百两加羡十两，在官极费心力，在商已竭锱铢。讵意法久弊生，积保猾蠹，欺瞒天日，兑银每二十两加部法三钱，每一两加火耗四分，算数填号，每百两索银壹两六钱，保单每伯〔佰〕两索银壹两五钱。……种种弊端，难以枚举，致商等下情莫达，抱屈莫伸。

这是说榷吏在额定税课之外，另外加征火耗等银。有时，木商因遭风浪致使木排受损，但榷吏仍按旧额征收，为此，双方时常发生纠纷。《控词汇纂》中就有木商撰写的《芜关抽分破篺被诈赴都宪控词》：

----

① 抄本《清雍正婺源木商俞氏长江放排札记》，王振忠主编：《徽州民间珍稀文献集成》第5册，上海：复旦大学出版社，2018年，第40—41页。

商自揭本运木，跋涉山川，疲极人力，乃得至饶，造成木筏，过湖渡江，动经数月。若得整筏到关，固出万幸，无奈触浪冲风，难免矶洲浅搁。犹之江船阻浅，必须驳运方行，木筏被搁，势必拆卸乃活。历沐部主，睹此秋冬之交，江流箭激，水涸沙淤，木沉缆朽，万难复做。是以破簰抵关，具照整筏一体抽量，执单随至龙关交纳。从未有如今岁，芜关抽分破簰之害，若吴上扶、潘珮侯等之违例屠诈者也。窃△久经考职县丞，理宜在京候选，岂合钻赁册房，蟠踞关津，把持关政？旧经册房程维学，恐其贻累，收贴通衢，合省属目。何乃憨不畏法，一味营膻，复纠权蠹△，表里交奸，商脂鱼肉。部主本欲宽商，无如党奸胧制，如量一破簰，其在平时，犹借名色需索，今吴△等瞑[明]目张胆，每一破簰，横索诈银一伯[佰]三四两不等，先付后量，王博先、张师曼等过付切证。泣思钱粮定有额征，火耗叠严宪禁，矧今功令煌煌，岂容棍蠹瞒官索诈？商等痛罹剥肤，向有忍隐不言者，只以木筏飘泊江滨，在簰人工盈百，日用糜费数金。兼之揭借东本，顾瞻倾折堪虞，而且未遇神君，控鸣辄淹旬月……

从文中可见，木商手下的簰工超过百人，显然颇具规模。而从下文的"商等"来看，应当是一批木商的集体行动。对于此次控告，徽州木商显然作了充分的准备，他们指控册房的吴上扶、潘珮侯等敲诈勒索，并对上述二人之身份作过周密的调查。在《禀求芜关部主详督立碑》中，这些木商还指出：

商等业木生理，自进三关钱粮，上有裨于国储，下实资乎民便者也。一自揭本入山，运木备历艰辛，至饶造梱，由湖及江，动经旬月。幸而风水顺利，整簰抵关者十之七八。不幸而冒触风涛，矶洲浅搁，拆卸而下，名为破簰者十之二三。

此处提及长江航道运输木材的风险，大约有20％—30％的木排会遭遇不测。当然，这些话语出自木商之口，难免会有所夸张。不过，在长江运输中，"破簰"之风险显然也始终存在。因此，他们集体反抗榷吏之索诈，希望官府能颁发告示，并勒石示禁，垂之久远。

2. 龙江关

自芜湖沿长江而下，不久即到了龙江关。从明代以来，龙江关便是征集木材之所。《水陆路程便览》卷七《大江上水由洞庭湖东路至云贵》指出："南京下新河、中新河，共九十里，龙江关驿即下关，上新河牙行聚此。"根据方志的记载，上新河在江东门外，由大江至江东门坝上，为商贾百货所聚。旧管收工部税务，另设户部钞关。及至康熙二十八年（1689），并两税为一。

从文献记载来看，龙江关吏之需索由来已久。清人余廷灿《陈恪勤公行状》就指出："龙江关吏横索商船，前后使者率阴借其爪牙渔猎以媒利，公案名钩出，重法绳之。"[1]此处的"陈恪勤公"即陈鹏年，为康熙时人，所述事迹，与《控词汇纂》反映的年代差相同时。在《控词汇纂》中，《并粘条陈六害三弊》中提及的三弊之二就是"龙关免粮之弊"。具体说来，"下关纳粮，例照芜抽红票，较同部法，画一不爽，此定额也。近则正税一佰两，外加坐法银六两，又加平火耗、茶果银三十一两。今复平上加平银一两八钱六分，铺陈饭包银四两，掌平银一两二钱，上闸打旗私印银一两，衙役杂项银四两，和盘打算，积渐加至

---

① 余廷灿：《存吾文集录》卷二，见李祖陶编：《国朝文录续编》卷六六，清同治刻本，引自"中国基本古籍库"。

四十九两零。夫以一佰两之关税，加至四十九两有奇，是私征已敌朝廷正供之半矣。此龙关兑粮之弊也。"此处的记载，可以与"芜湖关使用定例"中的描述比照而观，可见，木商在榷关中的使费打点，龙江关与芜湖关并无二致。

关于上述这一点，《木商赴总督条陈》也指出，在龙江关，钱粮在每正税100两之外，增加耗费49两零6分。而且，一旦没有满足榷吏的欲望，后者便会寻找借口重新清丈，横加勒索，阻拦拖延。为此，不堪勒索的徽州木商只能无奈地向更高一级陈情。例如，《因龙江关赴江苏抚院条陈》就写道：

> ……近年以来，如票上税银一百两，遂渐外加平三十一两。蠹役巧立名曰加平、火耗、茶果，未几增坐法银六两，铺陈饭包银四两，衙役杂项银四两，掌平银一两二钱，上闸打旗，私印银一两，合总计算，积渐加增，竟至四十七两二钱矣。夫以一伯〔佰〕两之关税，诈至四十七两有零，是蠹侵肥，以敌朝廷正供之半。商脂几何，而能堪此剥肤割肉、吸髓敲筋也！然终于钳口结舌、忍痛不言者，以部主之威灵可行于各宪，而关役之谮诉易入于本官，而且岁剥商膏，不下数万……

此处的"四十七两"，与前引所述之49两稍有出入，但以100两的关税，额外加征的各类费用竟多达40余两，几乎占了正供的一半，自然引起徽商的强烈不满，这些木商纷纷四出奔走呼号，也同样希望官府勒石示禁。

3. 扬州关

与前述二关类似的情形，亦见于扬州关。《并粘条陈六害三弊》中

提及的"三弊"之一就是"扬关批增之弊",这具体是指:

> 缘木抵省分投,南北发卖,南则浒墅关。木植从无钞税,惟北扬州关,时因粮船、盐艘挤塞,木筏难前,故簰由关过者,每江簰一甲,免输缆银一钱。原为速河干,非是定正额,近则弊窦潜滋,巧立名色,改拖添甲,以一拖而批至十五六甲,渐至二十四五甲不等。原以一钱而征至二三两、四五两不等。若簰逢长江而下,不由关过者,从无征税之例,向亦纳钞,已属创例。无何更有地棍,勾通内使,蟠踞隘津,无端需索,遂诈则烹入私囊,拂诈则借称漏税。零星贩商,商脂有限,朘削难甘,此扬关批增之弊也。

长江与运河之交一向交通繁忙,盐船、粮艘以及其他各类木船麇集。本来,经由扬州关的木材并不需要交税,但因交通堵塞,运输木材的船只一时难以通行,所以有榷吏巧立名目,要求阻滞其地的木船输纳银钱,其金额逐年加增。对此,《控词汇纂》中的另外一处也指出,徽商"业木生理,沿上芜、龙两关钱粮至省,分投南、北各处发卖",南有浒墅关,北有扬州关,木船交纳银钱,最初还发给印单,后来则含混其事,显然,这些收入皆为榷吏中饱私囊。对此,商人畏威惧势,只能忍气吞声。虽然曾有总督访悉此弊,将龙江关书办纪载立毙杖下,"一时蠹焰稍息,商困少苏"①,但显然未能根本改变这种状况。

4. 仙女庙

仙女庙位于长江以北的运河之滨,自清代前期起就成为上江木材

---

① 《控词汇纂·木商赴总督条陈》。

等货品的集散地，而且，当地一度还成为江苏境内最大的木材中转市场。①咸丰二年（1852），湖北木商在仙女庙镇捐建禹王宫（亦即湖北会馆），同治二年（1863）又曾加以重修。据《木商碑记》记载："我帮木植交易，懋迁化居，由荆达扬者十居八九，而仙镇亦属会萃之区也。"②仙女庙镇上的几处码头，皆是转运木材的货运码头，有一些徽商麇集于此。③当地的徽国文公祠（应即徽州会馆），也是由徽州木商所兴建。④太平天国前后婺源木商抄本《江西至湖广路程》⑤中，除了收录与木材运输相关的水陆路程之外，还包括"仙女庙曹捐规例"，涉及同治七年（1868）前后的木捐厘金。上述这些例子指涉的年代虽然较晚，但亦从一个侧面折射出徽商在仙女庙一带比较长期的活动。

在《控词汇纂》中收录的两份禀文，反映了活跃在仙女庙的徽商之间的诉讼纠纷。其中之一为《程天五兄告詹华稿》：

> 泣身徽异，苦揭命本，披星戴月涉关，输钞贩木，投治仙女

---

① 光绪《续纂淮关统志》卷四《乡镇》："塔头儿集，城东南五十里，在泾河北岸，凡木植自仙女庙来，及贩盐自东荡来过湖者，多由此集。"《中国方志丛书》，台北：成文出版社，1970年，第53页。

② 光绪《江都县续志》卷十二下《建置考第二下》，《中国方志丛书》，第767页。

③ 例如，《鸿溪詹氏分迁各派图考并序》："三十一世文荧公，迁杨［扬］州仙女庙，传二世，复迁金陵上新河。"詹文荧显然曾在仙女庙从事木业经营。

④ 民国《江都县续志》卷十一《祠祀考》"徽国文公祠"条曰："仙女镇亦有文公祠，系徽商木业所建，规制与城祠略同。"（《中国地方志集成·江苏府县志辑》，南京：江苏古籍出版社，1991年，第547页）另，江都区仙女镇图书馆院内有"捐修码头记事碑"，原存于徽州会馆内，为清乾隆二十年（1755）立，其中记录了乾隆十一年修建码头捐资人姓名三百余位以及乾隆二十年因地基与地痞诉讼获胜一事。见扬州市文物局编：《风流宛在——扬州文物保护单位图录》，苏州：苏州大学出版社，2017年，第167页。

⑤ 关于此一抄本，请参见拙文《徽、临商帮与清水江的木材贸易及其相关问题——清代佚名商编路程抄本之整理与研究》，《历史地理》第29辑，上海：上海人民出版社，2014年。后收入《社会历史与人文地理——王振忠自选集》，上海：中西书局，2017年。

庙王席珍行，正在过坝，灾遭牙棍詹Δ兄弟，硬勒身投伊家，稀
[希]图借税烹肥。身素知险恶，在辞不允。讵拂恶欲，统凶将
身木簰截阻，向理更触虎威，擒攒毒殴。若非李奇等力救，几遭
毒手。随知坊保验证，情急于本月初八日，喊控天案，蒙批停讼
不准。跪读天批，不觉汗泪交加。泣身千里跋涉，历尽险阻，冀
图觅利以活家口。今簰被阻截，身遭毒殴，异乡孱懦，孤身无据。
若待开讼，势必命绝。且恶枭张素著，人所皆知，乘忙杀客，法
所难容。可怜孤注异民，遭逢强梁所恃，惟天若不垂怜，有死无
生。为此顶批再嚎，恳叩仁天老爷，俯怜恩准，刻救刻生，追簰
惩殴，究党正法。则企本回生之德，实出仁天再造洪恩，哀切
上禀。

此一案件是说徽商"程天五兄"运贩木材前往下江，原先是要投到
仙女庙王席珍行。正在过坝时，被开设另一牙行的詹氏兄弟中途拦截，
硬要其人投到他们所开的牙行。为此，官府批曰："牙人任客投住，岂
容强横胡行？詹Δ兄弟截阻木簰，无法极矣！准拘究。"接着，《控词
汇纂》中又收录了一份《詹央和息》：

……情因程Δ木簰在于天治仙女庙过坝，因詹Δ与程Δ两相
角口，以致程Δ于本月Δ日喊控天辕，蒙准拘究，理应遵宪庭断。
奈詹Δ祖、父原系徽民，与程Δ实属桑梓之谊。又幸爷台莅任以
来，屡沐欲民无讼，不动声色，以德化民。片言之下，果能折狱，
不惟天治，民皆见日，而且异地孤鸿，俱戴洪恩。是以身等不忍坐
视，敢具粘名，恳求金笔生春，赐恩准息。祝仁尧名早覆于金瓯，
愿凤麟爵并于玉铉。詹、程戴德，身等衔恩，望光上禀。

对此，官府批曰："往来客商听其自便，詹△兄弟何得强填〔霸〕？理应究责。姑念自知理亏，央亲调处，准息存案。"此一事件，与前引《并粘条陈六害三弊》提及的第六害"奸牙垄断之害"大致相同。大概正是因为这个原因，詹氏显然亦自觉理亏，故而转托亲友出面调停。而从《詹央和息》可见，詹氏祖、父辈也出自徽州，而从其姓氏来看，可能也来自婺源东北乡。由此推测，一些婺源人就在仙女庙一带开设牙行，而且历时数代，由来已久。

除了詹、程互控的个案之外，注明出自"卢觉山先生"之手所撰的《仙女庙禀设立循环簿禀状》也记载：

> 祸缘江西省内，有等钩手、簰夫，三五成群，杂凑微本，或百两、数十两不等，积少成多。狐群狗党，以卖木之名，亦在仙女庙地方坐蓬生理，不期阴赴他道，贩买人口，以致自投法网。现在禁究，宪天未悉江、徽异致，设立循环牌簿，责令彼地方保甲，拆奸党之蓬，稽查往来之客。但△等本重货多，或源源而来，开至数十年者有之，或世业于此，子孙相继者有之。若使逐月循环，难免滋扰之虞。若使木蓬尽拆，则本地既居室，似难露处。木植俱贮河干，宵小奚防？伏乞宪天太老爷仁同一视，饬令保地，凡有江西倏来倏往之小簰，当查登簿，以备稽考。如△等久业老簰，免其滋扰，或饬行主，具〔俱〕不敢非为，甘结投案存查，庶商客得以宁谧，而廛民咸沐洪恩矣，望恩上禀。

这是说在仙女庙一带的木商和钩手、簰夫麇集鳞至，鱼龙混杂。一些江西的钩手、簰夫以贩卖木头为名，在仙女庙坐蓬生理，但实际上干的勾当却是贩买人口，当时因东窗事发而遭严厉法办。为此，官府为防微杜渐，设立循环牌簿，责令地方保甲，将他们的坐蓬拆除，并稽查所有的外来人口。这些，也连累到徽州木商。有鉴于此，木商上禀，请求官府予以区别对待。此一例子，与前述"蠹弁查蓬之害"恰可比照而观。文中提到的一些"老簰"，有的开设时间长达数十年，可见婺源木商从业于仙女庙一带，可谓由来已久。

5.邵伯镇

邵伯镇位于仙女镇西北，运河之滨，也是木商活动的重要据点。《控词汇纂》中记录了两起诉讼纠纷，其中之一是《胡敬老稿》，为一位婺源庠生胡敬，控告自己在邵伯镇惨遭"奸牙"包氏叔侄欺骗的案件。其中提及，乾隆三年（1738）十月，"奸牙包天锡与叔包自新，窥书懦不谙经营，遂串金汝殿、王忠道，骗去大小杉木三十一根，价银捌拾伍两，三面立约，奸牙亲笔着押，期至本年十一月交兑，至期分毫无及"。后来前往讨要，但却不得要领，无奈之下，只好"以虎牙吞异等事"上告至甘泉县。县令吴氏令邵伯巡检司追查。"适值文宗按临，遄回岁试，孰料奸牙串党龚万安、潘润万等捏息，并无身愿息甘结。及生试后来邵，棍浼亲友多方挽嘱，照数清偿，时延月复，终属于虚。本年七月十二日，以奸牙串吞等事，并粘欠约二纸，控告前任钮宪，蒙批准查追。奸牙恃有伪账捏息，诉以叩吊县卷诬骗等事，蒙批候讯夺。二十六日，又以奸牙狡辩等事复禀，蒙批候讯夺。今幸宪天莅临，维新法令，为此恳叩赏查，严审追给，早得还乡，顶祝上禀。"显然，这是一份数年久讼不绝的案件，反映了木商与牙行之间复杂的关系。

另一份《洪公遂老告欠词》，说的是木商洪公遂，在邵伯镇许姓牙行发卖。当地的倪韬侯，"串同张君章，自称殷实，簧言招耽，为王君福力保，补票欠货，及逾期无价，又复代为将船卖价，又立限帖"。洪氏商人后来发现，这些人是"伙同惯骗，狼狈为奸"，自己则因此蚀本。这当然只是洪氏的一面之词，但也反映了徽州木商在邵伯遭遇的商业纠纷。

6.其他

《控词汇纂》中，还涉及长江南北的诸多城镇。如作于清顺治九年（1652）的《条陈浒墅关》，就提及浒墅关等地的"新税殃商"：

> ……商等贩木供课，芜湖、南省、浙省三关，自进钱粮，岁计数十余万。浒墅专抽舡钞，原与木簰无干，只缘投苏发卖，借关经过，往例只交火把二只，以便照关需用，并无税额印票可证。自前朝以及圣朝，历沿无异。陡于四年六月，每节突起税银一节，继而一节，又加一节，直纳税银一两。而铺家屠士鹏、蠹书金若水等借端需索，巧立名色，有使用钱、纤头钱、讨票钱、满平火耗钱，每节又扎至银一两九钱。甚且无锡、江阴两县地方，远哄百里，巡船棋布，投税首税，轻则倾家，重则毙命，诈局非止一端，受害非止一人。历今五载，赃私盈万。奉恩诏一款，各关商税照万历年间，不得踵习明季陋规，况此税又明季所无。迨今木税重征如故，铺书横敛如故，是无税而有税，税外又有税，鱼肉商民，弁髦诏旨……

"弁髦"一词为鄙视之意，此处是形容榷关吏胥对于朝廷规章的态度。文中提及的"三关"，与前述稍有不同，系指芜湖、龙江和杭州。其中指出，从明代迄至清初，浒墅关原来只专抽船钞，并未征收木簰。及至顺治四年（1647）六月，突然加征税银，再加上当地铺家以及沿途巡船的巧立名目，木商负担大为加重。为此，木商联名上书，要求比照明代旧例减免税费。

浒墅关位于苏州府城西北的运河之滨，贾舶云集，从中可见，从上江而来的木材，有些即由此经过，运销苏州以及江南各地。法国国家图书馆收藏的《苏州市景商业风俗图册》中，就有苏州的"木客会馆"，而在会馆门外，还见有排工撑排以及岸上的拉纤者。①

而在江北的泰州，也有一些徽州木商。据《泰州革牙条陈》记载：

> 商等徽民，业木生理，自进三关钱粮，兼纳杨〔扬〕关钞税，逾越险阻，前投天治。任客投牙，普天通例。无如泰州木行，或肆垄断之奸，纠群狐为腋间之羽；或倚营五之势，视商脂等几上之肥。分踞各行，推班轮值。但木落行发卖，不无有赊欠之情，偶通缓急之谊，一自作佣，取用平分。间有肩任其劳者，只得一分之资，坐享其逸者，亦得一分之用。夫人情恶劳喜逸，不甚相越，彼此互较，谁当任逸，孰甘任劳？劳逸莫分，责无专主，以致宾主难同鱼水之依，肥瘠膜置秦越之视。揆厥所由，此皆不任客投牙阶之厉也。更骇异者，贸易随其喜怒，价值任其低昂，正用五分，重索陋例。如木植一株，对客定价八钱，旋向买客索取一两。他如木一二三两不等者，或索四五六钱不等，交成之后，立将价内扣去。宦户则借管家名色，富室则云引线牵头，名为叫口，又号抽丰。一不允从，彼则从中百般裹赞，不日有限之物，即日些微之需。骗橐已盈，譬若腥膻而聚蚁穴；贪婪未遂，顿令乃厂可设雀网。若欲转徙他乡，则前此之挂欠不楚；若欲爱居爱处，则此之坐食难支。或兴蜀道之悲，或抱穷途之苦。商等远抛家

---

① 可参见拙著《从徽州到江南：明清徽商与区域社会研究》书前的彩色插图，上海：上海人民出版社，2019年。

室，计觅锱铢，讵意奸牙党镕莫破，毋怪乎商资日壅，而国课坐

绌也……

　　虽然在泰州，徽州木商较之茶商、盐商等并不占重要地位①，但由上江而来的木材，仍有一部分经运河以及运盐河，运销于苏北各地。齐学裘所著《见闻随笔》卷三《张荣春贩盐善报》，讲述了婺源西乡大坑人张荣春，"年十四，习木业于泰州城北"。据此并结合上揭记载似可推测，在当地从事木业经营者，可能也以徽州婺源人居多。

　　除了泰州之外，在如皋，标明出自"方静夫先生"之手的《分牙请示》，以"众商徽民"的口吻，控诉"皋邑输牙百弊"，其中也反映了木商在当地的活动。另外，清人刘献廷《广阳杂记》卷一引徐芳《悬榻编》云："辛丑夏，如皋县伐木造海船。"如皋属滨海地区，建造海船的木料取之当地显然并不现实。换言之，当时应有由上江而来的部分木材运往如皋等沿海地区，其用途就是为了建造海船。

　　在当时，木材运销苏北市场，扬州应是主要的转运枢纽。《控词汇纂》之第一份，就是一位徽州木商的控词，其中提及："身属徽民，业木生理，沿上芜、龙两关钱粮至省，分投南、北各处发卖。南有浒墅关……唯北杨〔扬〕州关。"关于这一点，扬州新城之北有闻角庵，本来就是木商会馆②，这也从一个侧面印证了这一点。

----

① 据《泰县氏族略》："皖南以业茶、漆家于泰者，洪姓、胡姓最多。城市洪裕宁号，于清乾隆初即商于此（今称铁柱宫茶叶店）。姜堰洪义和、胡震泰、胡源泰，亦皖茶商之久于泰者也。……皖人有新安会馆……（皖人以业盐而居泰者有吕姓、汪姓，以经营布业居泰者有江姓，经营香业居泰者有姚姓，亦泰邑氏族之来源，惟不逮茶商之多耳。）"转引自俞扬辑注：《泰州旧事摭拾》卷四《经商迁泰之氏族》，南京：江苏古籍出版社，1999年，第88页。

② 李斗：《扬州画舫录》卷三《新城北录上》，北京：中华书局，1980年，第59页。

三、结　语

在徽州民间文献中，诉讼类文书遗存的数量颇多。除了具体的讼案之外，还有抄录的诉讼案卷底稿、诉讼教科书等，这是一批特殊的文类。为了达到诉讼的目的，其中的行文措辞往往无所不用其极。而《控词汇纂》一书作为诉讼案卷底稿，亦难免颇多夸大其词之处。

从《控词汇纂》所述的内容来看，书中虽然也提及"洞庭之险"，但其中的绝大部分内容反映的仍然只是在江西、安徽、江苏等地的木业经营。《控词汇纂·木商具呈三害》中指出："商等揭运输供，大都木植，半出于江西，半由于闽、楚。"个中的一些内容，就特别是以江西饶州为其中心。①

根据前引《木商赴总督条陈》的描述，徽州人从事木材贸易，在省滩（南京上新河一带），主要是应皇木、架木、椿木、战舰、马船各项之差徭。而在各府县，则供厂衙署、吊桥、水闸、派修沙船之取用。当然，在民间，上江运来的木材也满足了普通民众打造家具、棺材等的日用所需。这些，对于国计民生的影响颇为重大。

从《控词汇纂》的状摹可见，从江西产木诸地采伐来的木材运至饶州造棑，"过湖渡江，备历艰险"。等到了南京上新河，"木筏丛集而难售，势必分投而货卖"。木材从南京向南，则前往苏州府的昆山、常熟，松江府的华亭、上海，常州府的无锡、宜兴，镇江府的金坛、丹

---

① 关于婺源木商在江西的经营活动，笔者有较为细致的研究。参见拙文《太平天国前后徽商在江西的木业经营——新发现的〈西河木业纂要〉抄本研究》，《历史地理》第28辑，上海：上海人民出版社，2013年。后收入《社会历史与人文地理——王振忠自选集》。

阳。向北则是庐州府无为州、巢县，凤阳府的天长、泗州，淮安府的山阳、盐城，扬州府的泰州、兴化等州县。上述这些，都是徽商开设木行的场所。①此外，从零星的记载来看，江北的仙女庙、邵伯镇和如皋等地，也都有婺源徽商木行的存在。据此，可以看出婺源木商的商业网络。

另据《仙女庙禀设立循环簿禀状》记载："切商等本籍徽州，世业木商，大者资本巨万，小亦数千。"这反映了该书所述木商资本的规模，大的拥有上万两的白银，小的也有数千两的本钱。②而由《芜关抽分破簿被诈赴都宪控词》来看："木筏飘泊江滨，在簿人工盈百，日用糜费数金。"③这应是结伴而行的一批木商，其所雇佣的簿工人数超过百人，显然亦颇具规模。

大致说来，《控词汇纂》一书，主要反映了婺源中小木商在长江下游地区的活动。从中可见，当时，婺源木商在长江下游一带已形成了完备的商业网络，在不少地方，无论是作为行商的木客，还是在地坐贾之木行，徽州婺源人皆充当了重要的角色。

---

① 《控词汇纂·木商赴总督条陈》。

② 《控词汇纂·诉詈吞谋杀抗审诳抵》提及："Δ年长甥Δ，邀Δ身合伙贩木，比身揭本数千两，着男Δ、侄ΔΔ，同往赣州买木，大获便宜，估计可卖几万余两。"

③ 《控词汇纂·因龙江关赴江苏抚院条陈》也指出："每筏人夫数百，费用浩繁，日耗十金，月耗即有三百余两。"《控词汇纂·禀求芜关部主详督立碑》亦曰："在簿人夫盈百，日费十金，月计三百余两。"

十八世纪华中及华南地区的粮食消费模式[*]

张瑞威

（香港中文大学历史系）

摘要：过去的明清米粮市场研究，往往出现两个谬误：一、将稻米种植理解为自给自足的农业经济；二、将稻米视作只具有单一的品种。这两个谬误加连起来发挥了很大的影响，导致学者长期以来将米谷和人口研究挂钩：一方面将稻米产量看成是人口增长的背后动力，另一方面又将人口增长看成是推动米粮贸易的主因。本文的目的是要将米粮种植和消费作为独立的研究课题，探讨华中和华南地区人们吃用稻米的原因，并区别不同品种稻谷的质量和价格，从而重构十八世纪中国米粮市场的真实发展模式。

关键词：大米　番薯　米粮市场

一、引　言

1653年，浙江省杭州府海宁县谈迁（1594—1658）已经61岁，刚

---

* 本研究所需经费，部分来自中国香港特别行政区研究资助局（University Grants Council）的资助（CUHK 14611817）。

完成他的伟大明史著作《国榷》，启程沿大运河上京，去做在弘文院当编修的朋友朱之锡的记室。对于谈迁来说，离乡北游，访寻史迹，一直是他的少年愿望，即连朋友也跟他说："子大类北人，夫生于南而性于北。"谈迁在京四年，每有空便四处拜访藏书家，借书阅读，其余时间便作实地调查，写作《北游录》。朱之锡作序，描写了谈迁搜访史料的情形说："为了访问遗迹，登山涉水，脚都起了泡，有时迷了路，只好请看牛的小孩和雇工带路，觉得很高兴，不以为倦，人家笑他也不理会。到一个村子里，就坐下笔记，一块块小纸头，写满了字，有时写在用过的纸背上，歪歪扭扭的，很难认出。路上听到的看到的，一堵断墙，一块破碑，也不放过，只要耳目所能接触的都用心记下，真是勤勤恳恳，很感动人。"①到了北京之后，谈迁学问确实增长不少，但同时发现自己原来并不适应那儿的生活。他在给朋友信中诉苦说："北京气候又干燥，到处是尘土，鼻子口腔都脏得很。无处可去，只有离住所两里外的报国寺有两颗松树，有时跑到树下坐一会，算是休息了。"②

对于来自鱼米之乡的谈迁来说，每天的饭食是一大问题，他在《北游录》指出，北京不是没有稻米（大米）种植，但却种植不多，而价格竟达南方的两倍，因此除非有贵客到访，北京一般家庭的餐桌上是不会有大米供应的。他们的餐桌食物，如果不是煮小米饭的话，便是将小麦、小米、荞麦或豆类磨制成粉状，再蒸制成不同种类的糕点。③1656年，东家朱之锡受不住谈迁的多番请求，终于让他离京回乡。

谈迁的见闻，使我们明白稻米成为目前中国北方的主粮，至少在该区

---

① 谈迁：《北游录》，北京：中华书局，1960年，第1页。这里采用吴晗的译文，参看氏著《爱国的历史家谈迁》，收入《北游录》，第2、5页。
② 吴晗：《爱国的历史家谈迁》，《北游录》，第6页。
③ 谈迁：《北游录》，第314页。

逐渐普及，其实是一件非常近代的事情，大概是东北稻米种植的发展和国家政策（如补贴铁路运输）的结果。其实即使在民国时代，北方的稻米种植仍然是毫不显眼的。1928年，卜凯（John Lossing Buck）带领半百金陵大学农学院农业经济系的学生，历时9年，在中国22省选定了168个地区进行历时农业调查。根据这些庞大的数据，卜凯归纳出中国的农业地理大抵以接近北纬32度为界，北面是小麦地带，而南面则属于水稻地带。①

卜凯注意到，华南各地水稻种植的发展是并不一致的，这尤其表现在每年双方的农作物分布上。据他的调查，在淮河以南的长江北部下游地区是小麦和水稻双方；但在长江以南省份，包括江苏南部、浙江、福建北部、江西和湖南，则是水稻和茶作为双方；至于在南端的广东、广西和福建南部却竟有每年双方水稻（双季稻）的收成。②

何炳棣非常重视促成华南双季稻发展的占城稻对中国整体人口增长的贡献。他指出古代中国的稻米从秧田移入稻田后的成熟期一般需要150天，不过宋真宗在位期间（998—1022），福建人从印度支那中部的占城国引入了一种早熟而较耐旱的水稻，将成熟期缩短至60至100天，从而保证了双季稻的成功，并且导致了一次中国农业革命。在整个宋、元、明时期，水稻地带的人口增长比华北快得多。在元、明二代，早熟稻的栽种在西南各省和湖北、湖南也相当普遍，两湖从此成为了中国的谷仓。到利玛窦时代（1552—1610），在珠江三角洲，双季稻，有时三季稻已很普遍。这场从公元1000年开始的农业革命，使中国农业达到自给自足，人口得以持续地增长，直至1830年代才出现饱和。③

---

① ［美］卜凯（John Lossing Buck）：《中国土地利用》，台北：台湾学生书局，1971年，第28页。
② ［美］卜凯：《中国土地利用》，第28页。
③ ［美］何炳棣著，葛剑雄译：《明初以降人口及其相关问题1368—1953》，北京：三联书店，2000年，第200—206页。

不过罗友枝（Evelyn Rawski）则提醒我们，占城稻确乎是早熟品种，而且价格便宜，但早熟稻有早熟稻的坏处，就是它较其他稻米品种难吃。正因为这个特质，占城稻在宋代被引进中国时，即在盛产优质稻米（粳稻）的江南地区遇到很大的阻力，因为苏州的农民坚持种植可以卖得更好价钱的本地粳稻。除了农民，南宋政府也同样歧视占城稻，它规定江南地区的农户，若向朝廷缴纳占城稻而非粳稻，须多缴10％作为附加费用。[①]

罗友枝的研究让我们知道稻米种植和人口增长是两回事，而何炳棣则忽略了一个基本的课题——市场。我们必须明白，中国从来就不是一个单一的经济体，有些地区对稻米的需求大于他们的生产，而市场就是保证他们能从其他区域得到补充的机制。早熟稻的出现增加了中国的稻米生产，但供求的差异却是靠着市场力量来得到平衡。

当市场被用到粮食种植的研究上，我们应该关心的，已经不是单单的亩产问题，而是人们对食物的偏好，以及他们是否愿意负担并支付从这种偏好而来的价格。在这篇文章中，笔者围绕两个问题去理解十八世纪华南（两广和福建）和华中（长江流域诸省）的稻米种植：一是为什么人们要吃稻米；二是他们吃什么品种的稻米。

二、想 吃 好 的

十八世纪的华南地区，稻米确是主粮，但除了稻米之外，还存在多种的粮食，习惯上称为杂粮或粗粮。1729年，广东巡抚傅泰上奏：

[①] Evelyn Rawski, *Agricultural Change and the Peasant Economy of South China*, Cambridge, Massachusetts: Harvard University Press, 1972, pp.40–41, 52.

"广东民间所种除早晚二禾及麦豆之外，兼种地瓜、芋头，穷民借以日食，以补米谷之不足。"①可见在雍正年间，番薯（或甘薯）和芋头等杂粮是广东穷人的食物。这个情况，即使到了乾隆年间也没有多大的转变，1752年，两广总督阿里衮、广东巡抚苏昌合奏："查粤东情形，民间于米谷之外，广栽芋薯等杂粮，山海贫民大率借以克食。"②福建的情况亦不遑多让，而番薯更加是贫民最为倚重的杂粮。1751年，福建巡抚潘思榘便说："兴化、漳（州）、泉（州）三府，惟莆田一邑水田居其六七，村落田畴似浙省之山阴会稽，其余各县，山海交错，村落田畴似山东之沂兖，水田仅止二三，山地居其七八，漳泉贫乏之户多以番薯为粮，故山地之种番薯者居其六七，亦相土之所宜也。"③值得一提的是，漳州和泉州是福建最重要的两个商业城市。但即使如此，在这两个州，却有超过一半的土地是种植番薯的，可见这种农作物对当地穷困家庭的重要性。

　　番薯成为十八世纪华南的主要杂粮，众所周知是西班牙开发美洲新大陆的结果。④乾隆年间，福建晋安人陈世元编辑了《金薯传习录》，叙述四世祖陈振龙在明万历年间往吕宋经商，发现了番薯这种农作物，虽然当地夷人禁止出口，陈振龙仍然成功偷运了数尺的番薯藤回到福建，并成功试种。过了不久，福建真的发生旱灾，陈振龙的儿子陈经伦遂将薯藤和种法，献与福建巡抚金学曾。金巡抚在全省推广番薯种植，得到很好的救荒效果。到了陈世元这一代，已经是乾隆年间，他仍然致力于将番薯推广到华北。据他的叙述，在乾隆十八年和十九（1753、

①《宫中档雍正朝奏折》雍正七年四月二十七日奏，台北：国立故宫博物院，1977—1979年，第13册，第70页。
②《宫中档乾隆朝奏折》乾隆十七年十一月八日奏，第4册，第252页。
③《宫中档乾隆朝奏折》乾隆十六年九月二十一日奏，第1册，第742—743页。
④ 何炳棣著，葛剑雄译：《明初以降人口及其相关问题1368—1953》，第216—217页。

1754）两年间，他命长子将番薯分别移种于山东的胶州和潍县；乾隆二十一年，又命长子和次子将番薯移种至河南的朱仙镇。①

相比稻米，番薯的亩产是非常高的。在1950年代后期"大跃进"运动期间，广东省政府便曾大力推广番薯种植，当时广东省副省长安平生便指出："假设一块田，它的数量和质量相同，而这一块田可以种水稻，也可以种番薯。人们如在这块田上种水稻，每亩一造收谷五百斤（折大米三百五十斤）；如种番薯收鲜薯五千斤。"亩产超过10倍。②

番薯亩产虽然高，但要进行推广，也是有其难度的，安平生认为必须要改变一些人对番薯的错误看法："长时期以来，人们对于番薯存在着一些不正确的看法。这就是轻视番薯的思想。例如说番薯'没营养'，番薯是'杂粮''粗粮'。在雷州半岛流行着一句话，如说某人没有用处，就说他是'大番薯'。甚至还有人轻蔑番薯，说吃了番薯'人会变傻'。这些错误的思想，流传的范围极广，影响甚深。"这位副省长还指出："城里的人受这些不良思想影响比乡下人更大。在乡下，虽也有人说番薯的坏话，但实际上对番薯是喜爱的，因为番薯是'主粮'，是宝中之宝。"③

数个世纪以来，番薯均被视为低下的杂粮或粗粮，是富裕人家所抗拒的粮食。虽然食物的喜好是一个复杂的课题，我们仍然能归纳出几个原因。首先，食用番薯会使肠胃产生大量气体，令人出现尴尬；其次，番薯含有大量的糖分，使进食者易饱，失去享受其他食物的欲望；

① 陈世元：《金薯传习录》，《中国科学技术典籍通汇·农学卷》第四册，郑州：河南教育出版社，1994年。主要参考作为本书序言的曾雄生：《金薯传习录提要》，第729—730页，以及陈世元自己写的《青豫等省栽种番薯始末实录》，第745—747页。
② 安平生：《要使番薯成几倍的增产》，《粮食生产速度可以加快》，广州：广东人民出版社，1958年，第13页。
③ 《要使番薯成几倍的增产》，第12页。

其三是心理问题，人们多将番薯与贫穷生活联系起来，这对曾经贫穷的人来说，吃番薯容易令他们回忆不想记起的艰苦岁月。[1]最后一个原因是社会地位问题，番薯与贫穷的联系，使这种食物已经成为公认缺乏体面的食物，因此对于那些没有经历过贫穷日子的人们来说，无论番薯的味道如何，也不大愿意作日常食用。中国人喜欢说"吃好的"，但所谓"吃好的"，并不单单是指食物的味道和营养，也包含了该食物所体现的社会地位。

在十八世纪的中国，市场主导了农作物的种植，只要环境许可，南中国农民便种植可以卖得好价钱的稻米。在两广和福建的农作物种植上，番薯的成功，主要原因是这种耐旱的农作物能很好地配合双方水稻的种植。番薯生长需要摄氏15度以上的温度，但在华南地区那种亚热带地区，却能在冬季生长，于是便形成了每年双方稻米再加一造番薯的种植模式。[2]但在长江流域，由于温度普遍偏低，冬季太冷，情况便有点不同。虽然少数较南的地域可以如两广一样每年种植双方稻米，然而大体来说只能维持一造稻米加一造杂粮的种植模式。

三、珍贵的粳稻

水稻的栽种需要大量的资本。稻在水中生长，因此在插秧之前，农夫必须将稻田水淹起来，又要在收割之前将水排走。水从何来？当然天

---

[1] Tsou, S. C. S. and R. L. Villareal, "Resistance to Eating Sweet Potato", *Sweet Potato*. Ed. Ruben L. Villareal and T. D. Griggs. Shanhua: Asian Vegetable Research and Development Center, 1982, pp.37–42.

[2] 有关番薯的温度需求，参考蔡承豪、杨韵平：《台湾番薯文化志》，台北：果实出版，2004年，第22、24页。

雨是主要来源，但农夫还要依赖其他水源的补充。最直接的方法，莫如将稻田建在河边，那么只需挖掘沟渠，把水引到田里就行了。可是并非所有稻米的位置均在河旁，即使在河旁，稻田地势也有可能较河流为高，形成引水灌溉的困难。这时，农夫最简单的做法，就是带着提桶往来溪涧和田间，但是效率之低是显然易见的。在中国农村，至少有两种机器让工夫变得容易一点：第一种机器是"桔槔"，它是在沟渠（或河流）与稻田间的小许空地上装置的。桔槔的结构很简单，就是用一根长杆，中间较高的横挂在架上。长杆的一头挂水桶，另一头绑上或悬挂一块重石。汲水时，把挂水桶的一头向下拉，使桶下垂入沟渠中，这时绑重石的一头高高翘起。桶中装水后轻轻上提。因为长杆另一头重石的下压，所以不必费多大气力，水桶即被提到地面上来，然后倾入田中。第二种机器是脚踏"翻车"（或"水车"），它的主体是一个木制的长槽，槽中架一块和槽的宽度相等的行道板。在槽的上端，也就是行道板的上端，装一个大轮轴；在槽的下端，也就是行道板的下端，装一个小轮轴。一条由若干个龙骨板叶连结而成的长链环，绕在行道板的上下两面。龙骨叶的长链环在槽的上端绕过大轮轴，在槽的下端绕过小轮轴。大轮轴安装在岸上，小轮轴浸没在水中。大轮轴上有拐木，人踏拐木，转动大轮轴，带动板叶，把低处的水在行道板上刮到高处的稻田内。[①] 当然，比装置桔槔和翻车更大的资本投入，便要像费孝通所描述的长江下游太湖东南岸吴江县开弦弓村那样，将一大片田地建筑成一个灌溉单位。在这个灌溉单位内，每小块田的高低必须相同，以便能得到平均的灌溉。每一片田地有一条共同的水渠通过，在每片田地的小块田间有一通水口。农民引水进田时，先从边缘的小块田开始。在一小块田的进水口处下面把水渠堵

---

① 章楷：《中国古代农机具》，北京：人民出版社，1985年，第53—59页。

住，这样水便流入这小块田地。水灌足后便堵住这一进水口，打开水渠再灌溉下一块田地，这样继续下去，直到最后一块田浇灌完毕。①

　　除了资本的投入外，劳力的投放更是必不可少的。农民为了争取在有限的生长季节种植最多造的农作物，会先在育秧田上种植秧苗，待田间的农作物（无论是水稻还是其他的）收割后，便可以立即移秧到大田。但在移秧之前，须先行作一连串的准备，包括翻土、耙地、平地，然后是注水入田；在移秧后，则须进行除草、施肥，收割。不过，最辛苦的工作是移秧。在移秧时，农民将秧苗从秧盘中每次取出，以六七棵秧苗作为一撮，插在田间。在烈日当空之下，农民须保持弯腰的姿势，向后移动，重复进行插秧的动作。据费孝通的观察，每人一天大约只可插半亩。②

　　在十八世纪，这种投入了大量资本和劳力的稻米，是华中和华南富裕人家的日常餐桌主粮。1738年，江南歉收，山东巡抚向朝廷建议收购其省内的小米和豆类，售卖给江苏省政府作为平粜之用。谁知两江总督那苏图的回复是："江南人民向食大米，杂粮素不惯食。"③一个月后，那苏图转而建议，不如将这批山东杂粮卖到长江以北江苏境内较为贫穷的地区，因为"江南徐、邳、海、通一带与山东接壤，民间习俗相近，杂粮亦可济用"。④在这两份奏折中，可以见到那苏图是带有自豪感地

① 费孝通著，戴可景译：《江村经济——中国农民的生活》，南京：江苏人民出版社，1986年，第112—113页。
② 费孝通著，戴可景译：《江村经济——中国农民的生活》，第116—117页。
③ 中国第一历史档案馆：《朱批奏折》乾隆三年九月二十一日奏，第54卷，缩微胶卷，第2351—2354页。
④ 中国第一历史档案馆：《朱批奏折》乾隆三年十月十二日奏，第54卷，第2428—2430页。1742年，苏州巡抚陈大受也说过类似的话，他奏："淮北各属民间惯食麦粟，不宜粳籼大米。常年市价大米之值，较昂于麦粟，故平粜之际，大米即减价出粜，而民间犹以购买粟麦为便。"（中国第一历史档案馆：《录副奏折》乾隆八年四月一日奏，第49卷，缩微胶卷，第2121—2123页）

指出，即使在歉收的时候，经济富裕的江南地区对主粮还是相当讲究的，对食用杂粮并不习惯。

太湖周边的江南地区所出产的稻米称为"粳米"。粳米是华北品种的稻米，现时的东北大米和日本稻米（Japonica rice）均属于粳米。由于粳米生长在较为寒冷的天气，故含有较多的淀粉质，使米粒趋向圆形，煮熟后米质带黏性，味道也香。然而粳米的种植，须年平均温度摄氏16度以下。[1]北方天寒，故此每年只能出产一造，价钱也因此相对昂贵。

江南是长江流域唯一能够种植粳米的地区，稍西至南京，虽约属同一纬度，已经看不到粳米种植的踪迹。目前学术界对此情况还缺乏一个共识，游修龄猜测是南宋以来自然和人为选择的共同影响。他认为南宋建立后，北方人口大量南迁至江南，将北方食用小麦和粳米的文化也带到那里；与此同时太湖地区天气转冷，四月份平均温度比现在要冷1至2度，另有古籍记录1329年和1353年，太湖结冰厚达数尺，人可在冰上行走，橘尽冻死云云。[2]

太湖地区是一个例外，整个华中和华南地区，基本上是籼稻的种植地带。籼型稻种是适宜生长于热带和亚热带的华南和华中的，一般籼稻地区平均气温是摄氏17度以上。[3]

籼稻可以分为早季和晚季两种。早季籼稻对光线和温度的要求较低，能早种早熟，占城稻便是这类稻米的出色品种。不过如果将早季稻进行"连作"，即用早稻种子再下种，兼作晚季栽培的话，则它那种对光温不大敏感的特性，随着天气的转变，会影响收成。事实上，宋真宗

---

① 参考《丁颖稻作论文选集》，北京：农业出版社，1983年，第30、61、82页。

② 游修龄：《太湖地区稻作起源及其传播和发展问题》，《中国农史》1986年第1期。

③《丁颖稻作论文选集》，第30页。

时期，占城稻这种早熟稻米之所以能引进中国，就是由于这种稻米并不是用来代替固有稻米品种的，而是在固有稻米品种之前增为一造，由此成就了中国南方大部分地方每年双方稻米的生产模式。[①]因此之故，双方稻米虽同为籼稻，实则是来自不同种子的不同品种的。在两广和福建，稻米生长在3月至11月的长时间中，于是农民便安排一造早季籼稻，然后接种一造晚季籼稻，再在其余的冬季月份种植番薯；在长江流域，只可种植单季稻，于是在太湖流域，粳稻便成为主流，当然粳稻也有早晚之分；至于中下游地区，农民则在早季和晚季籼稻中选择其一。

因此，虽同为稻米，华南和华中在消费上实具有不同的意义。在横跨两广的珠江流域，以及福建地区，每年双方稻米，使得稻米的产量很大。在十八世纪，虽然这里的"山海之民"的常餐主要仍是番薯，但相较每年只有一造稻米收成的华中，华南稻米的消费对一般家庭来说也并非遥不可及的事情，很多没有那么富裕的家庭，习惯将稻米混在番薯中煮熟而食，形成番薯饭。当然，在每斤番薯加入多少白米，便要视乎该家庭的收入和愿意作出的负担了。在长江中游的华中地区，例如湖南和江西，大部分地区每年只作一造稻米的生产，可以想象他们吃用番薯或其他杂粮的数量应较南方为多。

至于位处长江下游的江南地区，情况则有点复杂，因为这里是种植粳稻的。粳稻的出产很少，因此非常珍贵。十八世纪江南地区的人口，除了食用粳米饭外，为了更好地保存这种本地粳米，在腊月会将刚收割而来的粳米舂碎，放在瓦缸内保存，作为全年食用，称为"冬

---

① 《丁颖稻作论文选集》，第30页；游修龄编著：《中国稻作史》，北京：中国农业出版社，1995年，第220—221页。

春米"。①冬春米现在没有以前流行了，浙江嘉兴民间学者陆明还记得详细的制作过程："冬春米也可以写作'冬双米''冬藏米'，历史可以追溯到汉代。这种米由粳稻谷经过木砻、杵臼加工成糙米后，加水拌以清糠上囤，待其发热过一二个月开囤，米色淡黄，煮成饭涨性很足，吃口松软清香。加工冬春米都在腊月里进行，这时比较少虫害，易于贮藏。"②冬春米的出现，除了是对这种食物味道的嗜好外，还可以大大减少这种珍贵的稻米被鼠虫偷吃的机会。

乾隆年间江南人喜爱粳米的对立面，便是蔑视外地进口的籼稻。这种态度，即使是出生杭州，侨居湖州德清县的沈赤然（1745—1816）也觉得不对，他说：

> 至今惟吾浙嘉湖及江南之苏州，尚然谓籼米不可食也，而贫家之日市升斗者，亦相习为常。故一逢歉岁，此米尤居奇。其最受此累者，莫如德清县之新市镇。其地不通商客，虽他处米如山积，亦无粒颗至此。即至亦相戒不食，所持者仅十余米肆，往嘉和贩粜。年岁稍歉，各处米价未增，而此间已先翔贵，故贫人受害尤酷。余侨居新市十八年，屡劝人改食籼米，其如聚聋而鼓，无一听者。③

从上可知，侨居德清县新市镇多年的沈赤然，劝人多吃较为廉价的籼米，以增强地方对饥荒的抗御能力。但他的劝告竟没有一个听众，他感觉他只是在聋人面前打鼓而已。

---

① 沈赤然：《寒夜丛谈》1808年序，"又满楼丛书"1924年影印本，扬州：江苏广陵古籍刻印社，1986年，第715页。
② 陆明：《嘉兴记忆》，上海：上海辞书出版社，2002年，第56页。
③ 沈赤然：《寒夜丛谈》，第715页。

在江南地区，食用粳米已经成为富裕家庭的生活指标。1725年，江苏巡抚张楷便曾向皇帝报告说："苏城绅士有余之家，皆食本地四糙晚米，每石价需一两七八钱；若寻常通行食米，皆江广客米，现在市价每石一两三钱二分至七八分不等。"[1]从此奏折可以看到，在苏州的市场上，分别出售本地粳米和自江西、湖南和湖北运输到来的籼米。虽然籼米较为便宜，但属于"有余之家"的苏州绅士，皆喜好食用本地出产的粳米。[2]

江南籼米市场的出现，是在于它是一种廉价的稻米，因而适合那些不愿食用粗粮，但又负担不起食用本地粳米的人口。每年秋收，米谷商人便在长江中游的小市场采买籼米，在米谷紧张的年份更会深入乡村，进行直接购买。之后，便利用河船，源源不绝地将籼米往下游地区进行长途运输，主要的目的地是离苏州城西四里的江南最大籼米市场枫桥镇。1743年，苏州巡抚陈大受便曾上奏：

> 窃照苏郡五方杂萃，日用食米，大半借资于外来商贩，而浙省宁绍等府，本地出米有限，又多向苏郡转贩，故枫镇河干入栈，搬载下船者，无日不有。[3]

十八世纪长江流域长途米谷市场的发展，背后是籼米的种植和销售。这种在江南出售的籼米，虽经过长途的运输，到达江南市场的时

---

[1] 中国第一历史档案馆：《雍正朝汉文朱批奏折汇编》雍正三年七月八日奏，南京：江苏古籍出版社，1989—1991年，第5册，第496页。

[2] 则松彰文是很早发现和提出这个事实的历史学者，见氏著《雍正期にわける米谷流通と米價變動——蘇州と福建の連關を中心として—》，《九州大学东洋史论集》1985年第14期。

[3] 《录副奏折》乾隆八年三月三日奏，第49卷，第2023页。

候，它的价格还要较当地出产的粳米便宜，成为不太富裕但又非贫穷的江南家庭的谷物选择，也是当代长江流域米谷蓬勃发展的关键因素。

四、珠江三角洲的本地籼稻

广东和广西均非常适合籼稻生长。两省属亚热带气候，实皆无霜，终年气温几全宜于作物生长：2月为最冷之月，平均气温达摄氏14度；7月为最热之月，达29度；全年降雨最高而分布完善，约为175厘米，湿度亦较高。秋末冬初，天气晴朗，而春季雨水甚多。整个地区的地势高度自500至1 000米不等，其最重要的平坦区域，便是珠江三角洲。珠江三角洲河渠交织，地跨十县，面积共约18 130平方公里，是全省最利耕种稻米之地，耕种亦最集约。①

广东的农作一般是三造，其中双方是稻米，加一造杂粮。屈大均（1630—1696）是珠江三角洲内极具盛名的学者，他在《广东新语》中指出，早季稻收于五六月，而晚季稻则收于九十月，在收割晚禾后，如果不种植番薯的话，农民或会在原田种植小麦。小麦非粤人的日常粮食，只是用来做面条，或者做饼干、油饼、水晶包、卷蒸等点心。不过屈大均也强调，南方出产的小麦质量不及北方小麦。②

在珠江三角洲，无论早季稻还是晚季稻，均是籼稻，但屈大均指出两者的亩产和质量都是不同的。早稻虽早熟，但比晚稻收成多出三分之一，然米粒较小，"炊之少饭不耐饱"，而且"性热"，长期食用对健康不大有利。相反，晚稻则"性凉益人"，生长时间虽然较长，但对广东

① 卜凯：《中国土地利用》，第94—95页。
② 屈大均：《广东新语》，北京：中华书局，1985年，第373、378页。

人来说是"嘉谷"。①

虽然珠江三角洲的大部分土地均年产双方稻米，但仍然相当依赖广西的供应，正如屈大均所言："东粤固多谷之地也，然不能不仰资于西粤。"②两广的米粮贸易路线是西江，从广西的梧州进入广东，经肇庆到达广州和佛山这些重要的米谷消费地。每年，西谷船运至广东，便是沿着桂江、浔江和柳江，先汇集于梧州，再沿西江入东省。陈春声指出，十八世纪广西的三条江河，出现了若干西米东运的集散地，包括苍梧县的戎墟、平南县的大乌墟、桂平县的永和墟，以及贵县县城、横州州治等。这些墟市，每年都集中大量籼米运往广东。③每逢广东稻米歉收，西江沿岸的米谷贸易便会变得异常蓬勃。例如在1725和1726年间，珠江三角洲因水患而引致歉收，于是广州米商云集广西，将稻米络绎运回售卖。此举导致广西的米价也迅速增长，自梧州开始，沿着西江，愈是接近广州，米价愈贵。米贵迫使广西巡抚要在1727年要进行封江禁贩，来阻止米谷外流。④

但是，虽然同属籼稻，甚至是同属晚造，对广东人来说，广西稻米也是比不上本地米的。1732年，广东巡抚鄂尔达在其奏折中，表达了西江米商在经营上的不稳定性。他说：

> 省城、佛山、龙江各市镇，商贾云集……仰给于西省之谷……遇东省谷贵之时，西省贩客固可为利；若遇价贱，则东省商民又

---

① 屈大均：《广东新语》，第373—374页。

② 屈大均：《广东新语》，第371页。

③ 陈春声：《市场机制与社会变迁——18世纪广东米价分析》，广州：中山大学出版社，1992年，第41、68页。

④《宫中档雍正朝奏折》雍正三年十一月十四日奏，第5册，第369—370页；雍正四年五月二十五日奏，第6册，第56—57页；雍正四年六月十六日奏，第6册，第157页；雍正五年一月三日奏，第7册，第248—249页。

以西谷瘠薄，不如东谷肥满，未免舍彼取此，而西谷有难销之患。西客搬运远来，停泊河干，动经月日，既有耗折，复虑风涛，冀脱货求财而不可得，故每逢东省谷贱，则西客观望不前。西省之谷，乏人贩运，无处可销。[①]

换句话说，广西稻米之能再广东市场分一杯羹，不是在于其米质之优胜，而是其价格之低下。所以每当广东大米丰收，便会发生像1732年那样使两省稻米价格差缩小。到这个时候，广西稻米的输出贸易便会急速衰退，甚至停止。

五、总　结

过去的中国米粮市场研究，往往出现两种谬误：一是将稻米种植理解为自给自足的农业经济，二是将稻米视作只具有单一的品种。这两种谬误加连起来发挥了很大的影响，导致学者长期以来将稻米和人口研究挂钩：一方面将稻米产量看成是人口增长的背后动力，另一方面又将人口增长看成是推动米粮贸易的主因。这篇文章指出，若果要了解人口的增长，稻米不是良好的指标。

市场才是真正推动稻米种植的力量。什么是市场活动？它是一场经过质量和价格的比较后而作出的决定。在十八世纪，无论长江三角洲或珠江三角洲均生产大量稻米，而且这些本地稻米对于当地人来说，口味是无可比拟的。若历史只停留这个点上面，那是不会发生长程米谷贸易

---

① 《宫中档雍正朝奏折》雍正十年五月二十九日奏，第19册，第797页。

的。因为即使人口有所增加，在市场的竞争下，较为贫困的人口便只有食用粗粮了。不过，自十六世纪以来，这两个三角洲因经济的发展，均成为了中国最富裕的地域。他们的人口增加了，但重要的是，他们所增加的人口，较邻近省份来得富裕。于是在市场竞争之下，部分人口虽然买吃不到本地米谷，仍然不用吃粗粮，他们吃用的是外地进口的廉价稻米。在这个情况下，两条大江的中游地区开始大规模种植稻米，而蓬勃的长程米谷贸易便这样开始了。

清宫苏宴形成与江南饮食业技术经济近代转型

余同元

（苏州大学社会学院历史系）

摘要："清宫苏宴"是清代宫廷厨师集江南各地厨艺之长，在明清苏州织造署官府菜点基础上精心设计烹制而成的皇家菜系。苏州织造署作为宫廷重要的派出机构，网罗江南最优秀的厨师，制作最具江南风味特色的苏州菜点以供迎驾，并同"苏造""苏作""苏式""苏样"等一起走进宫廷。康熙、乾隆皇帝多次南巡苏州，不仅把苏州菜肴带进宫廷，而且将苏州名厨也请进宫廷，最终形成清代最具养生特点的宫廷苏宴。清宫苏宴的形成，是苏州传统菜点进京入宫后的技术升华，也是宫廷与江南烹饪技术互动的历史结晶，更是苏州传统饮食业技术经济之近代转型的标志。

关键词： 清代苏州　宫廷苏宴　江南餐饮业　技术经济转型

一、"清宫苏宴"的形成途径和标志

清代由苏州厨师在宫廷御膳房中制作的宴席称"清宫苏宴"。清宫苏宴的基础是明清苏州菜点，它由苏州织造署选聘苏州名厨，集江南诸菜之长，在宫廷精心烹制而成。清朝入关后，宫廷饮食一方面保留满族风俗，另一方面又积极引入江南各地饮食要素。康熙、乾隆皇帝每次南巡所到之处，都悉心品尝各种风味，对苏州菜肴美食尤为欣赏喜爱。于是苏州菜肴被带进宫廷，苏州名厨也先后走进宫廷，在宫廷苏造铺烹制"苏宴"。①清宫苏宴主要有三大形成途径：一是苏州织造署官府菜及皇帝南巡苏州行宫宴，二是苏州地方进贡的苏州贡奉菜点，三是皇帝南巡时官绅进献苏州特色菜肴。

（一）苏州官员贡入宫廷的苏州菜点

由于康熙皇帝、乾隆皇帝很喜欢苏州菜肴，苏州地方官僚为迎合最高主子所好，四处访觅苏州美食进奉皇上。以苏州织造府为例，苏州织造除担任制备御用衣物之外，还要兼办皇帝的苏州菜肴等差使。自康熙二年（1663）至二十三年，曹寅父曹玺担任江宁织造以来，江宁、苏州织造二职差不多成为曹家子孙及其亲戚的世袭职位。曹寅于康熙二十九年至三十二年任苏州织造，三十一年至三十二年兼江宁织造，三十二年专任江宁，而曹寅的妻兄李煦任苏州织造，康熙五十一年曹寅死，其子颙、頫先后袭职，至雍正六年（1728）始卸任，祖孙先后任织造六十余年。查李煦奏折中恭进苏州菜肴之例甚多，如康熙四十五年十一月进冬笋糟茭白，十二月进冬笋燕小菜。四十六年六月进小菜糖果，八月进法制干膏饼小菜。曹寅于康熙二十九年担任苏州织造时，就注意研究苏式菜色，并撰写《居常饮馔录》

---

① 参见余同元、何伟编著：《历史典籍中的苏州菜》凡例，天津：天津古籍出版社，2014年，第1—2页。

一书。①

（二）康、乾南巡时官绅进献苏州菜点

在康熙、乾隆南巡苏州期间，苏州地方官员、乡绅深深懂得，这正是给皇帝留个好印象的最佳时机。因此苏州各级官员、乡绅纷纷进献苏州特色菜肴。进献菜品规模之大、品种之多令人咂舌，有的菜盘达百余种，菜品以精致的素菜为主，突显苏州菜的典雅特色。如康熙四十四年（1705）第五次南巡时，康熙皇帝三月十七日抵苏州城，三月十八日，苏州士绅彭定求等即赴行在叩贺万寿，进献"长生果山景""樱桃肉山景""彩亭""烛酒""蜜饯""荤菜""小菜""果典"等。苏州、松江、常州、淮扬等地属臣，各设黄旛，恭祝万寿，各献菜点、食物各色百盘。十九日，"江抚宋进献馒头、馄饨各四盘，小菜一百瓶"。二十日，"江抚宋启朝进献皇上鱼酢、鸡羹、鸭脯等四色"。三月二十三日至四月十三日离苏，由松江至浙江，四月十三日返回苏州。四月十四日，"江提督进献御宴五十抬，原任詹事府徐秉义率子侄进献古董小菜等色。又浙江都司缪进献纸、花木、鸭、鹅、五菜花、果盒"。十六日，"江抚宋进献苣苣菜、浦耳菜二色"。②乾隆皇帝南巡时，各级官绅亦复如此，规模更大。乾隆三十年（1765）第四次南巡之时，二月十五日苏州织造普福于舟中进奉"糯米鸭子""万年青炖肉""春笋糟鸡""燕窝鸡丝""鸭子火熏馅煎粘团"。二月二十六日在苏州府行宫，普福又进"火熏加线肉""什锦豆腐""白面千层糕"，等等。③

① 参见余同元、何伟编著：《历史典籍中的苏州菜》第一章，第53—55页。
② 佚名：《圣祖五幸江南恭录》，《丛书集成续编》第279册史地类，台北：台湾新文丰出版公司，1988年，第599—608页。
③ 中国第一历史档案馆：《江南节次照常膳底档》。参见余同元、何伟编著：《历史典籍中的苏州菜》，第54页。

（三）御膳房中苏州厨师制作苏式菜点

这些苏州厨师常进献的菜品有"燕窝黄闷鸭子炖面筋""燕窝红白鸭子炖豆腐""冬笋大炒鸡炖面筋""燕窝秋梨鸭子热锅""大杂烩""葱椒羊肉"等。这些苏菜甚合皇帝口味。当时御膳房里有不少苏州厨役，在清代《御茶膳房》档案中，确切记名为皇帝供膳的苏州厨师有宋元、张成、张东官、沈二官、朱二官等人。这些人中又数张东官最为著名。张东官原本是苏州织造署的官厨，曾先后为苏州织造普福、西宁等备膳。自从张东官进宫后，其他厨师都黯然失色，张东官成了乾隆御膳房最重要的掌勺。在乾隆皇帝的每日御膳菜单中，第一道菜总是张东官署名。乾隆皇帝居住在圆明园和避暑山庄等处，也都由张东官任主要备膳厨师。如《御茶膳房档》载："乾隆四十一年（1776）二月初十日，上传香覃炒豆腐一品（张东官做）。总管肖云鹏奉旨：赏厨役张东官一两重银保二个。乾隆四十一年三月二十五日未正，山药酒炖樱桃肉一品（张东官做）。燕窝把红白鸭子苏脍一品，苏造鸭子肘子肚子勒条攒盘一品。乾隆四十八年五月三十日未初二刻，燕窝把酒炖鸭子一品，系张东官做。白煮烂鸭子一品张东官做，鸭羹一品张东官做。"从这段记录可以看出，从乾隆四十一年开始，一直到乾隆四十八年，张东官一直很得宠，他每做一道菜，基本上都会得到皇帝奖赏。①

"清宫苏宴"至乾隆中期已经形成宫廷固定菜系，主要标志是宫廷内专门的"苏造铺"、苏宴餐具和苏宴程式的产生。

清代御膳房中有专门的"苏造铺"和苏宴御厨。御膳档中专有记录宫廷"苏宴"的《苏造铺档》。据《苏造铺档》记载，"苏造"厨师常进的菜有"燕窝黄闷鸭子炖面筋""燕窝红白鸭子炖豆腐""冬笋大

---

① 中国第一历史档案馆：《御茶膳房档》，《历史典籍中的苏州菜》，第56—57页。

炒鸡炖面筋""燕窝秋梨鸭子热锅""大杂烩""葱椒羊肉"等，最得皇帝欣赏的是苏式"豆豉炒豆腐""糖醋樱桃"等菜点。一时间，苏州织造、江苏巡抚，长芦、两淮盐署等衙门都全力访求苏州名厨，随时供御，很快促使"苏宴"成为宫中节庆必备的宴席。①

（乾隆四十八年）正月十四日午正，"奉三无私安着紫檀木'苏宴桌'一张，宝座扶手至两桌边一尺七寸，摆'高头'七品（青白玉碗上安灯笼花），两边花瓶一对，高头碗足至前桌边二寸二分，两边碗足至桌边六寸五分，高头碗足至怀里桌边二尺五寸，群膳热膳三十二品（内有外铺内六品，膳房四品）。青白玉碗，碗足至两桌边六寸五分，摆四路，每路八品，两边干湿点心四品，奶子一品，敖尔布哈一品，青白玉盘两边小菜四品，两边老腌菜一品，八宝菜一品，东边南小菜一品，清酱一品，青白玉碟，小菜碟至两桌边七寸，后桌边二寸，中匙、筋、叉子、手布、筷套。安毕"。

（乾隆四十八年）正月十五日午正，"安着紫檀木'苏宴桌'一张，宝座扶手至桌边二尺二寸，摆高头七品（青白玉碗上安灯笼花），两边花瓶一对，高头碗足至怀里桌边二尺五寸，群膳三十二品，俱青白玉碗，碗足至两桌边七寸六分，摆四路，每路八品，两边干湿点心四品，奶子一品，敖尔布哈一品（青白玉碗），两边清酱一品，水贝瓮菜一品，东边南小菜一品，糟小菜一品（青白玉碟），碟足至两桌边七寸，后边两寸，中匙、筋、叉子、手布、纸花、筷子安毕"。

（乾隆四十八年）正月十六日午正，"正大光明设摆上用'苏宴'一桌，用器皿库'苏宴桌'一张，衣服库桌刷一分，摆高头七品（青白玉碗上安灯笼花）。两边摆花瓶一对，高头碗足至前桌边二寸二分，至两

---

① 参见余同元、何伟编著：《乾隆〈苏造底档〉中部分菜系复原》，《历史典籍中的苏州菜》第一章，第81—82页。

桌边六寸，群膳热膳三十二品（内有外膳房四品，铺内伺候六品）。俱青白玉碗，摆四路，每路八品，两边干湿点心四品，奶子一品，敖尔布哈一品，西边老腌菜一品，八宝菜一品，东边清酱一品，南小菜一品（青白玉碟）。中匙、筋、纸花、筷套。叉子、手布安毕"。

《乾隆四十八年正月膳底档》所载正月二十一日未正，晚膳中的"攒盘一品"明确记载为苏造铺内进奉。此膳单中记录为苏造铺所进菜品经统计为二十一道。《乾隆四十八年正月膳底档》中还有"铺内伺候"，"此三品铺内伺候"，"铺内伺候六品"，"晚晌，铺内伺候燕窝攒丝汤一品，燕窝炒鸭丝一品，燕窝鸭腰、锅烧鸭子一品，五香鸡一品，溜鸭腰一品"等记载。"铺内伺候"一语在《乾隆四十八年正月膳底档》中共出现六十六次，菜品一百零四道。由于目前为止未能发现除苏造铺外，御膳房中还有其他苏宴制作机构名称，因此推测"铺内"应指苏造铺内。[①]

对比以上材料可知，至迟在乾隆四十八年以前，"苏宴"的菜肴品种、餐具、摆放方式已经形成了固定范式。一般情况下，宫廷"苏宴"需要"苏宴桌"一张，摆"高头"七品（青白玉碗上安灯笼花），两边摆放花瓶一对，摆设用青白玉碗盛放热膳三十二品，分摆四路，每路八品，其两边摆放干湿点心四品，奶子一品，敖尔布哈一品。"苏宴桌"四边还摆放老腌菜，八宝菜，东边清酱，南小菜等开胃小菜。所用餐具为特制的中匙、筋、叉子、手布、筷套等。[②]

随着宫廷苏州厨役队伍的不断扩大，以及宫廷苏州菜肴体系的不断完善，宫廷"苏宴"逐渐成为清代宫中节庆必备宴席。乾隆皇帝经常将

---

① 以上所引参见余同元、何伟编著：《清宫苏宴形成过程及标志》，《历史典籍中的苏州菜》第一章，第52—59页。

② 参见余同元、何伟编著：《历史典籍中的苏州菜》，第59页。

"苏宴"赏赐臣下，以示恩宠。如（乾隆四十六年）正月十四，"总管萧云鹏奏过，传旨：'苏宴'一桌，'酒宴'一桌，赏罗布藏多尔济、拉他那西第、查拉丰阿、阿桂、福隆安、和珅、梁国治、董诰、福长安"。又如（乾隆四十六年）正月十五"总管萧云鹏奏过，传旨：'苏宴'一桌，酒宴一桌，赏南府景山众人"。再如（乾隆四十六年）正月十六"总管萧云鹏奏过，传旨：'苏宴'一桌，赏郭什哈额驸等"。《乾隆四十八年正月膳底档》记载了正月十一日至正月二十八日御膳情况，其中记录曰："乾隆四十八年正月初九日乾清宫总管郭永清等奏，十四、十五、十六，此三日伺候上苏宴。奉旨：知道了。钦此。"在这些记录里，正月上中旬前后十八天内"苏宴"共计出现了六次之多，有时连续几天都吃"苏宴"。①

二、江南饮食业的专业化、时尚化和规范化

（一）明清苏州饮食业的专业化与时尚化

明清苏州经济发达是其饮食业发展的物质基础。康熙年间吴县人沈寓说苏州"山海所产之珍奇，外国所通之货贝，四方往来，千万里之商贾，骈肩辐辏"。乾隆时苏州人自诩："四方万里，海外异域珍奇怪伟、稀世难得之宝，罔不毕集，诚宇宙间一大都会也。"嘉庆时谚曰："繁而不华汉川口，华而不繁广陵阜，人间都会最繁华，除是京师吴下有。"王士性《广志绎》卷二曰："苏人以为雅者，则四方随而雅之；俗者，则随而俗之。其赏识品第本精，故物莫能违。又如斋头清玩、几案、床榻，近皆以紫檀、花梨为尚，尚古朴不尚雕镂，即物有雕镂，亦皆商、

---

① 中国第一历史档案馆：《圆明园》，上海：上海古籍出版社，1991年，下册，第924—958页。

周、秦、汉之式，海内僻远皆效尤之。"明清苏州在社会生活很多方面成为全国时尚的引导者。①

明清苏州饮食业空前发达，专业化程度很高。清代郑光祖评价苏州饮食曰："食客至者，不克同所嗜也，若吴下烹饪著名已久，自前明张江陵云自出都门，至此，始得一饱。嗣后，各省筵宴莫不治吴馔以乐嘉宾。而他方人士来吴，亦从未有不悦吴中所嗜而转思其地者矣，虽余也同处鲥鱼橘柚之乡，而起居俭啬，未暇问四簋八簋之味，然君子虑干糇之失德，高年恃贰膳以养生，大烹盛馔，圣贤亦重，口之于味，究不可以不讲也。"明代周履靖在《易牙遗意序》中称："天下号极糜，三吴尤甚。"清代常辉也在其《兰舫笔记》中认为"天下饮食衣服之侈未有如苏州者"。据《桐桥倚棹录》记载，虎丘三山馆、李家馆等店名菜名达170余种。清代苏州饮食业专业化发展的典型标志是出现"菜业公所"（菜馆业）、"膳业公所"（饭馆业）、"梁溪公所"（面业、膳业）等各类专门饮食业公所。姑苏市区大小饭店不下百家，如现今松鹤楼等名店在乾隆时就有记载。②

乾隆皇帝南巡，苏州开出一份《江苏省苏州府街道开店总目》，列出苏州具有代表性的著名商家行号25家，其中9家是"食铺"，这些"食铺"招牌分别有："第六店永吉号火腿鱼鳖行""第九店美芳馆精洁肉食""第十一店源发号长路粮食""第十五店奥兴馆荤素酒饭""第十六店上元馆精满汉糕点""第二十店大有号酱园""第二十四店美药馆荤素大面"。③从这些招牌名称字面来看，乾隆时期苏州饮食业形态

① 所引见余同元：《明清苏州曾引领宫廷时尚》，《苏州日报》2012年4月20日理论版。
② 所引参见刘杰：《明清苏州菜肴烹饪技术发展及历史影响》，苏州大学硕士学位论文，2012年。
③ 宫崎成身：《江苏省苏州府街道开店总目》，转引自华立：《"唐船风说书"与流传在日本的乾隆南巡史料》，《清史研究》1997年第3期。

已趋向多元化和时尚化。其中诸多外地菜对丰富和发展苏州风味产生了重大影响，特别是徽菜融入了苏菜中，使苏州菜内容体系日益丰富。在此基础上，苏州菜不仅进入宫廷，而且也成为各地时尚。张瀚《松窗梦语》曰："自昔吴俗习奢华、乐奇异，人情皆观赴焉。吴制服而华，以为非是弗文也；吴制器而美，以为非是弗珍也。四方重吴服，而吴益工于服；四方贵吴器，而吴益工于器。是吴俗之侈者愈侈。"①张瀚为明代中期仁和（今杭州）人。嘉靖十四年（1535）进士，授南京工部主事，历任庐州、大名知府，陕西左布政使，大理寺卿，刑部、兵部侍郎，南京工部、吏部尚书等。其所撰《松窗梦语》主要根据作者亲身经历和见闻取材，记载了当时经济、社会、文化、民情风俗等方面资料，内容比较真实可靠。

（二）明清苏州饮食业经营管理规范化

明清官府衙门所用"官宴"宴席菜系皆有成文规格，苏州在此基础上出现了官府管理官厨的章程规范文本，如《九邑官厨公所碑刻》和《官府管厨规范》。

1. 光绪《九邑官厨公所碑刻》

奉宪永遵勒石：

江南苏州府元和、长洲、吴县正堂程、王、马给示口守事。据民人魏祝亭、蒋元、唐仁宝、王如林、吴常等禀称：身等厨业，前在南正四图采莲巷柏树头地方置屋，设立官厨公所，办理同业年老、伙计歇业、贫困□□□。或遇疾病由公所医养，故者给发棺殓

---

① 张瀚著，盛冬铃点校：《松窗梦语》卷四，北京：中华书局，1985年，第79页。

等项善举，曾禀蒙府宪暨三邑给示永遵在案。

自遭兵燹，房屋示谕均已被毁。而近来业中老伙及贫病无依者较前更多，身等宜关桑梓，不忍坐视，是经邀集同业公议，仍在原基由各乡厨业捐建头门三间，各官厨业捐建大殿三间，身等捐建后殿三间，并将置买东首陈、吴、范等姓基地三十余间一并捐助。现在先□宋相福神，循办前项善举，所需经费量力捐办，并不抑勒苛派，亦不在外募捐。

所有公所应办事务，身等厨业手艺，不能兼顾，是经议归魏祝亭一手经理，以专责成。至房屋契据业已授税，深恐将来遗失，一并粘呈，应请在案，以昭慎重。现在兴工之际，恐有匪徒窃料妨工及无知之徒擅入公所借端滋扰，绘图粘契，呈请分别存案，会衔示谕申请立案等情到县。

据此，除将契据验明存案，并申请府宪立案外，合行给示遵示。为此示，仰该厨业及地保人等知悉：现据魏祝亭等集资，仍在旧基建复官厨公所，办理前项同业善举，倘有地匪棍徒窃料妨工，以及外来无知之徒擅入公所借端滋扰情事，许即指名禀县，以凭提究，地保徇隐，察出并惩，均不姑宽，各宜凛毋违。特示。①

关于这篇碑文的发现过程，金菊林先生在《新发现的苏州厨业官厨公所碑石》一文②中有详细介绍。1983年苏州府前街道编修《府前街道志》时，在苏州司前街东采莲巷九号严宅调查，发现一块苏州厨业官厨

---

① 江苏省博物馆于1956年调查苏州碑刻时，在苏州东采莲巷五号查得光绪元年苏州厨业公所碑刻一块，著录于江苏省博物馆编：《江苏省明清以来碑刻资料选集》，北京：生活·读书·新知三联书店，1959年，第210—211页。
② 金菊林：《新发现的苏州厨业官厨公所碑石》，《苏州史志资料选辑》，苏州：苏州市地方志编纂委员会，1989年，第3、4合辑，第148—151页。

公所石碑。石碑在东采莲巷九号严宅门口，当作洗衣石使用，有碑文一面覆地，碑文基本完整，为清光绪十二年（1886）八月十九日《元和、长洲、吴三县准许魏祝亭等人建复官厨公所不准地匪棍徒窃料妨工无知之徒借端滋扰示谕碑》。碑石反面因常年洗衣磨损，平整光洁，然依稀有字迹，经仔细辨认，见有"厨小甲"等字样，亦为原官厨公所碑记。

从碑文内容可知，苏州官厨公所自创建至复建没有迁移过地址，一直在今苏州古城司前街东采莲巷九号附近，此地旧称"柏树头"。碑文纠正了历来苏州厨业公所名称和提法中的混乱和错误。如《江苏省明清以来碑刻资料选集》题名附注中，据光绪元年碑记"元吴两县厨小甲吴常、魏祝亭禀举蒋元充当府厨小甲"等文字，径称为"府厨公所"，又在同书附录中题名为"厨小甲公所"，实则为"官厨公所"或"九邑公所"。光绪十二年刻石碑文中明确记载苏州厨业创建公所时，设立"官厨公所"，至光绪十二年复建公所立碑时又改称"九邑公所"。当时苏州府下辖九县，故碑文题名"九邑"。"厨小甲"可能是官厨业行头名号，当时县有县厨小甲，府有府厨小甲，如碑文所示，元和县与吴县县厨小甲吴常、魏祝亭，苏州府厨小甲蒋元等。厨小甲经餐饮烹饪业行会同业推举，再经官府认可，身份角色特殊，其职责除了管理行业内部事务外，还有承值官府差务等职能。

关于官厨公所创建年代，光绪元年碑记和光绪十二年碑记都没有具体明文，但其中提到"自遭兵燹，房屋示谕均已被毁"，当指咸丰十年（1860）太平天国战争，可见官厨公所当创建于咸丰十年以前。

2. 清前中期苏州《官府管厨规范》

现存文本除了晚清《九邑官厨公所碑刻》外，还有《近代稗海》保存清中期抄录的苏州《官府管厨规范》，兹录原文于下：

　　凡管厨一事。要知官府天性喜爱奢华朴实，平常酷好何物，向来咸淡口味。请客有彩觞筵雅酒之名目，酒席有满汉烧烤大小便饭之分别，总宜应时酌一菜单，呈官删改添换为主。常时饭菜，亦宜逐日更换，煨烧烹炒、凉拌、煮羹、香粘、甜脆、饭粥、饼馒，必得时时留心。接差酒席，谅［量］使之。

　　大小办差朋友和气相待，以酒席拨换。厨房用物，各有行规，柴米煤炭，碗店屠头，酱园漕坊，面店盐店，各处虽异，有旧规章程。买办、厨子、煮饭、打杂、挑水夫、火夫，统计若干名数，分别公食多寡。惟厨役选取老手，加以另眼看待，渠知好歹，不但不废材料，而可关心打算。倘剩菜肴，亦要量为给食，不可过食，亦不宜太松，酌乎其中，谅［量］厨房之出息，除应给工钱之外，稍加帮贴，尽知好歹，再加贴补，如不知好歹之人，方可更换，伊亦无怨。

　　再者，买办、厨子、打杂、水夫、火夫，亦提防里应外合，勾手作弊，暗中须要留心，一经察出，重则回官，轻则驱逐。古云：礼治夫子，势压小人。最难言者，逐日同人例饭菜，均宜美而且丰，如过省减，同事不无物仪，倘竟丰盛，朋友眼中出气。能切近与官之人，无不歌颂其美，异口同声，岂不为快者。话虽如此，而同事兄弟亦当体贴，虽知管厨之难，羊羔美栖，众口难调，管厨就是恶水缸，有意挑剔而言之。菜蔬全要供度，上要免责，下要免冤［怨］，此乃妥善之道也。

　　跟班有内外之别，同事有家乡旧人之间，不可得罪合署朋友，相隔一半月间，另添菜肴三样，在人运用维持，此曰应酬。又曰嘴头请天神，闲时栽培，到时自有关照，如其各执各行之见识，从中挑持，官不察详细，反致申斥。或在请客场中，值席者，头莱中暗入盐醋，使其咸酸难以入嘴，官府不知暗算，岂不生气，必定呼唤管厨，当场出丑。①

由上述两篇官厨章程规范可知，苏州官府对其官厨要求非常严格，有详细的行规章程，通称《官府管厨规范》。以下谨就《官府管厨规范》官厨管厨章程中的规范与要求试作诠释。

（1）官厨厨房的规范要求详备

首先，总述对管厨的要求："凡管厨一事。要知官府天性喜爱奢华朴实，平常酷好何物，向来咸淡口味。请客有彩觞筵雅酒之名目，酒席有满汉烧烤大小便饭之分别，总宜应时酌一菜单，呈官删改添换为主。常时饭菜，亦宜逐日更换，煨烧烹炒、凉拌、煮羹、香粘、甜脆、饭粥、饼馒，必得时时留心。接差酒席，谅〔量〕使之。大小办差朋友和气相待，以酒席拨换。"担任官府管厨一职要知道官府的饮食喜好，既要在食材、做法上讲求奢华，又要体现菜肴的实在，具体到某家的管厨，就要清楚主人的口味，知道咸淡如何。并且要分清平时饮食和宴席的区别，酒席还有满、汉，烧、烤，大、小便饭之分，因此为了更好地办好每一次酒席，管厨应该先列好菜单，然后根据场合需要进行删改和添换。即便是平时餐饮，也不可重复，每日要有不一样的饭菜，结合各种烹饪技术呈现不同的菜肴。

其次，讲到主人对厨房各个角色的待遇问题："厨房用物，各有行规，柴米煤炭，碗店屠头，酱园漕坊，面店盐店，各处虽异，有旧规章程。买办、厨子、煮饭、打杂、挑水夫、火夫，统计若干名数，分别公食多寡。惟厨役选取老手，加以另眼看待，渠知好歹，不但不废材料，

① 《偏途论》，章伯锋、顾亚主编：《近代稗海》第11辑，成都：四川人民出版社，1988年，第667—668页。

而可关心打算。倘剩菜肴，亦要量为给食，不可过食，亦不宜太松，酌乎其中，谅［量］厨房之出息，除应给工钱之外，稍加帮贴，尽知好歹，再加贴补，如不知好歹之人，方可更换，伊亦无怨。"厨房的各类事情都要遵循规矩，买办、厨师、煮饭、打杂、挑水夫、火夫都要各尽其责各尽所能，这些角色只有厨师格外要求有经验的，且待遇也不同于他人，会有所优待。

对厨房各个角色要赏罚分明："再者，买办、厨子、打杂、水夫、火夫，亦提防里应外合，勾手作弊，暗中须要留心，一经察出，重则回官，轻则驱逐。古云：礼治夫子，势压小人。最难言者，逐日同人例饭菜，均宜美而且丰，如过省减，同事不无物仪，倘竟丰盛，朋友眼中出气。"由于厨房事宜全由买办、厨师、打杂、水夫、火夫一手包办，因此主人要提防他们里应外合，不将主人的利益放在首位，主人应该宽严相济，一方面对他们相互勾搭损害利益的行为严格惩处，一方面也要给予他们相应的待遇，使得他们心态端正，更好地为主人服务。

管厨的职责是："能切近与官之人，无不歌颂其美，异口同声，岂不为快者。话虽如此，而同事兄弟亦当体贴，虽知管厨之难，羊羔美栖，众口难调，管厨就是恶水缸，有意挑剔而言之。菜蔬全要供度，上要免责，下要免冤［怨］，此乃妥善之道也。"作者认为管厨职责重大，且因为众口难调，因而难度很大，要提防别人恶意挑衅。

最后，提出管厨要与厨房其他人搞好关系，以防被暗算："跟班有内外之别，同事有家乡旧人之间，不可得罪合署朋友，相隔一半月间，另添菜肴三样，在人运用维持，此曰应酬。又曰嘴头请天神，闲时栽培，到时自有关照，如其各执各行之见识，从中挑持，官不察详细，反致申斥。或在请客场中，值席者，头菜中暗入盐醋，使其咸酸难以入嘴，官府不知暗算，岂不生气，必定呼唤管厨，当场出丑。"管厨由于不可一人负责厨房全部事宜，须与他人合作完成，因此为防止他人暗算，须与他人搞好关系，另外，管厨还应与其他家丁相互配合，要能处理好同买办、打杂、水夫、火夫之间的关系，以免他人报复捣乱，使自己受到责难。

（2）官府菜系菜品的规格和要求明确

蔡镇楚《中国美食诗话》称赞《礼记》为"饮食礼仪之学的一部著述，是古代饮食礼仪制度与饮食文化的主要载体与传播媒介"①。传统儒家学说讲究"礼"有等差，在饮食上也有明显体现。《礼记》一书中多次指出饮食的规模要分尊卑贵贱。《礼记·礼器》曰："礼有以多为贵者……天子之豆二十有六，诸公十有六，诸侯十有二，上大夫八，下大夫六。"这是对天子和臣子的饮食要求，依身份高低规定饮食水平，天子可享用二十六道菜，下大夫只可享用六道菜，可见饮食之礼尊卑分明，君有君道，臣有臣道。关于普通平民的饮食之礼，《礼记·乡饮酒义》曰："乡饮酒之礼……六十者三豆，七十者四豆，八十者五豆，九十者六豆，所以明养老也。"乡饮酒是乡人聚会饮酒之礼，最受尊敬的是长者，不过长者也只能享用六盘菜，相当于下大夫平日的饮食档次。可见官府官菜比较丰盛，规模甚大，品质多在民间菜之上，成为宫廷菜的直接来源。

《兰舫笔记》曰："唐句云'一骑红尘妃子笑，无人知是荔枝来'，作者有隐讽焉。夫以贵为天子，即驰驿荐新，亦无足异，特以供妃子有议耳。然苏地贵者皆得，余尝在粮巡两道署，食数次，其质如冰雪，鲜嫩甘香，沁人心神，不可以言语状。余心计曰：'此无怪贵妃之笑，且无怪红尘之载道矣。'"②其云新鲜荔枝并不是王公贵族专属，苏州亦有，

---

① 蔡镇楚：《中国美食诗话》，长沙：湖南师大出版社，2008年，第49页。
② 常辉：《兰舫笔记》，江苏省立苏州图书馆据手稿排印本，1941年，第10页。

只是价格昂贵，作者吃过几次荔枝，感慨其味道鲜美，沁人心脾，并由此生"一骑红尘妃子笑"之感慨。作者时任粮巡两道署，比较在意的是味道好坏而非价格贵贱，说明官府菜讲究味美非同一般。

（3）官府厨役规范章程详细

苏州官府菜不但做法讲究，味道精美，而且各官员对饮食细节也有诸多具体要求。明人陈铎曾述及厨师角色说："说筵席勾当，估料物分两，先打起虚头帐。调五味宰猪羊，椒醋油盐酱。汤水绝伦，切炸多样，叫的勤寻的广。整日价口粮。"①袁枚《随园食单》曰："厨者，皆小人下材，一日不加赏罚，则一日必生怠玩。火齐未到而姑且下咽，则明日之菜必更加生；真味已失而含忍不言，则下次之羹必加草率。且又不止空赏空罚而已也。其佳者，必指示其所以能佳之由；其劣者，必寻求其所以致劣之故。咸淡必适其中，不可丝毫加减，久暂必得其当，不可任意登盘。厨者偷安，吃者随便，皆饮食之大弊。审问慎思明辨，为学之方也；随时指点，教学相长，作师之道也。于是味何独不然？"②袁枚认为，饮食应该态度认真，绝不可随意应付。一方面，管厨应该宽严相济，赏罚分明，既要拉拢管厨，激励、促使他们更好地烹饪，也要采取措施防止他们消极怠慢；另一方面，还应该将自己所领悟的美食理论授予他们，让他们理论联系实际，自然就会做出独特美味的佳肴了。

夏曾传认为："良厨不易得，得之亦有数。端用法方收其效。工食宜优，不可苛刻，一也；算账宜宽，不可克扣，二也；买物宜多，不可吝啬，三也。然后严其赏罚，专其责成，乃可以享口腹之奉也。往往

---

① 陈铎撰，汪廷讷订：《坐隐先生精订滑稽余韵》，路工：《访书见闻录》，上海：上海古籍出版社，1985年，第324—325页。

② 袁枚：《随园食单·戒苟且》，《袁枚全集》第5册，南京：江苏古籍出版社，1993年，第13—14页。

有痛责庖人而己实未尝知味者，尤为可笑。"①

以上两则讲述了主人如何管理厨师，都主张要敬重、欣赏他们，以诚相待，尤其要善待良厨，给予优厚的待遇，但同时也要赏罚分明，督促他们的烹饪技艺不断提高。

（三）专业庖厨培养与管理的规范化

专业庖厨是官厨中的领头厨师，又称"庖人"或"庖厨"。专业庖厨是烹饪饮食业中的关键角色，它的出现需要一定的主客观条件。客观上必须具备较多的优质食材，才能制出丰富菜肴；主观上庖厨厨艺应该日益精进，才能争取到餐饮生意。此外社会环境的支撑也很重要，清人钱泳描述庖人曰："凡治菜以烹庖得宜为第一义，不在山珍海错之多、鸡豕鱼鸭之富也。庖人善则化臭腐为神奇，庖人不善则变神奇为臭腐。……古人著作，汗牛充栋，善于读书者只得其要领，不善读书者但取其糟粕，庖人之治庖亦然。"②一位好的厨师，首先要能够分辨食材之优劣，善用有限食材，并能随手烹饪出不同菜肴。钱泳认为庖人角色要具备"善则化臭腐为神奇，不善则变神奇为臭腐"。由此可见，同样一件食材，确实可以因为庖厨手艺高低而使菜肴品质相差甚远；其次，"庖人"要能治庖得宜，还要学会选取质量最佳的食材，以及备妥各种佐料，如"葱菜姜蒜酒醋油盐一切香料"，缺一不可，故曰"宁可不用，不可不备"。③

优秀厨师是如何产生的？各地都有不同的途径和模式。江南传统文

---

① 夏曾传：《随园食单补证》，北京：中国商业出版社，1994年，第24页。
② 钱泳：《履园丛话》十二《艺能·治庖》，北京：中华书局，1979年，第327—328页。
③ 钱泳：《履园丛话》十二《艺能·治庖》，第328页。

人士大夫多讲究美食，各自家庭都培养专门"家庖"。"家庖"的生成主要在于士绅的培养，士绅结合自家特点提出具体的烹饪规范，同时士绅本人也参与家庖烹饪创新，并总结出诸多的烹饪菜谱。清中期江南著名美食家袁枚培养优秀家厨的经历，就反映当时江南苏杭一带主人（文人学者）与家厨（专业厨师）联合创新烹饪技术的社会风气。袁枚是钱塘人，乾隆七年（1742）外调江苏，先后于溧水、江宁、江浦、沭阳任县令七年，勤政颇有名声，奈仕途不顺，无意吏禄；乾隆十四年辞官隐居于南京随园，世称"随园先生"。其所著《随园食单》是其四十年美食实践的产物，以文言随笔的形式，细腻地描摹了乾隆年间江浙地区的饮食状况与烹饪技术，用大量的篇幅详细记述了14世纪至18世纪江南流行的300多种菜肴饭点，也介绍了当时的美酒名茶，是清代一部非常重要的饮食名著。书中认为，"居今之世，三君易得，八厨难求"[1]，因而十分注重自家培养厨师，采取多种途径提高厨师烹饪技术，提升"家庖"的才艺素质。

一是请著名厨师入园授艺，称"请其庖人来教"。如张荷塘家的女厨善制花边月饼，袁枚就"常以轿迎其女厨来园制造"。

二是派家中厨师出外求学，学者赵翼有一位家厨名叫陆喜，以"蒸鸭子"著名。他做的"蒸鸭子"让赵翼好友兼美食家的袁枚赞叹不已，袁枚尝过后，即要求自己家庖王小余向陆喜学习烹治"蒸鸭子"。[2]

三是主人亲身参与家厨的烹饪实践。袁枚说："余家寿筵婚席，动至五六桌者，传唤外厨，亦不免落套，然训练之，卒范我驰驱者。"[3]他自己四处访求烹饪方法，回家加以实验提高，然后让家厨和家人学习试制。

① 袁枚：《小仓山房尺牍》卷二《覆沈省堂太守》，王英志编纂校点：《袁枚全集新编》，杭州：浙江古籍出版社，2015年，第15册，第46页。

② 钱仲联主编：《清诗纪事》，南京：凤凰出版社，2004年，第1466页。

③ 袁枚：《随园食单·戒落套》，《袁枚全集》第5册，第13页。

四是及时进行经验总结和功过赏罚。为提高家厨素质和烹饪技艺，袁枚从"厨者偷安，吃者随便，皆饮食之大弊"等观点出发，对厨师严格要求，不仅每日总结进行赏罚，还要指出看馔优劣之因。"其佳者，必指示其所以能佳之由；其劣者，必寻求其所以致劣之故。咸淡必适其中，不可丝毫加减，久暂必得其当，不可任意登盘。"而对厨师的褒贬奖惩，他主张适可而止。"人之学问，惟有所歉然也，而后知不足；知不足也，而后能大有功。枚于厨娘，亦以此术待之。"① 袁枚还让其家厨将烹饪理论与技术实践有机结合，让厨师根据理论指导，在实践中进一步提高，使得烹饪技术得以更好地传承与发展。

与袁枚一样，苏州士人对家厨的烹饪技艺都有详细具体的规范和要求。《清稗类钞》云："苏人以讲求饮食闻于时，凡中流社会以上之人家，正餐、小食，无不力求精美。"② 士人要求家厨严格按照养生原则来安排菜肴制作和食用的先后顺序，使家厨对菜谱进行准确把握，且特别注重医学药膳食疗养生。钱泳《履园丛话》曰："仆人上菜亦有法焉，要使浓淡相间，时候得宜。譬如盐菜，至贱之物也，上之于酒肴之前，有何意味；上之于酒肴之后，便是美品。此是文章关键，不可不知。"③ 此言宴席中上菜的顺序和由浓趋淡的重要性，认为品尝各色菜肴必要注重食用养生顺序，需浓淡相间，每道菜上桌都要合乎时宜，不可盲目为之，且菜单要每日变换，搭配进食。

厨师烹饪技术优劣决定看馔工艺水平高低。除了烹饪技术本身的传习与培养以外，苏州士人还就如何管理家厨，如何善待良厨等具体问题进行专门探讨，提出了"善待良厨"的口号，并以此刺激家厨发挥其烹

---

① 袁枚：《小仓山房尺牍》卷一《答相国》，《袁枚全集新编》第15册，第8页。
② 徐珂编撰：《清稗类钞》"饮食类"，北京：中华书局，2010年，第6240页。
③ 钱泳：《履园丛话》十二《艺能·治庖》，第328页。

饪技术和才华。如前引清末苏州士绅夏曾传所说，认为主人必须研究食味营养及烹饪技术，自己成为内行才能指导和培养优秀家厨。同时强调良厨不易得，理应善待厨师，在工资待遇方面不可克扣，对于家厨负责的买办事项要给予自主权，这样才能买到时鲜的食材，制作出美味佳肴。

江南饮食业发展以及士绅美食家对餐饮的追求，使得厨师角色倍受重视，因此很多人投入这个行业拜师学艺，不少人进修提升成为专业庖厨。庖厨发展成"家庖"与"外庖"两行。时人云："城中奴仆善烹饪者，为家庖；有以烹饪为佣赁者，为外庖。其自称曰厨子。"① "家庖"的出现与"食铺"中的厨师选调不同，江南士绅等社会上层人家讲究饮食，因此选择年少家厨学习厨艺，日后便成为"家庖"；"外庖"则是要四处替人张罗大小宴席，并以此为业形成领头厨师。如赵翼家庖陆喜以菜肴"蒸鸭子"著名，赵翼好友袁枚让自己家庖王小余向陆喜学习烹制此菜。由此可见，陆喜和王小余已把厨艺提升到养生药膳与食疗的高度。袁枚在王小余去世后还专门撰写《厨者王小余传》。②

赵翼之于陆喜，袁枚之于王小余，体现了主人对家庖敬重、赏识的态度。特别是在主人美食家心中，"家庖"代表自己对饮食烹饪的实践态度，希望在"家庖"厨艺中尝到自己理想的食味。"家庖"除服务主子家人外，也服务其他大户或权贵人家，这些大户人家经常宴席不断，因此需要聘请著名家庖掌理宅中厨艺。除节庆宴会的饮食料理外，家庖还可能跟随主人外出，为出行主人及同行友人提供餐饮服务。清代小说《儒林外史》中就多次提到厨师办席，如第三十三回杜少卿办酒席宴客，"厨子挑了酒席，借清凉山一个姚园。这姚园是个极大的园子"③。

① 李斗：《扬州画舫录》卷十一《虹桥录下》，北京：中华书局，1980年，第253页。
② 钱仲联主编：《清诗纪事》，第1466页。
③ 吴敬梓：《儒林外史》第三十三回，合肥：安徽文艺出版社，2002年，第228页。

不论是饯别宴客还是招待朋友，由于人数众多，再加上烹饪繁复，都要请有名的厨师前来料理。这些"家庖"属于佣赁性质，烹饪厨艺就是他们的谋生工具。

明清时期苏州庖人名气特别响亮，不仅当地夸赞，连京师筵席也多招聘苏州庖人前往掌厨。明人焦竑记载了一则轶闻：张居正丧父后所经之处，地方官皆拿出水陆珍肴加以招待，张为所动，唯有无锡太守钱普烧一手地道的苏州好菜，张居正吃后大加赞赏："自出都门，至此始得一饱。"此语一出，传遍各地，吴馔名声也水涨船高，有钱人家多以用吴厨做菜为荣，使得"吴中之善为庖者，召募殆尽，皆得善价以归"。① 由此记载可以看出，明代吴地庖人以及吴馔，已经具有全国性的知名度。

三、江南传统菜点的优质化与品牌化

江南传统饮食追求养生理念，和吴门医派药食同源研究有着密切关系。元明之际撰写《易牙遗意》的韩奕，就出生于世医之家，有"中吴卢扁"之称。韩奕与名医王宾、王履被称为吴中三高士，曾经盛名一时。他不但精通本草，更精于饮食烹制，在《易牙遗意》理论总结中，处处凸显着烹饪技艺中中医药君臣配伍、阴阳平衡的关联妙用，使"药食同源"这一伟大理论得到初步实践和深入体会。其他如《汝南圃史》和《食品集》也都述及饮食食物、烹饪方法与营养养生的相关性，这些有关烹饪技术的大量文献，经后代厨师不断实践和诠释，都不同程度地

---

① 焦竑：《玉堂丛语》卷八《汰侈》，北京：中华书局，1981 年，第 276 页。

体现了经验技术的科学理论化进程，从而为江南饮食业技术经济的现代转化奠定了坚实根基。这里仅以苏州织造府官厨菜点技术内涵为例，从选料、火功、调味等方面加以申述。

一是选料严谨生态。

首先讲产地和品种。蟹必选阳澄湖大闸蟹，银鱼必选太湖所产，鸭子以娄江麻鸭为上，虾则以吴门桥所出为上。即使同一地区方位不同，其菜料质量也会有所差异。所以有"南荡鸡头北荡藕""东山杨梅西山枇杷"等说法。在品种方面，如吃肉，要选太湖猪，太湖猪肉质细腻，更易于烧糯；毛色以黑毛为好，黑毛猪的肉比白毛猪的肉香。

同时讲节令和鲜活。什么节令吃什么菜叫"当令菜"，这是传统江南菜肴的一大特点。如夏天鸡毛菜、霜打大藏菜、菜花甲鱼、立夏蚕豆、小暑黄鳝。吃蟹要等到西风起，此时蟹才成熟，捕捉食用，其味尤佳。吃鱼有"正月塘鳢，二月鳜鱼，三月甲鱼，四月鲥鱼，五月白鱼，六月鳊鱼，七月鳗鱼，八月鲃鱼，九月鲫鱼，十月草鱼，十一月鲢鱼，十二月青鱼"之说。

讲节令的另一层意思就是不吃反季菜，强调什么时令不吃什么菜。如"夏不食肝""夏不食鱼"（夏天炎热，鱼容易变质腐败），六月不食用甲鱼（六月甲鱼称"蚊子甲鱼"，身瘦肉枯）。所谓鲜活，即植物菜要新鲜，动物菜要生猛。如蔬菜要选所谓"露水菜"，即菜叶上还带有露水的新鲜菜，隔日萎蔫的"倒头菜"不吃。

还要讲大小、部位，讲采摘、捕捞、宰杀方法。论食物大小要视具体情况而定，有的东西大好，有的东西则小佳。讲部位，如摘菠菜要留红根，马兰头要去红根留三叶。在采摘、捕捞、宰杀方法上，如杀鸭要看天气，天气寒冷时鸭子毛细血管收缩，二毛难以除清，天气暖和时鸭子皮肤松弛就好处理。要取鸭腰（《乾隆三十年江南节次膳底档》有鸭腰）就必须把鸭子赶着跑，宰后鸭腰才大。选虾以装笼捕捉为好，淌网虾（所谓"淌网虾"即用淌网去捕捉）次之，一般不用"干荡虾"（即抽干荡水捕捉的虾）。

二是火功技艺精致多样。

如冷盘中的煎（火熏摊鸡蛋）、腌（腌菜花）、拌（燕笋拌鸡）、冻（水晶肘子）、糟（糟肉）、叉烧（羊鸟叉烧羊肝攒盘）等；热菜中的煮（鸭子热锅）、烩（炒鸡家常杂烩热锅）、烤（挂炉鸭子挂炉肉）、炒（炒面筋）、串（鸭子火熏串豆腐热锅）、熘（醋熘荷包蛋）、煎（肉片盐煎）、炸（炸肉古噜）、爆（爆肚子）、烧（锅烧鸡）、煸（肥鸡油煸白菜）、熏（熏小鸡）、水烹（水烹绿豆菜）、蒸（蒸肥鸡挂炉羊肉攒盘）、脍（脍肥鸡）、酥（麻酥鸡）等，皆重火功。其中以炖（冰糖炖燕窝）、焖（黄焖鸡炖肉）、煨（豆豉煨豆腐）、焐（东坡肉）最有特色。所有菜点讲究出味和入味，有些菜肴炖、焖、煨、焐长达数小时或数十小时之久，这样烹调出来的菜，原材料的本味与真味在原汁裹浸之中才能呈现出来，即所谓"出味"；火功到家才能使相配伍的食物相互融合、渗透，使食物"入味"。

三是强调天然植物调味。

江南传统菜肴强调不用人造调味品，以葱、姜、蒜等天然植物来解腥、增味，特别善用高汤，擅长调油。"唱戏靠腔，烧菜靠汤。"毛汤一般用骨头、鸡、鸭、蹄髈吊煮，亦可加入火腿、干贝等物，还要用鸡茸、鱼茸、虾茸等吊成高汤，要吊数次直到汤清为止。烧什么样的菜，就一定要用什么样相应的高汤。如鸡汤，要用数只老母鸡熬汤或蒸卤，取其汤而舍其鸡，然后再选嫩鸡入汤烧煮。调油方面，强调烧什么菜一定要用同类原料调制的油。一年四季调油有猪油、鸡油、鸭油、蟹油、虾油、羊油、鱼油、葱油、香椿油、蕈油、蘑菇油、笋油、松蕈油等，油品不同，炒出来的菜味道自然不同。

传统苏州官府菜特别追求色、香、味、形、器俱佳。

色相强调浓淡适宜。如"清汤燕鸽""白汁甲鱼"，为遵循其原汤原汁的烹饪原则，不随便添加其他调料，使其汤清如水、肉白似玉、清丽悦目。在烹饪蔬菜时要求色泽鲜艳。油煎豆腐则要求四边微黄，中间雪白，有"金镶白玉"之喻。

菜香要求醇正。即鱼是鱼香，肉是肉香，各种蔬菜有各种蔬菜的清香。同时也利用各种方法来赋予食物以特殊香味，如"荷叶粉蒸肉"就利用荷叶清香蒸制。又如醉虾、醉蟹、醉鸡、醉肉等，以酒糟入菜，使菜带糟香。还有糟鸡、糟鸭、糟鱼、糟肉、糟茄子等，以酒及各种酱料入菜，使菜肴带有酱香等。

菜肴的美味则强调本味、去味和增味。"本味"即菜品原料本身带有的鲜美滋味，"去味"指灭腥去臊除膻。苏州厨师行话"师傅搭浆，全靠葱姜；呒拨葱姜，全本弄僵"。葱姜蒜不但能灭腥去臊除膻，而且还能靠其增香增味。"增味"即调味和入味，特别注意主辅原料本味间的配合。无味者使其有味，有味者使其更加美味，味淡者使其浓厚，味浓者使其淡薄，味美者使其突出等。菜品造型与盛菜器具方面讲究形、器入目。摆放以青花瓷器具为主，要求高雅洁净、古色古香。还注意器皿的保温保暖性，多用砂锅、品锅、暖锅等器具。①

清宫苏宴的形成和发展，正是苏州传统菜点优质化和品牌化的突出标志。苏州官府菜正是在这个历史过程中成为知名品牌并且更加时尚化了，江南饮食业技术经济近代转型也因此而获得深度反映。特别是集江南烹饪技艺之大成的苏州官府菜，无不以烹饪技艺精益求精和菜点营养

---

① 以上所引参见余同元、何伟编著：《历史典籍中的苏州菜》第二章第五节《苏州织造府菜的形成与发展》，第135—149页。

质量日益提高为前提条件。在苏州各级官府衙门上传下达、送往迎来、公事应酬等饮食招待中，逐渐形成了具有江南特色的苏州菜系和菜品。在历史上，苏州官衙林立。据宋范成大《吴郡志》所载，宋代苏州官宇就有近50座；宋《平江图》中亦有近40处（府2、衙门1、县衙2、司5、厅25、局1、务3），官宇鳞次栉比。以清代为例，苏州城内就先后设有江南（江苏）巡抚衙门、按察使道台衙门、织造府衙门、苏州府衙门、吴县衙门、长洲县衙门、元和县衙门等。这些衙门官府菜应地方官员需求而生，保留了江南传统士绅菜的烹饪精华。传统苏州官府菜点直接来源于官宦家菜及士绅家菜，明清苏州地区出现了很多著名的"士绅菜"，其进一步升华即成苏州官府菜。苏州官府菜在菜席规模上超过士绅家菜，同时又具有"芳饪标奇"和"庖膳穷水陆之珍"等特点。其中苏州织造府菜，特别具有包容开放性，主动吸纳其他地方菜肴的精华，在传统苏州菜的基础上，改进充实提高，然后选送宫廷。

作为饮食文化遗产，江南传统餐饮业中的质量经济、时尚经济及品牌经济在清代不断涌现，典型的代表首推"清宫苏宴"，它的形成标志着江南传统餐饮业技术经济的近代转型。特别是苏州传统烹饪技艺中吴门医派养生技术遗产弥足珍贵，充分显示了中医药食同源的饮食价值观、思维方式和技术传统。苏州传统餐饮业技术经济深受江南地理环境和历史文化影响，蕴含着苏州吴门医派的生命哲学、食养科学、饮食理论及烹制方法，其讲究食疗与药膳，充分体现了继承和发展的文化原则。《清稗类钞》说"苏人以讲求饮食闻于时，凡中流社会以上之人家，正餐、小食，无不力求精美。"[1]《兰舫笔记》亦云："天下饮食衣服之侈未有如苏州者。衣料出自苏城，其值少低于他省，犹不足异，至食

---

[1] 徐珂编撰：《清稗类钞》"饮食类"，第6240页。

物则莫贵于此矣。而士民会客，一席动值三四金，甚有至七八金者，官席无论也。"①由于苏州长期处于明清江南的中心和核心地位，直到民国时期，苏州饮食业一直保持着领先江南的状态，说明近代苏州餐饮业技术经济兴起，正是江南传统饮食业技术创新与质量提升的结果。②

---

① 常辉：《兰舫笔记》，《丛书集成续编》第90册，子部，上海：上海书店，1994年，第755页。

② 余同元：《何处是江南》，《苏州日报》2018年12月11日A12理论版。参见巫仁恕：《抗战时期苏州菜馆业的变迁与城市空间（1937—1945）》，"动乱中的城市：历史地理资讯系统与近代中国的城市生活"学术研讨会会议论文，法国里昂东亚研究所，2012年11月。

清末袭击江南航船的匪船与盗船

松浦章

（关西大学东西学研究所）

摘要： 在中国古代，有"南船北马"的俗语，江南作为水乡之地而广为人知。从明代王士性《广志绎》卷四"杭、嘉、湖平原水乡，是为泽国之民……泽国之民，舟楫为居，百货所聚"的记录来看，船舶装载江南地区的乘客与货物，借助河川航道，往来于临近的城市与乡村间，成为江南人日常生活中不可或缺的重要交通运输工具。不过，在清代记录中也可以看到众多航船遭受袭击的记录。本文即通过解析清末袭击航船的匪船与盗船记录，尝试探究与描绘江南地区内河航运的实情。

关键词： 清末　江南　航船　匪船　盗船

一、绪　　言

民国十一年（1922）刻印的浙江省湖州市南浔镇地志《南浔志》卷三十二《器用之属·舟》中，记录有"有载客及寄书带货往来近处各

强盗劫去文凭（《图画日报》第5号第11页）

城市乡村者曰航船"①，揭示了内河航船在清末承担载客、寄信、带货至相邻城市乡村的作用。不过，航船在航行过程中，也会遭到匪船、盗船等袭击，清末宣统元年（1909）环球社的《图画日报》第五号就曾刊载"强盗劫去文凭"的新闻，记录有强盗船三艘袭击内河航行船舶的事例。

六月二十七日傍晚，嘉兴开往西塘之夜航船，驶至嘉善辖境鳗鲡港河面，时已黄昏，突来匪船三艘，盗匪数十人，蜂拥过船，将

①《中国地方志集成·乡镇志专辑》22上，上海：上海书店，1992年，第363页。

银洋货物，及搭客行李等件，搜劫而去。闻嘉防随营学堂毕业生马某等三人，奉饬回西塘防次见习，是日适搭该航，衣箱内藏有文凭三张，亦被劫去，马某等与船户分别禀报府县严饬踩缉。①

这里记录的是六月二十七日傍晚，从嘉兴往西塘方向航行的夜间航船在嘉兴府嘉善县所辖鳗蜊附近，被突然出现的匪船袭击之事。

这种袭击案例不仅在清末，在清代前期也能频繁见到。②本文就是主要参考清末上海等地刊行的新闻报道，来考察袭击航船的匪船、盗船与江南内河水运的关系。

二、清代江南各域的航运与匪船

中国古代以"南船北马"来形容江南水乡的交通。明代王士性《广志绎》卷四《江南诸省》中也记录有"杭、嘉、湖平原水乡，是为泽国之民……泽国之民，舟楫为居，百货所聚"③，可见船舶是江南生活不可或缺的交通工具。然而，却也有以下在内河航运中阻碍江南人们便利生活的匪船、盗船。

1. 苏州府治下白茆浦的捕鱼与匪船

雍正九年（1731）五月七日，有渔户盛吉甫报被匪船袭击：五月一日夜，盛吉甫的渔船在白茆桥张家市秦家湾地方停泊，三更时分遭贼

---

① 环球社：《图画日报》，上海：上海古籍出版社，1999年，第1册，第59页。
② ［日］松浦章：《清代内河水运史の研究》，大阪：关西大学出版部，2009年，第92—94页。
③ 王士性著，吕景琳点校：《广志绎》，北京：中华书局，1981年，第68页。

袭击，船货被盗。^①苏州府治下昭文县的渔师在捕鱼船中休憩时，也被贼船袭击。二渔户被袭击的水路是从昭文县城连接至长江的白茆浦，此地渔业活动昌盛，因而频繁受到匪船袭击。

2. 嘉兴府、松江府间的航运与匪船

雍正十年八月，嘉兴县船户吴二观遭袭击。吴二观的船是每日航行于青浦县大西门外与嘉兴之间的渡船。八月初二日，从嘉兴航行至朱家角西栅外的野猫洞地方时，在黄昏遭到匪船一只袭击。匪船中搭乘有数人，直接强夺船客货物而去。^②

3. 松江府治下的航运与匪船

雍正十年八月，在金泽镇居住的沈巨山，于七月二十七日出发至奉贤城拜访亲戚后，于八月初三日归家，傍晚船只通过莲湖过程中，遭到一只突然出现的贼船袭击。^③

4. 浙江省、常州府阳湖县间的航运与匪船

乾隆九年（1744）四月二十八日，杭州府仁和县的张昆良上报其被盗贼袭击。张昆良是仁和县民，隶属于嘉兴、杭州等地的盐商行会。乾隆九年四月十四日，张昆良雇佣潘圣祥的航船，航行至溧阳县各盐

---

① 《明清档案》："据苏州府详据昭文县详称，据典史赵万选呈称，雍正九年五月初七日，据渔户盛吉甫抱季圣功禀，为报明被窃叩赐申缉事。内称身捕鱼为活，今年五月初一日夜，停船在白茆桥张家市秦家湾地方，三更时分，被贼上船窃去。"（台北："中央研究院"历史语言研究所，1986年，第49册，第27页）

② 《明清档案》："据松江府详据青浦县详称，雍正十年八月初七日，据典史董乾元呈称，八月初三日，值本县赴奉贤县勘灾公出，据嘉兴县船户吴二观禀，为行舟被劫，报明缉究事。内称切二在治大西门外，撑驾嘉兴日船度活，今八月初二日，由嘉开行，至朱家角西栅外野猫洞地方，时已黄昏，遇船一只，载有数人，口称查船，即肆行劫。后开客物件，理合报明，伏乞缉究。至在船被劫客人愈惟城等，见在开单禀报等情，并开失单一纸。"（第55册，第7页）

③ 《明清档案》："据松江府详据青浦县详称，雍正十年八月初七日，据典史董乾元呈称，八月初五日，值本县赴奉贤县勘灾公出，据沈巨山禀，为报明行舟被害盗事，内称切山住居金泽镇，于七月二十七日到城探戚，至八月初三日归家，傍晚时分船过莲湖，忽遇贼船一只。"（第55册，第12页）

铺，收揽盐课银三百八十三余两，置于船舱保管，二十六日在常州府治下几墅桥地方停泊。夜半时分遭匪船袭击。[①]《清史稿》中也保存有张昆良被袭击记录。据《清史稿》所记，乾隆九年，浙江省杭州府仁和县民张昆良在常州府治下遭到匪贼袭击。张昆良以贩盐为生，其在镇江府治下溧阳县各盐铺征收完课银后，返回至常州府治下过程中遭到袭击。此中提及的江宁府溧阳县是两浙的行盐区[②]，雍正八年（1730），溧阳县被转移到镇江府管辖[③]。

5. 苏州府、常州府间的航运与匪船

乾隆九年十月十二日，常熟县人王佛报案称，其拥有棚船一只，代华墅镇各商铺至苏州购买货物，在从苏州返回途中，于十月初七日在湖塘桥南湾附近停泊。王佛与外甥杨仁摇熟睡之时，遭遇搭乘数人的贼船袭击。[④]

6. 通州直隶州、常州府江阴县间的航运与匪船

乾隆十年十二月初五日，方振侯在江阴的张世德处领取银两后，至通州的吴瑞玉与张扶先店中购入棉花。十一月二十四日，方振侯在丝鱼港雇用张严顺的船装载棉花，于二十五日出发，船航行至张王港的埠头

---

① 《明清档案》："据常州府详据阳湖县详称，乾隆九年四月二十八日，据杭州府仁和县民张昆良禀报，为匪猖叩肠缉事，内称身籍仁和，在嘉、杭等处盐行帮伙，本月十四日雇潘圣祥船，往溧阳各盐铺兑收盐课银三百八十三两一钱□□□厘，包贮船舱，二十六日行至台治几墅桥地方停泊，夜半时分，被贼抽帮上船。"（1988年，第133册，第80页）

② 《两浙盐法志》，《中国史学丛书初编》，台北：学生书局，1996年，第106、126页。

③ 《清史稿》卷五十八《地理五·江苏·江宁府》："雍正八年，改溧阳属镇江。"（北京：中华书局，1977年，第1984页）《镇江府》："雍正八年，以江宁府之溧阳来属。"（第1999页）

④ 《明清档案》："据常州府详据江阴县详称，乾隆九年十月十二日，据王佛报，为报明被劫事，内称身系常熟县人民，置有棚船一只，向代华墅镇各店铺，往苏代置货物，回则照帐交卸，本月初七日船回时，值更深，将船停泊湖塘桥南湾，身同甥杨摇船辛苦睡熟，不料有贼伙数人上船，船身等惊觉。"（第136册，第112页）

时已经是深夜，这时突然有一只匪船出现，匪船中的四五人闯入张严顺船中，抢走船中标记有世德记号的棉花九大包、二小包，并将竹箱内衣、银，以及洪永昌行购买的范春和号饼票一并抢走。①通州与江阴县位于长江的两端，因此方振侯通过船舶，将江阴县张世德委托购买的棉花从通州运回。

7. 嘉兴府秀水县治下的航运与匪船

乾隆十六年九月初二日，据监生张士璜报告，张士璜原是在秀水县居住，经营钱庄、米铺。委托同店的店员王上美，搭乘船舶至省城购入商品，途中在迎春桥南遭遇匪船袭击，本金四百九十五两，以及衣物等都被掠去。②

8. 江宁府句容县、上海间的航运与匪船

嘉庆十九年（1804）六月初十日，客民慎香树报告，其雇用王凤高船只至上海购买糖货途中，于六月初九日夜，在下蜀街新开河地方遭到匪船袭击。③显然，从南京至上海交易的贸易常常使用船舶。

为应对这些出没在内陆河川的匪船、盗船，清朝利用战船进行剿捕。《高宗实录》卷一千三百六十一，乾隆五十五年（1790）八月丙寅

---

① 《明清档案》："乾隆十一年三月十九日，据通州详称，三月十二日，据如皋县详称，乾隆十年十二月初五日，据方振侯报，为报明被盗事。词称窃身在于江阴领张世德银本，同仰荆山在通州吴瑞玉、张扶先行内置花。十一月二十四日，在丝鱼港，雇张严顺之船装载。二十五日开行，船至张王港开头，时已更深，忽遇壹船行来约有肆伍人，跳上身船。将身同舵工严长卿、水手沈隆升等，赶入舱中，搬去花玖大包半、又贰小包。上有世德为记，并将竹箱内衣银，及洪永昌行买范春和号饼票一纸拿去。"（第142册，第67页）

② 《明清档案》："据秀水县知县鲁克恭详开，乾隆十六年九月初二日，据监生张士璜禀称，窃璜居住仆业，业开钱庄、米铺，于昨晚令店伙王上美驾船，来城买货，路至迎春桥南，被盗……劫去血本银肆百九拾五两，并衣被物件。"（第149册，第13页）

③ 中国第一历史档案馆所藏《刑部档案》七○六○案卷："据江宁府详据上元句容二县会详称，嘉庆二十年二月初十日，蒙齐札开，据句容县禀，事主慎香树……嘉十九年六月初十日，据客民慎香树禀称，伊同仇志朋雇坐王凤高船只，往上海买糖货，于六月初九日夜行抵下蜀街新开河停泊，被盗。"

（十八日）记录中就有如下记载：

> 谕，据福康安奏，前因粤省营员，有战船……其利用原不止于捕盗一端。请将各项战船，均仍其旧，无庸改造，以免更张。其内河桨橹各船，亦查与水道合宜，俱可无庸更改等语。所奏甚是。沿海各省设立战船，原以捍御海疆、巡哨洋面，关系綦重。①

据此，匪船、贼船不仅出没在内河，也出没在沿海。清代沿海各省设立的战船不仅被用来防御海疆，也被用于内河与沿海的捕盗。

《仁宗实录》卷二百十七，嘉庆十四年八月壬辰（四日）条中，也记录有：

> 谕军机大臣等，百龄等奏，盗船连帮窜入中路海口，派拨兵船堵剿，业经追出外洋一折。从前贼船在外洋游奕，皆恃有打单接济之资，足以度日谋生，是以罕入内河。自百龄到彼，诸事整饬，严断接济。该匪等口食无借，其铤而走险，分拨小船，向内河各村庄希图劫掠，势所必至。②

据此，贼船不仅威胁内河航运，也会威胁内河边各村庄生活。

《仁宗实录》卷二百二十三，嘉庆十四年十二月癸丑（二十八日）条中则记录有：

> 谕内阁，百龄等奏，洋匪郭婆带率同伙五千余人……并击毙贼

---

① 《清实录》，北京：中华书局，1986年，第26册，第242页。
② 《清实录》，第30册，第910页。

首郑一嫂之侄，生擒盗伙七名，烧毁盗船八只，击坏盗船十四只。官弁兵丁，人人效命，大挫贼锋，事机顺利。此外者，亦经督饬地方官擒拿，分别审办，本日折内即有一百二十余名，可见其办理认真，无少疏懈，实为出力可嘉。百龄着加恩赏戴花翎，以示奖励。①

记录了清朝讨伐海贼郭婆带②等之事。而"内河积年凶盗，向来为害商民"也进一步表明了匪船、盗船对内河航运、人民生活的阻碍。

三、清末袭击江南航船的匪船

从上文可以看到，清代江南地域的人们主要是用水运来进行货物买卖、运输等活动，而在航运活动时，时常会遭遇匪船、盗船袭击，清末新闻对此也有不少相关记载。

《同文沪报》第6836号光绪二十七年六月二十日（1901年8月4日）"本埠新闻"的"南市"栏中，有题为"麦船倾覆"的报道：

> 前日有无锡人方谋，由原籍装载小麦来沪，驶至浦江老白渡地方，忽遇狂风支撑不住。③

据此，无锡人方谋用船只运载小麦至上海途中，遭强风而船只颠覆。方谋此段航程中，从无锡到苏州应该利用的是大运河，从苏州到上海应

---

① 《清实录》，第30册，第1010—1011页。
② ［日］松浦章：《清代の海贼郭婆带》，《東アジア海域の海贼と琉球》，冲绳：榕树书林，2008年，第239—249（1—337）页。
③ 《同文沪报》，全国图书馆文献缩微复制中心，2 N—0427。

该利用的是吴淞江即苏州河。无锡、上海间的航运距离为约150公里。

《时报》第13号光绪三十年五月十一日（1904年6月24日）"商务"栏中也有如下报道：

> 溧阳糙元米船一艘三百石，此系同泰碓坊自办。无锡籼米船二艘约装五百石，一到南市，一到新闸。无锡元米船二艘约装四百石，无锡小麦船一艘约装三百石，田井小麦船二艘约装五百石，常帮元米船一艘装二百石，常帮白粳米船一艘约装二百五十石。

《时报》第15号光绪三十年五月十三日（1904年6月26日）"商务"栏中也有相关报道：

> 常帮白米船一艘约装二百石，同里米船一艘约装二百石，无锡元米与大子籼米船各一艘共装四百三十石，又田井、无锡、苏州等三处小麦船各一艘，共装六百五十石。[1]

以上记录的是利用水路航运，从无锡、常州、溧阳等地运输米谷至上海的航运船舶。

在这些航运活动中，也存在阻害运输的匪船、盗船。上海《中外日报》第111号光绪二十四年十月二十二日（1898年12月5日）"本埠新闻"的"南市"栏中，即有如下记载：

> 善后局案○朱森庭明府昨日提讯攫洋一案，南汇航船主王老三

---

[1]《时报》，全国图书馆文献缩微复制中心。

供，前夜行至万裕码头，突被吴等数人将洋百元抢去，急即喊救，幸由廿号捕勇追获。……明府得供判吴责一百板，枷三日，洋一百元，着王具领，捕勇洋一元。①

记录的是南汇航船被匪船袭击，抢走银圆之事。

《中外日报》第112号光绪二十四年十月二十三日（1898年12月6日）"外埠新闻"的"松江"栏中记录有：

禁止航船夜行〇松郡游勇甚多，抢劫之案，屡有所闻。前日娄县屈大令，传谕各航船及信局划船，均不准黑夜往来，即信局夜班，亦须谨慎，该航船信局等，各遵谕而退。②

因内河航运中匪船、盗船甚多，松江地区决议禁止普通航船夜行。

《中外日报》第129号光绪二十四年十一月十一日（1898年12月23日）"外埠新闻"的"松江"报道中，出现了如下行船被盗的报道：

行船被盗〇青浦叶全泰布号，向在湖州运销，前日该号伙由湖州收赈已毕，雇舟回青浦，行至本邑查石桥地方，突遇盗船两艘，飞驶而至，被劫去英洋二千六百元，衣箱什物亦被攫去。③

松江府下青浦县的叶全泰布号，从湖州雇船往青浦归航途中，在青浦县石桥地方突遇盗船两艘袭击，被抢走英洋二千六百元，以及衣箱什

①《中外日报》第111号，全国图书馆文献缩微复制中心，第8页。
②《中外日报》第112号，第12页。
③《中外日报》第129号，第12页。

物等。

《中外日报》第178号光绪二十五年正月初八日（1899年2月17日）"外埠新闻"的"松江"栏记录有从松江往松江府下泗泾航行的祝春卿父子搭乘的船，在大达滨地方被突然出现的匪船两艘袭击之事：

行船遇盗〇上年十二月廿一日，祝春卿父子雇□扁舟自松驶往泗泾，行至大达滨地方，突有匪船两艘，追赶而上，将该船户推落水中，祝君父子均被捆缚，置于岸上，即为匪掳去，直至二鼓时，始有人闻知，解缚归松，当即缮词恨，县届大令派差查缉严限破案。①

《中外日报》第216号光绪二十五年二月十六日（1899年3月27日）"外埠新闻"的"松江"栏中，报道了松江的航船被盗船袭击、劫掠之事：

航船遇盗〇本月初六日，松江七宝航船，驶至申生桥北首，遇有盗船一艘，追赶而上，将货舱内银洋百余元并衣服等物，一齐抢去，因船上只有水手三人，不敢喊救，故群盗七八人，得以从容逸去。②

《中外日报》第265号光绪二十五年四月初六日（1899年5月15日）"外埠新闻"的"杭州"栏中记录了赴祭祀的航船被袭击之事：

香客被盗〇苏松常太嘉等处之来杭进香者，以妇女为多。迩以

---

① 《中外日报》第178号，第2页。
② 《中外日报》第216号，第2页。

拱宸桥开埠，通商廛林立类皆过此停桡，一扩限界。前晚有嘉兴香船一艘，被盗匪曳至旷处，肆行劫掠船中妇女十四人之衣饰，均其搜括罄尽。四人地生疏，故未报缉捕。①

从苏州、松江、常州、太仓、嘉兴等地至杭州寺庙参拜的善男信女等搭乘的航船被盗船袭击，因航船中妇女居多，很多女性衣饰等被抢走。

《中外日报》第289号光绪二十五年五月初一日（1899年6月8日）"外埠新闻"的"宁波"栏中，记录有宁波地方的匪船劫掠事：

> 信船被劫○甬江正大、福润、正大等局信船，于本月二十六日之夜，由甬开往余姚至大西坝地方，时值五更，突来匪党数十人，将船中货物劫掠一空而去，至途中又有永和局，自姚来宁，所有上河之货，匪党亦从而掳之。翌日该局等方赴县喊控，忽有西乡民人来县，将信船货物缴呈，据称是日清晨见一船满载，而遇黉而阻之。瞥见各带洋枪，知系匪类，急即鸣锣拘拿，匪等已弃船而逸。②

从甬江开往余姚的甬江正大、福润、正大等局的信船在宁波大西坝地方被突然袭来的匪船抢走船中货物。从余姚往宁波航行的永和局的信船也遭遇匪船袭击。

《中外日报》第312号光绪二十五年五月二十四日（1899年7月1日）"外埠新闻"的"宁波"栏中，记录有以下甬江福润、正和二信局

---

① 《中外日报》第265号，第6页。
② 《中外日报》第289号，第5页。

信船在光绪二十五年五月十四日装载洋银货物，从宁波驶往杭州、绍兴途中，在余姚县境内遭遇突然出现的匪船劫掠，被劫去"洋银三百余元"：

> 信船失事〇甬江福润、正和二信局信船，于本月十四日装载洋银货物，由甬开驶杭、绍至余姚县境，突遇匪人数辈，劫去洋银三百余元。后由杭装载绸缎官纱并银信等件，开驶来甬，路至青林渡附近，江面适值风雨交加，异常猛烈，舟子把舵不在，立时沉没，并溺毙二人。闻被沉之货约值银数千两，即由该局招雇江北舟子多人，前往捞取，然已十失五六矣。[1]

《中外日报》第352号光绪二十五年七月初五日（1899年8月10日）"外埠新闻"的"宁波"栏中，也记录有以下宁波信船在上新桥地方被劫去银洋五六千元，且船员二人受伤事：

> 信船被劫〇甬江全盛等信局信船，闻本月初一日，在上新桥地方被盗劫去银洋五六千元，并刀伤船伙二人，事后当即投县报案，鄞邑毕大令，旋于昨日亲往履勘，即饬差踩缉。[2]

《中外日报》第396号光绪二十五年八月十九日（1899年9月23日）"外埠新闻"的"宁波"栏中也记录有以下宁波全盛永和信局的信船，于光绪二十五年八月初八，在从余姚往宁波途中的罗江何亩地方遭遇盗船一艘袭击，被劫五六百金事：

---

[1]《中外日报》第312号，第4页。
[2]《中外日报》第352号，第4页。

信船被劫〇甬江全盛永和信局信船，于本月初八日，由余姚开驶来甬，行至罗江何亩地方，突来盗船一艘，匪党十数人，行劫计失赃约值五六百金，当即开明失单，径投慈溪县报案，请缉至今，尚无缉获消息云。①

《中外日报》第472号光绪二十五十一月六日（1899年12月8日）的"松江"栏中，也有如下记录：

航船遇盗〇本月初一日，有青浦赴松航船，行至松城北门外二里许，时将傍晚，突有盗匪八九人，拦路上船，抢劫银洋六十一元。又初二日夜，有松沪外河二号航船，自沪至松。行至周家嘴地方，有盗船四艘，围住该船，群上船抢劫，计银洋二千六百元，尚有货物三百余金。②

光绪二十五年十一月初一日（1899年12月3日），从青浦往松江航行的航船，在松江北门外二里处，遭遇匪船袭击，被劫银洋六十一元。同月初二日夜，从上海往松江的航船，在周家嘴地方也遭遇四只匪船，被劫银洋二千六百元，且有货物损失三百余金。

四、小　结

明代的工科给事中张宪臣在嘉靖四十二年（1563）十月辛酉的上

---

① 《中外日报》第396号，第3—4页。
② 《中外日报》第472号，第4页。

奏中提及"苏、松、常、嘉、湖五郡，古称泽国"①。江南，特别是苏州、松江、常州、嘉兴、湖州自古以来就是被河海包围之地，人们的日常生活中，舟船是不可或缺之物。江南地区的人们自古以来就有用航船来运送物资、客商的传统。然而，航船在内河航运中并不总是一帆风顺的，正如本文所述，经常会遭遇到突然出现的匪船、盗船袭击。与海洋中的"海盗"②类似，在江南的内河航行时，携带有金银的航船、装载货物的航船或信船等，经常容易遭受袭击。③江南的人们在日常生活中如何使用船舶的详细记录非常少④，不过，从上述事例中可以看到，松江府青浦县的布号在松江与湖州之间用船运输成品布；苏州、松江、常州、太仓、嘉兴等地的善男信女用船往杭州寺庙参拜；宁波信局也是用船往来于余姚、绍兴、杭州等地通信或运输货物等。松江附近的船舶利用十分频繁，也因此，本文所记的匪船、盗船在以松江为代表的江南地区的袭击记录相对较多，而由这些记录也可窥知清代内河航运状况之一斑。

---

① 《世宗实录》卷五百二十六，嘉靖四十二年十月辛酉条，李国祥、杨昶主编：《明实录类纂·浙江上海卷》，武汉：武汉出版社，1995年，第1131页。
② ［日］松浦章著，谢跃译：《中国的海贼》，北京：商务印书馆，2011年，第1—199页。
③ ［日］松浦章：《清代内河水运的河盗、湖盗、江盗》，松浦章著，董科译：《清代内河水运史研究》，南京：江苏人民出版社，2010年，第309—328（1—438）页。
④ ［日］松浦章：《清代江南、江北内河的行舟航运》，松浦章著，董科译：《清代内河水运史研究》，第104—136页。

近代沪甬航运往来述论

戴鞍钢

（复旦大学历史系）

摘要：近代上海开埠后，很快成为中国内外贸易中心和航运中心。其间，与同处东海之滨的宁波地区的轮船往来频繁密切，明显促进了彼此的经济联系和社会发展，也助推了宁波商帮在近代上海的崛起。

关键词：上海　宁波　海运　经济　社会

1843年上海开埠后，很快发展成为中国内外贸易第一枢纽大港。其中，与同处东海之滨的宁波地区的航运往来密切，促进了彼此的经济联系和社会发展，也助推了宁波商帮在近代上海的崛起。[①]

[①] 以往有关近代沪甬两地包括航运在内的综合性研究成果颇为丰硕，其中有代表性的成果，如熊月之主编：《上海通史》（上海：上海人民出版社，1999年）和"上海城市社会生活史丛书"（上海：上海辞书出版社）、金普森等主编：《浙江通史》（杭州：浙江人民出版社，2005年）、傅璇琮主编：《宁波通史》（宁波：宁波出版社，2009年）、列入"浙江文化研究工程成果文库"的"民国浙江史研究丛书"（北京：中国社会科学出版社，其中有丁贤勇：《新式交通与社会变迁——以民国浙江为中心》）。其论述多侧重各自行政区划内的史事，对近代沪甬航运往来的专题研究尚可加强。以往有关虞洽卿的研究成果，其中有代表性的是金普森主编：《虞洽卿研究》（宁波：宁波出版社，1997年）、冯筱才：《政商中国：虞洽卿与他的时代》（北京：社会科学文献出版社，2013年）等。本文拟在前人研究的基础上，着重论述近代沪甬两地间的航运往来，兼及虞洽卿对拓展沪甬航运往来的建树，时段侧重清末民初至1937年。

一

开埠前的上海，与包括宁波在内的中国沿海各地的商业活动已很活跃。1843年上海开埠后，着眼于其作为外贸口岸的诸有利条件，外国商人纷至沓来，上海很快成为中外经济交往的第一大港。铁路、公路出现以前，船舶是上海与外界交往的主要交通工具，1865年海关贸易报告称"只要上海作为对外贸易中心的情况不变，那么对外贸易活动就必须完全依赖船舶来进行"[①]。自轮船逐渐取代木帆船成为主要的运输工具，进出上海港的船舶总吨位直线上升。以1899年与1844年比，增长幅度高达千余倍。1913年已跃升至19 580 151吨，较1899年又翻一番多，与1844年比已是2 000余倍。[②]1928年上海港进出船舶净吨位已位居世界第14位，1931年又跃居第7位，港口货物吞吐量达1 400万吨。1925年至1933年，经上海港完成外贸进出口货值平均占全国港口的55%，国内贸易货值平均占全国港口的38%。至1936年，全国500总吨以上的本国资本轮船企业共99家、船404艘，其中总部设在上海的有58家、船252艘；以上海为始发港或中继港的航线总计在100条以上。[③]上海的枢纽港地位，稳居全国之首。

1895年内河轮运禁令解除，以上海为中心，航行长江口江面及江浙沿海的华商轮船公司也得以一试身手。较早者有1901年行驶南通、海门的广通公司；较具规模的有1904年张謇等人创办的上海大达轮步

---

① 聂宝璋编：《中国近代航运史资料》第1辑，上海：上海人民出版社，1983年，第1269页。
② 罗志如：《统计表中之上海》，台北："中央"研究院，1932年，第52页。
③ 倪红：《上海市档案馆馆藏近代上海港建设档案概况》，《上海档案史料研究》第1辑，上海：上海三联书店，2006年，第273页。

公司，上海与通、海地区的航运业务大部归其经营。专走上海与浙东沿海航线者，早期有1903年锦章号"锦和"轮往来上海和舟山、镇海，1909年又添置"可贵"轮，航线延至象山、石浦、海门。[①]正是在上述背景下，上海港登记注册的内河轮船，从1901年的142艘攀升至1911年的359艘。

上海港内河小轮船注册统计

（1901—1911）

单位：艘

年　份	注册数	指　数	年　份	注册数	指　数
1901	142	100	1907	334	235
1902	144	101	1908	360	254
1903	180	127	1909	360	254
1904	216	152	1910	381	268
1905	275	194	1911	359	253
1906	314	221			

资料来源：　据历年海关报告，《上海民族机器工业》上册，中华书局，1966年，第130页。

无论其绝对数或增长量，都居全国首位。上海不仅是江南乃至中国第一港城，也是最大的内河轮运中心，凭借四通八达的航运网络，江南各地城镇以上海为中心的经济联系更加紧密。1936年的地方文献载，浙江"全省内河轮船航驶已通之线，长约2 174公里；全省内河航船已通之线，长约2 056公里；全省沿海轮船已通之线，长约1 226公里，共计5 456公里。全省已登记之轮汽船为316艘，帆船为65 000余艘，无帆小船约20 000余艘。全省内河轮船公司共173家，全省外海轮船公

[①] 《申报》1901年4月19日；《中外日报》1904年5月2日；《交通史航政编》第2册，交通铁道部交通史编纂委员会，1931年，第538页。

司共60家"①。

二

上海与浙东沿海航线，主要是在沪甬间展开的。宁波是宁绍平原和浙西南丘陵地带主要的出海口，但从港口布局言，它与上海相距不远，又受地理环境限制，自身经济腹地狭小，"所借以销卖洋货者，唯浙东之宁、绍、台、金等府。其内地贩来货物，仅有福建、安徽及浙省之绍属茶斤，并宁、绍、金、衢、严等府土产油蜡、药材、麻、棉、纸、席、杂货等物"②，发展余地有限。

开埠不久，其进出口贸易就被吸引到了上海港，"盖宁波密迩上海，上海既日有发展，所有往来腹地之货物，自以出入沪埠较为便利。迨至咸丰初叶，洋商始从事转口货物运输，所用船只，初为小号快帆船及划船，继为美国式江轮，但此项洋船，仅系运输沪甬两埠之货物，与直接对外贸易有别"③。其背景如英国驻甬领事所说："交通方便而且运费便宜，促使许多中国人都直接到上海购买他们所需的洋货，因为那里选择余地大而且价格更为便宜。"④

① 姜卿云编：《浙江新志》上卷第九章《浙江省之建设·航政》，杭州正中书局，1936年铅印本，第29页。
② 中国第一历史档案馆：《鸦片战争档案史料》第7册，天津：天津古籍出版社，1992年，第441页。
③ 姚贤镐编：《中国近代对外贸易史资料（1840—1895）》，北京：中华书局，1962年，第618页。
④ 《副领事戴比德1911年度宁波贸易报告》，陈梅龙、景消波译编：《近代浙江对外贸易及社会变迁——宁波、温州、杭州海关贸易报告译编》，宁波：宁波出版社，2003年，第344页。

宁波与外界的航运往来，如英国驻甬领事《1911年度贸易报告》所称："本口岸的航运分两个方面，一是在宁波与上海之间，另外就是在宁波与邻近城镇之间。"①有学者指出：

> 虽然，宁波作为一个远洋贸易中心的重要性下降了，但它又作为一个区域中心而繁荣起来。据说宁波传统的帆船贸易在咸丰和同治年间（1851—1874）是它的全盛期。而且由于宁波慢慢变为经济上依附于上海的一个新的区域性职能的经济中心，它享有一个能支持生气勃勃的区域开发的大量贸易。在十九世纪下半叶，诸如编帽、刺绣、织棉制品、织鱼网、裁缝等这些农村手工业扩大了。与上海定期班轮的开航和当地运输效率的适当改善，提高了宁波腹地内进口商品的比例和促进了农业的商品化，整个宁波的腹地中新设了好几十个定期集镇。②

宁波英国领事《1905年度贸易报告》指出："上海充当了宁波所有其他货物的分配中心。这是由于某些商品……如丝织品，当地商人更愿意到上海这一较大的市场上去收购，因为在那里他们有更大的选择余地。"它强调，宁波"85%的贸易是在沿海进行的，由两艘轮船每日在宁波与上海之间往返运输"。③宁波港的辅助设施也得到改进，《海关十年报告（宁波，1882—1891年）》载："宁波地区在这一时期设立了三座灯塔，白节山灯塔和小龟山灯塔设立于1883年，洛迦山灯塔于1890年

---

① 《副领事戴比德1911年度宁波贸易报告》，陈梅龙、景消波译编：《近代浙江对外贸易及社会变迁——宁波、温州、杭州海关贸易报告译编》，第345页。
② ［美］施坚雅主编，叶光庭等译：《中华帝国晚期的城市》，北京：中华书局，2000年，第482页。
③ 陈梅龙、景消波：《宁波英国领事贸易报告选译》，《档案春秋》2001年第4期。

设立，它们都是在上海海关主持下建造的。"①

随着中外贸易的增长和沪浙间经济联系的增强，如前所述，1903年已有上海锦章商号的"锦和"轮往来上海和舟山、镇海，1909年又添置"可贵"轮，航线延至象山、石浦、海门。沪甬间的航运往来尤为频繁，1909年已有5艘轮船行驶于沪甬航线，除原先的两艘轮船即英国太古公司的"北京"轮和中国轮船招商局的"江天"轮之外，又增法国东方公司的"立大"轮和中国宁绍商轮公司的2艘轮船。"主要是大量的客运使这些轮船能够获利"，因而"新旧船主之间展开了一场相当激烈的竞争"。②

其中新加入的宁绍商轮公司引人注目，它是由甬籍实业家虞洽卿集资创办的。着眼于沪甬间活跃的经济联系，虞洽卿于1908年5月发起筹办宁绍商轮股份有限公司，额定资本总额为100万元，每股银圆5元，计20万股，总行设上海，在宁波设有分行，又在上海、宁波等国内15个主要商埠及日本横滨设立代收股款处。至同年10月，第一期股本已实收23.928 4万元，按商律召开第一次股东会议，正式选举虞洽卿为总理，方樵苓、严子均为协理，具体经办此事，又选举叶又新等11人为董事，成立董事局。③

1909年5月，公司经邮传部、农工商部批准立案，公司股款也已募集到70多万元。同年6月，从福建船政局订购的宁绍轮已到沪，公司又购入一艘通州轮，改名"甬兴"。沪、甬两地码头也动工兴建。是年7月，两船即行驶于沪甬间。④1909年7月13日《申报》曾以"宁绍

---

① 陈梅龙、景消波译编：《近代浙江对外贸易及社会变迁——宁波、温州、杭州海关贸易报告译编》，第36页。
② 陈梅龙、景消波：《宁波英国领事贸易报告选译》。
③ 冯筱才：《虞洽卿与中国近代轮运业》，金普森主编：《虞洽卿研究》。
④ 冯筱才：《虞洽卿与中国近代轮运业》，金普森主编：《虞洽卿研究》。

轮船抵甬详志"为题，称誉"诚盛举也"，并有生动报道："宁绍商轮二十三日（引者按：指宣统元年五月二十三日，即公元1909年7月10日）由申开往宁波，念四（引者按：即次日）晨抵镇海口，即由炮台及水师兵轮营船放炮欢迎。进口后凡所过镇海大道头梅墟等处，均由各商界及学堂沿江升旗燃炮庆贺，距甬江北岸二里之遥岸上一带参观者数万人。"①

宁绍商轮公司投入运营后，受到沪甬航线原有几家轮船公司的排挤，其中英国太古公司尤甚。值此关键时刻，宁波各界及时声援和鼎力扶持，公司也从各方面积极应对和改进。1910年8月12日《申报》曾以"宁绍航业维持会开闭详纪"为题，有清晰记述：

本月初三日（引者按：指宣统二年七月初三日，即公元1910年8月7日）午后，宁绍航业维持会在宁波天后宫开周年纪念大会，绅学军商工各界到者五千余人，公推张让三君为临事议长。即由张君宣布开会宗旨，谓宁绍公司开办至今，经营极为发达，而两轮之坚固，船上招待之勤慎，实为他公司所未有，洵我宁绍人之福也。兹届一年，遏胜欣幸。

继由沪会长吴锦堂君代表人孙梅堂君报告本会办理情形，谓宁绍公司成立以来，虽有他公司跌价倾轧，而我宁绍人众志成城，总以货装宁绍、人乘宁绍为宗旨，而敝会复于申、甬两处出售船票，以为补助，然犹恐两船接待之不周，布置之未善也。复由敝会干事员各尽义务，轮班随船稽查，凡轮行之迟速、水脚之多寡、茶房之勤惰，由随船员填写报告册，随时改良，渐臻完备。此外有同乡实

---

① 宁波市档案馆编：《〈申报〉宁波史料集（四）》，宁波：宁波出版社，2013年，第1856页。

在无资可归者，亦酌给船票。鄙人忝为代表，才识浅暗，赖众君子之力，克成斯会，非为宁绍公司计，实为我宁绍两府同胞计此也。语毕，众皆拍手。

次由林大秋君宣示公司之利益及宁绍人热心之状况。次由屠康侯君报告添造新船情形。次由王东园君劝导购股，谓此后新船不必另取名字，编列号数如宁绍第一、宁绍第二，将来公司发达，安知不有千百号宁绍船驶行于五大洲耶！一时踊跃争先，除现缴一千二百余股外，其认股者亦有三千九百余股。

次由会员建议谓甬分会既有正会长刘楚芗君、副会长赵芝室君，今复公推秦菁笙君为副会长，公皆赞成。

次由范仰乔君宣读禀部电稿。又汪汀生君等相继演说，听者动容。

次摇铃散会时，已鸣钟五下矣。[1]

太古公司并不罢手，1911年9月其在《申报》刊登广告，宣布"上海往宁波各货水脚大减价"，并联合其他公司，将统舱客票由1元降至0.25元，企图以此挤垮开业不久的宁绍公司。面对压力，虞洽卿呼吁宁绍同乡继续大力支持公司营业，由旅沪宁波商人组织的航业维持会共募集10余万元资助宁绍公司，货运亦得到宁绍客帮的有力支持，"相约报装宁绍轮始终不渝"，公司借此渡过难关，站稳了脚跟。[2]

1913年，虞洽卿为便利其家乡物产的输出，并与沪甬线衔接，又添置了1艘"镇北"小轮，行驶于龙山、镇海、宁波间。次年6月，他

---

① 宁波市档案馆编：《〈申报〉宁波史料集（四）》，第1899—1900页。
② 冯筱才：《虞洽卿与中国近代轮运业》，金普森主编：《虞洽卿研究》。

独资创办了"三北轮埠股份有限公司",总公司仍设在上海,于龙山、镇海和宁波设有分公司,额定股份20万元,每股100元,计2 000股。公司章程规定其宗旨为"建筑商埠,开辟航路,利便商人"。该公司实由虞洽卿一人独资创办,其95.5%的股份归他拥有。公司开业后,起初以2艘小轮行驶于宁波、镇海、沥江、龙山航线。1916年又添"姚北"轮,仍投入上述航线,并与宁绍公司的沪甬线相接。至1919年,虞洽卿经营的轮运企业(包括三北轮埠公司、鸿安商轮公司、宁兴轮船公司)共计已拥有船只12艘,总吨位达1.409 7万吨。在沪汉、沪甬线上有定期班轮行驶,其于长江及沿海一些商埠均拥有码头、趸船、栈房等设施。①据1921年的调查,宁波与上海间的定期航线,"有太古洋行每周3班,招商局的上海宁波温州线每周1班,宁绍轮船公司每天1班。不定期的航线有怡和洋行的从香港到宁波、上海、大连、牛庄的航线"②。

三

宁绍轮船公司等所拓展的沪甬航运往来,密切了两地的经济联系,也有助于活跃两地的经济和民生。1921年的浙江经济调查认为,宁波是"上海的一个附属港,仅仅是浙江省东南部区域的一个商港"③。沪甬间交通条件的改善,更密切了彼此的联系,如虞洽卿所描述:"当时

① 冯筱才:《虞洽卿与中国近代轮运业》,金普森主编:《虞洽卿研究》。
② 丁贤勇、陈浩编译:《1921年浙江社会经济调查》,北京:北京图书馆出版社,2008年,第355页。
③ 丁贤勇、陈浩编译:《1921年浙江社会经济调查》,第354页。

运输到沪，须二十余日，现在一日可到。"①这就大大便利了沪甬间各领域的经济往来。

1918年的经济调查载，浙江全省棉花总产量为972 055担，栽培亩数为1 026 188亩，平均亩产量为95斤。主产区在杭嘉湖和宁绍地区，其中杭县约5万担，平湖县约6万担，绍兴县约13万担，萧山县约35万担，余姚县约15万担，上虞县约8万担，慈溪县约5万担。②1929年的记载："浙江素以棉产著称，曹娥江、钱塘江南岸及沿海一带，大多产棉。主要区域，除余姚、绍兴与慈溪、萧山外，有棉田颇广，如象山之大泥塘，宁海之青珠、大湖、下渡、毛屿、花屿，南田之龙泉塘等处……共有棉田五万余亩，每年出产棉花，为数不少。"③

浙江所产棉花主要销往上海，因其"纤维较硬、短，且弹力较弱，在纺造二十支以下的细纱时，往往与印度产或美国产的棉花混用。棉花的含水量从百分之十二三到百分之十六不等。辖区内棉花从阴历五月初开始播种，经过间播和摘叶等过程后，可生长到1尺5寸至2尺5寸左右，九月份开始结果开花。由于栽种比较简单，在设置棉田时，经常与蚕豆、菜种子等四五月份收获的作物间作。采摘下来的棉花六七成卖给棉花批发商，剩余的三四成由农家妇女通过旧式小型机器进行处理，或者经过打棉工（在栽培棉花地方的村落里，一般每村有这样的2到3个人）处理后，再由农家的妇女制成自家织布用的棉线。运送到上海的棉花，一般通过批发商进行的，将120斤或150斤棉花捆成一包，大多

---

① 虞洽卿：《虞洽卿自述》，政协上海市委员会文史资料委员会等编：《宁波旅沪同乡会纪》，《上海文史资料选辑》2010年第1期，上海：上海人民出版社，2010年，第163页。

② 丁贤勇、陈浩编译：《1921年浙江社会经济调查》，第141页。

③ 郭华巍主编：《潮落潮起——近代三门湾开发史事编年（1899—1949）》，上海：上海人民出版社，2010年，第141页。

数在宁波装船运往上海"①。1932年《国产棉之概况》载，浙江棉花产区，"如萧山、绍兴、上虞、余姚、慈溪、宁波、镇海等县，皆其主产地"，其中余姚尤盛，"全县产额，占全省总额七分之二。棉市以周巷为中心，大都转运宁波，而向上海输出"。②

开埠后工商业相对发达的上海，谋生机会更多，即使同为通商口岸的宁波也难以企及，于是有很多人纷纷离家奔赴上海，其中不乏日后成功者。虞洽卿就是出类拔萃者。此外，还有曾投资宁绍轮船公司的，20世纪二三十年代扬名沪甬工商界原籍鄞县的乐振葆。他16岁来沪当木工，勤于钻研，技艺日精，所制西式家具颇受欢迎。工余，还先后去中西书院和英华书院学习英语。后将其父遗业泰昌杂货号改建为国内第一家自产自销的西式木器厂，不久发展为泰昌木器公司，自任董事长兼总经理。又在上海先后任和兴钢铁厂、大中华火柴公司、宁绍轮船公司、三友实业社、振华油漆厂、恒利银行、中英药房有限公司、闸北水电公司等企业的常务董事或董事长。③

1921年的经济调查载："与上海相比，宁波的劳动者的工资十分低廉，因为当地工业不发达，劳动力供给比较充裕。"④很多人都想去上海谋生，因此竟有以大量招工为名酿成风波者，1923年12月3日《申报》以"函询大康纱厂招收大批女工"为题载："镇海北乡村范镇人范阿宏，近从上海返乡，四处张贴招收女工广告，谓有上海大康纱厂，招收女工三万名（引者按：原文如此），委其代招。一般贫寒妇女，纷纷前往报名，多至六百余人，均系十三四岁至二十左右之女工，间亦有三十许岁

---

① 丁贤勇、陈浩编译：《1921年浙江社会经济调查》，第141—142页。
② 刘平编纂：《稀见民国银行史料二编》，上海：上海书店出版社，2015年，第479页。
③ 孙善根整理：《乐振葆1926年赴日〈东游日记〉》，《上海档案史料研究》第14辑，上海：上海三联书店，2013年，第254页。
④ 丁贤勇、陈浩编译：《1921年浙江社会经济调查》，第370页。

之妇人数名，旋以乡间猜测横生，遂有大半报名之妇女，不敢尝试，自请退出。实招收女工六十名，男工七名。于前日在乡取齐动身，由镇北转余姚，于十一月二十九日到甬，拟趁甬兵轮赴申。后被一分署查悉，一面传范某至署询问，一面嘱长警会同海关西人，令男女工人等一律上埠，兹已由该署函询上海大康纱厂，是否招收此项女工，以凭核办。"①

同时当地也有不少人抵沪进厂务工，1923年12月4日《申报》以"今晨有大批甬女工到沪"为题载："本埠宁绍商轮公司昨接宁波来电，谓四日即（今日）晨，甬兴轮由甬到申时，乘有女工百六十余人，请为照料等语。此项女工，均系宁波山北乡妇，此次来沪，系应本埠日商新创大纱厂之招雇云。"②本国资本的纱厂也有去浙江招工者，1929年10月20日该报以"大批男女工人运沪"为题称："上海永安纺织公司，因缺少工人，特派陈少林往新昌、嵊州等处，招募男女工人。兹陈已招得女工六十九名，男工二十九名，昨晨（十七日）来甬，转乘新北京轮运沪，分别入场工作。"③据1929年对在沪游民的一份抽样调查，在被调查者中，"以江苏人为多，占51%，浙江次之，占22%。然以籍贯言，除不明者外，固18省皆有也。大致以与上海交通联络便利者，其在沪流落之人数亦愈多，故苏为冠而浙次之，鲁有80余人，皖有60余人，鄂有50余人，河南、河北各30余人，湘、粤、赣各20余人。此外如黑、甘、滇、新以距沪较远，于此1 471人中竟无一人"④。成书于1924年的浙江《定海县志》载："各乡男子多有在沪上轮埠充当苦力者，谓之码

---

① 宁波市档案馆编：《〈申报〉宁波史料集（五）》，第2311页。
② 宁波市档案馆编：《〈申报〉宁波史料集（五）》，第2311页。
③ 宁波市档案馆编：《〈申报〉宁波史料集（七）》，第3099页。
④《一千四百余游民问话的结果》，原载上海特别市社会局《社会月刊》第1卷第4期，1929年4月，转引自李文海主编：《民国时期社会调查丛编·人口卷》，福州：福建教育出版社，2014年，第302页。

头小工。妇女则多佣于沪上住宅，其月薪三四金不等。印刷、丝、纱各厂服务之男女，近来亦多有之。"①1932年的《宁波旅沪同乡会月刊》称："今者我国经济首都上海，人口三百万人，宁波人几占四分之一。"②他们不时将积攒下来的钱通过宁波钱庄的申庄汇给家乡的亲人补贴家用，当时宁波钱庄在一些集镇的有名商号设有代理解付点。③

1917年，留学美国的蒋梦麟回到其家乡浙江余姚蒋村，看到"许多人已经到上海谋生去了。上海自工商业发展以后，已经可以容纳不少人"。村里的老人告诉他："很多男孩子跑到上海工厂或机械公司当学徒，他们就了新行业，赚钱比以前多。现在村子里种田的人很缺乏。"④1921年的社会经济调查载："鄞县（包括宁波）的土地狭小，人口稠密，仅靠耕织一般不能自给自足，所以一直以来，这里到海外从事商业活动的居民较多。另外，生活在海边的人们多从事渔业或当船夫，其足迹不仅遍布甬江地区，还扩大到长江沿岸，向内地可深入到四川，以及各大江河的支流区域。"⑤其中很多人去了上海。20世纪30年代初，浙江临海县的海门"有轮船公司十家，定期输船十余艘往返于上海、宁波、永嘉等埠"⑥。

1932年中国银行史料载："上海十六铺以南为南市，十六铺以北租界为北市。近年北市营业，固较南市发达，但南市外马路，有大达、宁

---

① 民国《定海县志》第五册《方俗志第十六·风俗》。
② 政协上海市委员会文史资料委员会等编：《宁波旅沪同乡会纪》，《上海文史资料选辑》2010年第1期，第191页。
③ 陈铨亚：《中国本土商业银行的截面：宁波钱庄》，杭州：浙江大学出版社，2010年，第103页。
④ 蒋梦麟：《西潮与新潮——蒋梦麟回忆录》，北京：东方出版社，2006年，第123、125页。
⑤ 丁贤勇、陈浩编译：《1921年浙江社会经济调查》，第373页。
⑥ 姜卿云编：《浙江新志》下卷第四十六章《临海县·实业》。

绍两公司码头，米行、木行等颇多，里马路咸瓜街、洋行街、豆市街商号林立，颇称繁盛，如参燕、药材、水果、咸货各行尤伙。本行（引者按：指中国银行）距离较远，精神有时难以贯注，故在南市设立办事处，以便利社会，且兼用汇款银洋营业方法，务求与旧习惯融洽，俾商号咸感便利。开办以来，存款、放款、汇款，均甚发达，足证社会上确有此需要。"①虞洽卿宁绍轮船公司等包括沪甬航线在内的经营和拓展，对上海城市尤其是诸如南市这样租界以外地区经济生活的助益，于此也可见一斑。

---

① 刘平编纂：《稀见民国银行史料三编》，上海：上海书店出版社，2015年，第15页。

《咸淳重修毗陵志》流传考[*]

巴兆祥

（复旦大学历史系）

摘要：宋代是中国地方志的定型时期，《咸淳重修毗陵志》是其中的代表作之一，目前有原刊本、重刻本、抄本、影印本、整理本传世。由于原刊本存于日本，国内只能看到后来的版本，因而研究较少。本文在阐述该志纂修原委的基础上，对该志的刊刻、版本状况进行梳理，重点研究了原刊本流传状况及其与嘉庆刻本的差异。

关键词：咸淳 《毗陵志》 版本 常州

"天下名士有部落，东南无与常匹俦。"[①]常州是我国历史文化名区，自五代以来，随着我国经济重心南移江南，文风兴盛，人才辈出，地方志书编纂也趋发达，成为我国著名的"方志之乡"。常州历史上编纂过多部名志，其中尤以《咸淳重修毗陵志》最受推崇。清著名学者李

---

* 本文得到国家社科基金项目（批准号：11BZS004）、教育部人文社会科学重点研究基地项目（15JJDZONGHE006）的资助。

① 龚自珍著，夏田蓝编：《龚定庵全集类编》，北京：中国书店，1991年，第359页。

兆洛在《跋咸淳毗陵志》中称:"是书之作,法度厘然,盖《吴郡》《会稽》之亚,足为凡为志乘者式。"[1]尽管该志声名颇盛,但对其进行学术研究的却寥寥无几。[2]此仅就流传问题作一简要探讨。

一、纂修始末

常州,先秦时期属于吴、越之延陵邑,汉高祖五年(前202)改名为毗陵。三国东吴赤乌年间设毗陵典农校尉,统辖武进(原丹徒)、云阳(原曲阿)、毗陵、无锡。"毗陵开始成为太湖流域北部的政治中心。"[3]晋太康二年(281),废毗陵典农校尉,置毗陵郡,后改称晋陵郡。隋开皇九年(589),改晋陵郡为常州,常州之名由此始。宋常州领晋陵、武进、宜兴、无锡四县。

常州地区修志的历史可以追溯到宋以前,如晋周处《风土记》《毗陵记》等,基本已失考。到宋代,开始大量编纂,有潘洞(景德)《常州图经》、李宗谔(大中祥符)《常州图经》、邹补之(淳熙)《毗陵志》

---

① 谭其骧主编:《清人文集地理类汇编》第2册,杭州:浙江人民出版社,1986年,第357页。

② 有关《咸淳毗陵志》的简介、提要,在仓修良编《方志学通论》(北京:方志出版社,2003年)、张国淦编著《中国古方志考》(北京:中华书局,1962年)、严绍璗编著《日藏汉籍善本书录》(北京:中华书局,2007年)、顾宏义《宋朝方志考》(上海:上海古籍出版社,2010年)、徐复、季文通主编《江苏旧方志提要》(南京:江苏古籍出版社,1993年)等各种方志学、目录学著作中多有所见,但专门的学术研究仅见胡运宏《咸淳〈毗陵志〉地名学研究》(《中国地方志》2008年第11期)、巴兆祥、叶舟《钩沉爬罗,泽被后世:评〈咸淳毗陵志〉的校点出版》(《龙城春秋》2005年第3期)、陈立军《〈咸淳毗陵志〉人物传订误》(《史志学刊》2017年第1期)、巴兆祥《试述〈咸淳重修毗陵志〉之价值》(《中国方舆研究》第1辑,科学出版社,2018年)。

③ 常州市地方志编纂委员会:《常州市志(1986—2010)》,北京:方志出版社,2017年,第5页。

等相继问世。①《咸淳毗陵志》即在邹补之（淳熙）《毗陵志》等前志基础纂修而成。

邹补之，字公兖，浙江开化人，宋淳熙十二至十五年（1185—1188）出任常州州学教授，创修《毗陵志》十二卷，《宋史·艺文志》及宋陈振孙《直斋书录解题》有著录。至淳祐初，福建建阳宋慈任常州知州，议修州志。时，四明人史能之（宇子善）以淳祐元年（1241）进士任武进县尉，"相与言，病其略也，俾乡之大夫士增益之"②。惜未成书。越二十余年，咸淳二年（1266），史能之再次莅临常州，并担任知州。"不数月，州治清理，撙浮费以浚河三百里，民赖其利。"③任职之余，史氏取前稿而阅之，发现仍如旧，感叹道："嘻！岂职守之遵缴不常，而郡事之缪辖靡暇，是以久而莫之续耶？抑有待而然耶？……今山川暎发，民物殷蕃，谨固封圻，为国之屏。壤地非小弱也，而郡志弗续，非阙欤？"于是，他以修志为职责，"乃命同僚之材识与郡士之博习者，网罗见闻，收拾放失。"④参与编辑、校对等事务的有乡贡进、州学直学李焘，州学学宾俞千里，太学内舍生、州学正宋国珍，迪功郎、新差监镇江府寄椿库张会龙，迪功郎、差充常州州学教授黄恮，从事郎、两易常州州学教授赵若抡，宣教郎、添差通判常州军、兼管内劝农提督梅应发。⑤又从常州主簿季氏家中取来宋慈未竟志稿，"讹者正，略者备，触者补，盖阅旬月而后成"⑥。

卷首为郡治、郡城、郡境、晋陵县境、武进县境、无锡县境、宜

---

① 顾宏义：《宋朝方志考》，上海：上海古籍出版社，2010年，第78—82页。
② 史能之纂修：《咸淳重修毗陵志》卷首史能之《咸淳毗陵志序》，北京：中华书局，1990年。
③ 李贤：《大明一统志》卷十，清文渊阁四库全书本。
④ 史能之纂修：《咸淳重修毗陵志》卷首史能之《咸淳毗陵志序》。
⑤ 史能之纂修，朱玉林、张平生点校：《咸淳重修毗陵志》卷末《后文》，扬州：广陵书社，2005年。
⑥ 史能之纂修：《咸淳重修毗陵志》卷首史能之《咸淳毗陵志序》。

兴县境等图；卷一至三《地理》：郡县表、叙州、州境、叙县、县境、陆程、水程、分野、城郭、坊市、乡都、桥梁；卷四《诏令》（正文中为《诏敕》）；卷五至六《官寺》：州治、郡官厅、四县治、县官厅、馆舍、仓库、场务、诸坊；卷七至十《秩官》：历代封统、历代郡守、历代县令、郡守题名、通判题名、两教授题名、郡官、知县题名、县官；卷十一《文事》：学校、贡举、科名；卷十二《武备》：诸军、教场；卷十三《风土》：户口、风俗、土贡、土产；卷十四《祠庙》：社稷坛（风雨坛附）、诸庙；卷十五《山水》：山、水；卷十六至十九《人物》：历代人物、本朝人物、寓贤、遗逸、旌表；卷二十至二十三《词翰》：表、书、记、前朝诗、本朝诗；卷二十四《财赋》；卷二十五《仙释、观寺》；卷二十六《陵墓》；卷二十七《古迹》；卷二十八《祥异》；卷二十九《碑碣》；卷三十《纪遗》（辨疑附）。共十九门五十九目。

二、流 传 原 委

《咸淳重修毗陵志》成书后流传甚稀，《宋史·艺文志》《文渊阁书目》《内阁藏书目录》《晁氏宝文堂书目》《徐氏红雨楼书目》等未见著录，直到清初倪灿《宋史艺文志补》著录，才引起注意。清学者查慎行、历鹗撰写《苏诗补注》《宋诗纪事》开始征引该志资料[1]，对其记载也渐多，如清钱大昕《十驾斋养新录·经史之部》卷七著录："史能之《咸淳毗陵志》三十卷。"[2]清王鸣盛《十七史商榷》誉其："第一

---

① 陆心源：《皕宋楼藏书志》卷三十一《史部地理类三》，清光绪十八年刻本。
② 钱大昕撰，程羽墨笺注：《十驾斋养新录笺注·经史之部》卷七《艺文志脱漏》，上海：上海书店出版社，2015年，第248页。

卷《郡县表》，详明确实，最为当家。盖建置之纠纷，晋陵、武进为甚，考之令人目眩。今得此，可以无恨，乃知作者苦心，良不易也。"①清朱绪曾也称："《地理·古今郡县表》颇称详核。'荆溪'，引《前汉·地理志》：'实为中江，溪贯邑市，受宣、歙、芜湖之众流，注震泽，达松江，以入于海。《风土记》云：阳羡溪九。仅有六，余不知其处。子隐时已如此，则川源之湮塞可知。'此与《景定建康志》所云俱可为中江之证。又'邗沟'，辨援《左传》'吴城邗沟通江淮'云：'前辈于邗字下点断，而断筑城与沟两事，今毗陵是一邗沟，与左氏所载不同。'又'百渎口'，谓'旧志载渎名仅七十有二，悉在宜兴，然晋陵新塘鸦步村实号百渎口'，详疏百渎之名。如此之类，俱极精确。"②

有关《咸淳重修毗陵志》现存状况，顾宏义《宋朝方志考》著录："咸淳毗陵志 史能之撰。三十卷。存。"③《江苏旧方志提要》记述："宋咸淳四年（1268）刻本；元延祐丁巳年（1317）李敏之重刻本；明初刻本；清嘉庆二十五年（1820）赵怀玉刻李兆洛校本；清乾隆五十年（1785）张德荣抄本；清海宁陈鳣抄本；清抄本；抄本。"④《咸淳重修毗陵志》的传播大体有刻本与抄本两个系统，主要版本有：

1. 宋咸淳四年刻本。咸淳四年正月书稿完成，史能之作序称："余之续之，所以成前人之志，而广异日之传云尔。"⑤于是刊刻，定名《重修毗陵志》。至元十二年（1275），元兵南下，江南一带惨遭涂炭，"厄

① 王鸣盛：《十七史商榷》卷七十九，北京：中华书局，2010年，第1095—1096页。
② 朱绪曾：《开有益斋读书志》，上海：上海古籍出版社，2015年，第44页。
③ 顾宏义：《宋朝方志考》，第80页。
④ 徐复、季文通：《江苏旧方志提要》，南京：江苏古籍出版社，1993年，第215页。
⑤ 史能之纂修：《咸淳重修毗陵志》卷首史能之《咸淳毗陵志序》。

于兵燹，人书俱亡"①。《咸淳重修毗陵志》原刻本也在劫难逃，世所罕见。迄今所知唯一的宋刻本在清代藏于湖州陆心源的皕宋楼，"宋本今存卷七至卷十九，又卷二十四"②，后东徙藏于日本的静嘉堂文库。刘韶军主编《续修四库全书总目提要·史部》说宋本已无存③，显然错误。1975年，东洋文库用静嘉堂文库本景照相一部。

2. 延祐四年刻本。元延祐二年（1315），因丈量田亩之故，常州路收得《咸淳重修毗陵志》一部，"由是有司循已定之规，郡民无重科之扰"。次年八月，尊经阁落成，常州路总管提调学校官史埙曰"阁成，它书有钱可得，郡志不可得也"，命儒学教授三山李敏之重刻于尊经阁，"以纪其实"，延祐四年一月梓成。④该版本未见流传。

3. 明初刻本。到元末明初，元刻本"藏书家鲜著于录者"⑤。明洪武九年，广东增城张度来任常州知府，适朝廷诏天下州郡县纂修志书，聘耆宿谢应芳总纂。谢应芳受命重金购求旧志，得元刻残本一部，并予以锓梓。⑥今国家图书馆藏明初刻本（存卷1—19，21—30）应即其硕果仅存者。1995年，上海古籍出版社《续修四库全书》所收即此本。该本上有"赵怀玉亿孙氏""怀玉印信""赵氏亿孙""陈清华印""怀玉私印""赵氏味辛""亦有生斋""祁阳陈澄中藏书记""北京图书馆藏"等藏书印。"赵怀玉亿孙氏""怀玉印信""赵氏亿孙""怀玉私印""赵氏味辛""亦有生斋"为清武进赵怀玉（1747—1823，字亿孙，

---

① 史能之纂修：《咸淳重修毗陵志》卷首李敏之《重刻咸淳毗陵志序》。
② 陆心源：《仪顾堂书目题跋汇编》，北京：中华书局，2009年，第67页。
③ 刘韶军主编：《续修四库全书总目提要·史部》，上海：上海古籍出版社，2014年，第311页。
④ 史能之纂修：《咸淳重修毗陵志》卷首李敏之《重刻咸淳毗陵志序》。
⑤ 史能之纂修：《咸淳重修毗陵志》卷首赵怀玉《重刻咸淳毗陵志序》。
⑥ 史能之纂修：《咸淳重修毗陵志》朱玉林、张平生《点校说明》，扬州：广陵书社，2005年。

号味辛）的藏书印鉴，"陈清华印""祁阳陈澄中藏书记"则是近代著名
银行家、藏书家陈澄中的印鉴。陈澄中，名清华，湖南祁阳人，1949
年移居香港，1965年将所藏古籍善本中的一部分拍卖，"是年11月由周
恩来总理批示收买归藏国家图书馆"。①明初刻本流传线索大致为：赵
怀玉→陈清华→国家图书馆。

4. 清嘉庆二十五年刻本。至清乾嘉间，"世之藏书家间有是书，
残缺殆半"②。武进赵怀玉热爱桑梓文献，访得传本。嘉庆二十年
（1815），赵怀玉因病从西安关中书院返乡，孙星衍"尝劝重刻《咸淳
志》，卒卒未暇以为"。嘉庆二十五年，感叹："衰病日剧，岂能复睹郡
志之成？……因思古书之流传廑矣，郡县志更为难觏。矧桑梓之地，父
母之邦，尤数典所宜先乎？"于是筹集资金，"取所藏《咸淳志》畀之
剞劂"，并请乡贤李兆洛、吴育帮助校勘，"用以谢从前筑室道谋之过，
并完死友未偿之志"。③这是目前最通行的版本，后来台湾中国地志研
究会1978年《宋元地方志丛刊》、台湾成文出版社1983年《中国方志
丛书》、中华书局1990年《宋元方志丛刊》等均据此本影印。

5. 2005年点校本。2004年，常州地方志办公室朱玉林、张平生以
赵怀玉嘉庆二十五年刻本为底本，参以明初刻本、南京图书馆所藏抄
本，以及明（洪武）《毗陵续志》、（成化）《重修毗陵志》等相关史料，
对该志进行点校，2005年由广陵书社出版，成为《咸淳重修毗陵志》
最完善的一个版本。

6. 抄本。在清乾嘉时，世上有多种抄本，王鸣盛曾"合诸家本抄
之，尚缺第二十卷一卷《词翰》门"④。晚清著名文献学家叶昌炽看到

---

① 寻霖、刘志盛：《湖南刻书史略》，长沙：岳麓书社，2013年，第65页。
② 史能之纂修：《咸淳重修毗陵志》卷首赵怀玉《乾隆己酉跋》。
③ 史能之纂修：《咸淳重修毗陵志》卷首赵怀玉《重刻咸淳毗陵志序》。
④ 王鸣盛：《蛾术编》卷十二《说录十二》，清道光二十一年世楷堂刻本。

的也是抄本：《咸淳毗陵志》旧钞本。咸淳四祼月正元日史能之序。存二十卷，至《财赋》一门为止。"①目前流传的抄本，主要有国家图书馆藏清张德荣抄本、上海图书馆藏清陈鳣抄本，以及北京大学图书馆、上海图书馆、南京图书馆藏抄本。

三、静嘉堂藏宋本源流及与通行赵怀玉本之比较

静嘉堂文库是日本收藏汉籍最著名的图书机构之一，收藏量达九千余部、九万八千六百余册②，其中近半来自1907年收购清末四大藏书楼之一、浙江湖州陆心源皕宋楼藏书。其现藏方志相当丰富，约有宋代志书28种，元代志书7种，明代志书21种，清代志书435种，民国志书3种。③所藏《咸淳重修毗陵志》有两个版本，除前文提到的清陆心源皕宋楼宋本外，尚有陆心源十万卷楼藏嘉庆赵怀玉刻本。这两个本子都是1907年因陆氏藏书被静嘉堂收购而东渡日本的。《静嘉堂文库汉籍分类目录》著录："咸淳重修毗陵志残存一四卷（卷七——一九，二四）宋史能之撰，宋刊。同三十卷（有原缺）宋史能之撰，清赵怀玉校，清嘉庆刊。六册。"④

对宋版《咸淳重修毗陵志》，现今国内的目录基本都著录。《中国地方志联合目录》："（咸淳）重修毗陵志三十卷（宋）史能之纂，宋咸淳

① 叶昌炽：《缘督庐日记抄》卷十六，民国上海蟫隐庐石印本。
② 静嘉堂文库：《静嘉堂文库汉籍分类目录·静嘉堂文库略史》，台北：台湾大立出版社，1980年。
③ 巴兆祥：《静嘉堂文库所藏方志源流考》，《复旦史学集刊》第1辑，上海：复旦大学出版社，2005年，第337页。
④ 静嘉堂文库：《静嘉堂文库汉籍分类目录》，第298页。

四年（1177）刻本。注：即常州府志。宋刻本在日本静嘉堂文库（存卷7—19，24）。"①严绍璗《日藏汉籍善本书录》："（咸淳）毗陵志三十卷（宋）史能之纂修，宋咸淳年间（1265—1274年）刊写补本。共三册。静嘉堂文库藏本。"②对嘉庆赵怀玉刻本，基本没有著录。

　　静嘉堂藏宋本《咸淳重修毗陵志》，三册，今存卷七至卷十九，卷二十四，凡十五卷。纵31.3厘米，横20.0厘米。封面无题签。白口，双黑鱼尾。上书口镌刻数字，中书口标卷次，下书口记页数。左右双边，版框纵23.0厘米，横15.9厘米。每半叶九行，每行二十字，注文双行二十字。每卷首行顶格题"重修毗陵志卷第×"，卷尾隔一、或二、或三行书"重修毗陵志卷第×"。文中凡语涉宋朝避讳字或空一格，或另起一行抬头。第一册副页有唐翰题手跋："是本纸墨行款，与余所见士礼居藏宋刊宋印本《中兴馆阁录》《续录》同，惜前阙六卷，无从考其原始。志中《秩官》《人物》皆截止咸淳年，故定为《咸淳毗陵志》。其曰'重修'者，考马端临《经籍志·史部》，有《毗陵志》十二卷，邹补之撰。此书存七卷至十九，末一卷二十乃剜去二十以下字以配足者（此旁有陆心源手书识文"第二十卷是第二十四卷剜改"），是书当有二十几卷。其为援十二卷旧志而重修者，可知已。《经籍志》既不载，他亦罕见，宜珍之。丁卯十一月翰题记。"盖"鹪安校雠秘籍"朱文方印。"邹补之，州学教授，淳熙十五年八月满。在卷九。"钤"晋昌"白文方印。唐跋之旁，陆心源追记："阅赵味辛《亦有生斋文集》卷七有是书跋，甚详，录附后。又《续集》卷四有《重刻毗陵志跋》。重刻本，求之数年不得。"卷七首行"重修毗陵志卷第七"下盖

① 中国科学院北京天文台主编：《中国地方志联合目录》，北京：中华书局，1985年，第345页。
② 严绍璗：《日藏汉籍善本书录》，北京：中华书局，2007年，第573页。

有藏书章"小窗云月""新丰乡人庚申以后所聚""鹔安校雠秘籍""云烟拈弄""臣陆树声""归安陆树声叔桐父印""归安陆树声所见金石书画记"等。

"晋昌""小窗云月""云烟拈弄"属何人之藏书印不可考。"臣陆树声""归安陆树声叔桐父印""归安陆树声所见金石书画记"均为陆心源三子陆树声之藏书印。书上的陆树声藏书印是陆心源藏书出售静嘉堂前所加盖。"在家中,当时三太公陆树声在湖州,岛田登楼观书后,预知此类书必将出售,与管家人李延达合作,在所有秘本上均盖上'归安陆树声叔桐父印''归安陆树声所见金石书画记''臣陆树声''陆树声印''归安陆树声藏书之记'等。……这一盖章举动,却使不知情的后人著文,以为书系树声公所售,实一大冤枉也。"[1]"新丰乡人庚申以后所聚""鹔安校雠秘籍"则为嘉兴唐翰题的藏书印。唐翰题(1816—1875),字子冰,又字鹔安,一作鹔庵、蕉庵,别号新丰乡人。廪贡生。历任青浦、柘林通判、淮安同知、吴县知县、通州知州等职,有《说文臆说》《荀子校注》《唯自勉斋存稿》等著作。"藏书25 000卷,尤多善本。"[2]据顾廷龙考证,唐翰题收书在道光、咸丰年间,太平天国起义后,"所藏遂失。事定以后,重访所得,皆钤一印,曰'新丰乡人庚申以后所聚'。所收之书,以吴氏拜经楼旧藏者居大部"。[3]光绪初,其藏书又散出。顾廷龙《安雅楼藏书目录跋》云:"目之上下方,均批价码,上端似为卖价,下端似为买价。上端价旁或注'陆'字,盖归陆存斋皕宋楼也。"[4]陆心源《宋本毗陵志跋二》也称:"此本卷十一缺首叶

---

① 徐桢基:《潜园遗事——藏书家陆心源生平及其他》,上海:上海三联书店,1996年,第111页。

② 陈心蓉:《嘉兴刻书史》,合肥:黄山书社,2013年,第388页。

③ 顾廷龙:《顾廷龙全集·文集卷》,上海:上海辞书出版社,2015年,第159页。

④ 顾廷龙:《顾廷龙全集·文集卷》,第176页。

及卷二十全缺，或即吴枚庵所藏欤？余从唐鹣安明府得之"①。尽管唐氏藏书大部分源自海宁吴氏拜经楼，然吴寿旸《拜经楼藏书题跋记》却未见记载。据此并结合唐翰题跋，吴翌凤（1742—1819）藏本可能为宋本，唐翰题约在同治六年（1867）购得该版本，光绪初又转售给陆心源。

目前该志最通行的版本为清嘉庆二十五年赵怀玉的刻本。对宋本与嘉庆本的差别，近代文献家已略有著录。清陆心源称："刻本存卷七至十九，又第二十四卷，余抄补。卷十二第四叶后缺末叶，有剜痕，所缺当不少。卷十三缺第十三叶。常州新刻本（引者按：嘉庆本）以卷十二叶之末叶为第五叶，与第四叶'沿江民兵'接，以卷十三之第十四叶为十三叶，与上叶'兔丝子'接。若非此本仅存，无从知其缺佚矣。"②傅增湘1929年11月13日访问静嘉堂文库，阅此书，"版式阔大，字体整齐，虽钞补过半，要是俊物。其卷十二第四叶有缺叶，而末叶号数复挖改，卷十三缺第四叶。赵味辛怀玉刊本皆接连而下，其误甚矣"③。1935年5月7日，董康在日本友人长泽规矩也、仁井田陞的陪同下参观静嘉堂藏清陆心源故物，笔记该志："卷十二存一至四，下缺。末叶板心有剜痕，特不知赵氏重刊本已否补完药之属。……末一卷乃剜去二十以下字以配足者，是书当有二十几卷。"④而最全的常州地方志办公室点校本，以嘉庆本为底本，因没有参考过静嘉堂藏的宋本，估计也存在不一之处。兹选三卷，将宋本与嘉庆本略作比对，以明差别：

① 陆心源：《仪顾堂书目题跋汇编》，第357页。
② 陆心源：《皕宋楼藏书志案语摘录》，《仪顾堂书目题跋汇编》，第596页。
③ 傅增湘：《藏园群书经眼录》卷五，北京：中华书局，2009年，第336页。
④ 董康：《书舶庸谭》卷八下，北京：中华书局，2013年，第271、272页。

卷次	页次	嘉 庆 本	宋 本
卷七	书口	黑口，单黑鱼尾。中书口镌刻"志七"、页码。	白口，双黑鱼尾。上下鱼尾间标"志七"及卷次。上书口镌刻数字，如第一页刻"一、八十"，第二页"一、六十一"，第三页"二、四十九"，第四页"二、六十四"，第五页"二、卅"，第六页"二、卅五"，第七页"二、三十四"，第八页"二、七十五"，等等。下书口记页次。
	第二页	灵贺，常子，袭封阳羡侯。	灵贺，*帝*子，袭封阳羡侯。
	第三页	始平王子仪，武帝孙，太康十年初封毗陵。	始*乎*王子仪，武帝孙，太康十年初封毗陵。
	第七页	萧听，梁鄱阳王恢七世孙，大歷中封晋陵侯，后进邵公。	萧听，梁鄱阳王恢七世孙，大*曆*中封晋陵侯，后进邵公。
	第九页	郗迈……为流亡所归，擢兖州刺史。敬宣……与诸葛长民破桓钦于苟陂，迁	郗迈，……为流□□归，擢兖州刺史。敬宣……与诸葛长民破桓钦于苟陂，□
	第十一页	范岫，字懋宾，考城人。	范岫，字懋庐*賓*，考城人。
	第十四页	萧复……大歷中有司。韦夏卿……大歷间累迁。	萧复……大*曆*中有司。韦夏卿……大*曆*间累迁。
	第十五页	孟简……又浚无锡泰渎。李从诲……宝歷初擢策。	孟简……又浚无锡泰*伯*渎。李从诲……宝*曆*初擢策。
	第十九页	张盾……惟文书十卷。	张盾……惟文书*于*卷。
卷八	书口	黑口，单黑鱼尾。中书口镌刻"志八"、页码。	白口，双黑鱼尾。上下鱼尾间标"志八"及卷次。上书口镌刻数字，如第一页刻"三、五八"，第二页"三、卅七"，第三页"三、五十二"，第四页"一、八十六"，第五页"二、四十"，第六页"三、十二"，第七页"四、七二"，第八页"三、九九"，等等。下书口记页次。

（续表）

版本 卷次　页次		嘉 庆 本	宋 本
卷八	第一、二页	开寶七年，开寶三年	开寶七年，开寶三年
	第四页	邵必……天申官有张公洞。	邵必……天申宫有张公洞。
	第六页	廖正一……见邹忠公奏议	廖正一……见邹忠奏议公
	第七页	刘光……在任累转朝请郎。 何衮，宣何七年十月。 徐天民……用枢密院编修官杨愿请也。	刘光……在□累转朝请郎。 何充，宣和七年十月。 徐天民……用枢密院编修□杨愿请也。
	第九页	叶衡……二年十月赴召除太府寺丞。	叶衡……二年十月超召除太府寺丞。
	第十页	曾三复……十一月改差御史台检法书。	曾三复……十一月改差御史台检法官。
卷二十四	书口	黑口，单黑鱼尾。中书口镌刻"志二十四"、页码。	白口，双黑鱼尾。上下鱼尾间"志二十四"中之"四"全部被剜除。上书口镌刻数字，如第一页刻"二、六十六"，第二页"二、四十三"，第三页"二、四十六"，第四页"二、四十六"，第五页"二、二十二"，第六页"二、三十六"，第七页"二、五十二"，第八页"二、十七"，等等。下书口记页次。页次第二、三页错简为第三、二页。第九、十页页次脱。
	第一页	浙右郡号沃壤……是邦偶差一筹，八亩赢其一。 上供绢……昨于寶祐年间……除邸第、官庄。	浙右郡号沃壤……是邦偶差一筹，入亩赢其一。 上供绢……昨于寶祐年间……除□第、官庄。
	第八页	内都税务租额。 内无锡县市务租额。 内宜兴县市务租额。	内都税务祖额。 内无锡县市务祖额。 内宜兴县市务祖额。
	第十页	晋陵县丞厅租额。 武进县丞厅租额。 无锡县丞厅租额。 宜兴县丞厅租额。	晋陵县丞厅祖额。 武进县丞厅祖额。 无锡县丞厅祖额。 宜兴县丞厅祖额。

从以上宋本与嘉庆本的对比看，两个版本仅个别地方有出入，有的属于异体字，有的属于避清朝讳，有的属于字形相似而误刻，有的属错简、脱字。总体而言，嘉庆本经过李兆洛等校勘，要比宋本精确。

以上是《咸淳重修毗陵志》流传的大致状况。这其中的递藏细节、各版本间的异同状况，尚待进一步探讨。

利玛窦世界地图中明清序跋文及其史料价值

——兼评《利玛窦明清中文文献资料汇释》及《补遗》

邹振环

（复旦大学历史系）

澳门大学汤开建教授汇释校注的《利玛窦明清中文文献资料汇释》（下简称《汇释》）一书，2017年10月由澳门特别行政区政府文化局、上海古籍出版社出版。该书收录明清文献档案中关于利玛窦研究的专门史料，上起明朝中叶，下至清朝末年。全书共分"碑传""序跋""公牍""述论""诗柬""杂纂"六卷，内容主要涉及利玛窦的生平介绍、在华活动具体事迹、著述思想及中国社会的反响与评价等，全面展现了利玛窦来华后对中国社会和文化产生的深远影响。《汇释》中所收"资料"，来自全球各大图书馆、各种数据库及各地方私人藏书中的四百余种文献，录入该书者630余条。编者对其中错综繁杂的人事、思想、书籍、版本等问题，均加以细致的点校整理和详尽的阐释考证。

南京大学宋黎明教授在《利玛窦研究资料汇释梳理》一文中指出：在汤著《汇释》之前，已有两部重要的作品值得一提。一是2000年问世的柯拉迪尼（Piero Corradini）主编的新版利玛窦著作集《耶稣会和基督教进入中国》（*Della entrata della compagnia di Giesù e Christianità nella*

Cina, Macerata: Quaderni Quodlibet, 2000）以及《利玛窦书信》（*Lettere, 1580–1609*, Macerata: Quaderni Quodlibet, 2001），两书的面世给无缘阅读早已绝版的汾屠立《利玛窦神父历史著作集》以及德礼贤《利玛窦资料》的读者，提供了研究利玛窦晚年回忆录等文献的便利。二是朱维铮主编的《利玛窦中文著译集》（上海：复旦大学出版社，2001年），该书虽非利玛窦著作的完整汇集，但属利玛窦中文著作汇编的开山之作。与上述诸书相比，汤著《汇释》堪称"利玛窦研究的新的里程碑"。[①]《汇释》一书披露的为数甚巨且为目前学界所不知的利玛窦资料，引起了学界的震撼，之后汤开建教授又乘胜追击，根据各方面提供的线索，在海内外各大图书馆和新近出版的重要的影印丛书中又找到了近百条有关明清利玛窦的中文资料，撰成《〈利玛窦明清中文文献资料汇释〉补遗》（刊载于《国际汉学》2018年第4期，下简称《补遗》）一文，仍据原书的分类体例，将新搜寻到的明清利玛窦中文资料作一补遗。《补遗》的特点还在于搜集了清嘉、道之前部分日本、朝鲜、越南三国有关利玛窦的重要资料，以便全面反映利玛窦在整个东亚汉字文化圈中的影响。

本文并非关于汤著《汇释》及《补遗》的全面评价，而是就其中有关利玛窦世界地图的明清人序跋（含部分题识）的汇释，作出若干分析。序跋是汉籍中比较特殊的一种体例，即为图书等撰写的文辞，具有说明、议论或叙事的功能，作为一般图书的序跋是指居于正文之前或之后用于介绍或评论作者或正文的文字。序，也称为叙、叙文、叙言、序文、序言、引、引言、小引、绪言、导言、序言、前言、弁言、题论、题辞、前记等；跋，也称为题跋、题识、跋尾、后序、后记、自记等，一般位于正文后。但在汉文地图文献中，序跋应该是指创制者或他人用

---

① 宋黎明：《利玛窦研究资料汇释梳理》，《文汇学人》2017年12月29日第5版。

于介绍或评论地图作者或图文正文的注记文字，一般位于地图中间和地
图左右边缘。广义上说，地图序跋可以说是除地图正文包括地名或地
理相关正文内容之外的几乎所有的文字。利玛窦世界地图中包括由其本
人及明代一些著名的文人官员所撰写的序跋，本文通过对汤著《汇释》
及《补遗》收入的利玛窦世界地图中利玛窦本人及众多明清人序跋文
的"汇"与"释"，分析《汇释》关于利玛窦世界地图的序跋文佚文的
搜集、发现、整理和诠释等方面的贡献及其特色。

一、利玛窦世界地图在华传播的三个系列

16世纪是航海探险的世纪，也是欧洲地理学勃兴的世纪，在中国
则是首次接触欧洲学者所编世界地图的时代。利玛窦正是认识到了明代
士大夫对地图的特殊兴趣，因此，伴随其在中国大陆空间上的每一次再
推进，都同时进行着各种汉文世界地图的绘制和刊刻，可以说，利玛
窦在中国士人中的学术形象，首先是靠汉文世界地图的绘制建立起来
的。明末中西文化交流的图像符号系统，最具代表性的是利玛窦世界地
图。①地图是空间表述的主要形式，是一个时代反映地理、地貌及时代
空间观的图形学，也是这个时代共同的空间记忆和想象，地图内所蕴
涵的时代、环境和文化信息，往往有超越语言的丰富内涵。作为汉文世
界中第一次展示的世界面貌，利氏世界地图包含着那一时代欧洲文化的

---

① 所谓"利玛窦世界地图"，包括利玛窦世界地图所有不同的版本和编绘形式，如《大
　瀛全图》《山海舆地图》《山海舆地全图》《舆地山海全图》《万国坤舆图》《坤舆图》
　《万国图》《万国小图》《万国二圜图》《坤舆万国全图》《两仪玄览图》《舆地图》《广
　舆地图》《地球图说》等以不同图名命名的地图。

丰富信息，也给中国人带来了许多新的知识点。该图见之明确文字记载的版本多达十余种，其中包括其自刻、他人翻刻、摹绘版，盗印版尚无法全数统计；除木刻本外，还有彩绘绢本。利玛窦的世界地图之创制，对于中国后世地理学有着深远的影响，该图的影响甚至还波及东亚世界的朝鲜和日本。

东西方学界对利玛窦及其世界地图的研究，似乎没有中断过。即使在东西方冷战对峙的20世纪50年代，中国政府在建设北京市委党校时，仍决定将利玛窦等三位传教士的墓地保留在原地。"文革"结束，中共中央领导人就决定恢复重建在十年动乱中被平毁的利玛窦等人的墓地。[①]进入21世纪，关于利玛窦的研究越来越受到学界的重视，并且成为学术热点。就中国大陆而言，从2001年至2010年，关于利玛窦的论文共有350余篇[②]，平均每年30多篇。以"利玛窦"为主题在中国知网（CNKI）上进行查阅，2010之后，每年发表的论文多达百余篇，其中有相当一部分是关于利玛窦世界地图的研究。[③]

从1584年至1603年的二十年间，利玛窦多次编绘中文版世界地图，笔者根据利玛窦世界地图刊刻和传播的实况，将其版本分为《大瀛全图》与《山海舆地图》《坤舆万国全图》《两仪玄览图》三个系列以及木刻本、彩绘绢本两种形式。

（一）《大瀛全图》与《山海舆地图》

利玛窦中文世界地图中最早的版本，也是之后所有版本的母本，是

---

① 余三乐：《早期西方传教士与北京》，北京：北京出版社，2001年。
② 林金水、代国庆：《利玛窦研究三十年》，《世界宗教研究》2010年第6期。
③ 参见黄时鉴、龚缨晏：《利玛窦世界地图研究文献目录》，《利玛窦世界地图研究》，上海：上海古籍出版社，2004年，第210—218页；黄时鉴：《利玛窦世界地图研究百年回顾》，《暨南学报》（人文科学与社会科学版）2006年第2期。

在当时广东西江走廊经济文化交流的重要枢纽肇庆刊刻的。它被认为是"第一幅近代意义上的汉文世界地图"①。利玛窦在肇庆绘制刊刻的首幅中文世界地图,根据章潢《图书编》所载,德礼贤等学者将之命名为《舆地山海全图》;然而,新近的考证认为,这一中文版世界地图最初是以《大瀛全图》的名称面世的,这一名称首先见之明代鄞县人徐时进所写的《欧罗巴国记》一文②,《大瀛全图》这一名称亦见之明方弘静的《千一录》卷十八的"利玛窦"和1914年所修的《刘氏族谱》中刘承范《利玛窦传》两篇③。汤著《汇释》收录了上述史料,即徐时进《鸠兹集》所载"利生入中国……以所携《大瀛全图》译而畀人"和方弘静《千一录》所载"(利玛窦)译其所谓《大瀛全图》,言天地形圜如瓜也"。汤氏就此得出结论:"这些早期见到利玛窦世界地图者均称为《大瀛全图》,可证利玛窦在肇庆刊刻的地图其名即《大瀛全图》。"④《大瀛全图》的命名者可能是肇庆知府王泮;这一系列的修订本后来在广东、南京、苏州翻刻时,或有《山海舆地全图》《山海舆地图》《舆地山海全图》《万国坤舆图》《舆地总图》等不同的名称。⑤这表明利玛窦最初也无法确定究竟以"大瀛""山海舆地",还是"舆地山海"的中文名词,更能准确地表示"世界"的含义。有的学者认为此图原作主

---

① 《利玛窦世界地图研究》,第5页。
② 徐时进的《欧罗巴国记》一文中写道,利玛窦"以所携《大瀛全图》译而畀人",该文见之万历三十六年张萱刻、四十五年增刻本徐时进的《鸠兹集》卷六,参见《汇释》,第11—15页。
③ 方弘静:《利玛窦》,参见氏著:《千一录》卷十八,《续修四库全书》影印明万历三十九年序刊本,第1126册,第371—372页;刘承范:《利玛传》,湖北监利存泽堂《刘氏族谱》,民国甲寅(1914)刻本。参见《汇释》,第3—15页。另参见刘明强:《万历韶州同知刘承范及其〈利玛传〉》,《韶关学院学报》2010年第11期;黎玉琴、刘明强:《利玛窦史海钩沉一则》,《肇庆学院学报》2011年第4期。
④ 《汇释》,第7页。
⑤ 参见汤开建:《明代利玛窦世界地图传播史四题》,汕头大学文学院基督教研究中心主办"基督宗教与中国社会"2014年学术会议论文集,汕头,第102—120页。

要是依据原籍德国的比利时著名地图学家奥代理（Abraham Ortelius，1527—1598，又译奥尔特利尤斯）的《地球大观》绘制的。①可惜利玛窦世界地图初版《大瀛全图》原本已佚，《山海舆地图》等早期的刻本也很难找到确切的摹本，因此关于该图的最早面貌至今仍是一个谜。

1595年至1598年利玛窦活动在南昌，期间他还绘制过若干世界地图，但原图均未保存下来。1598年，利玛窦离开南昌去北京，路过南京时，见到有《山海舆地图》的苏州石刻拓本，这是应天巡抚赵可怀从镇江知府王应麟处所得，心生奇慕，于万历二十三至二十六年间（1595—1598）命人摹绘刻石的，赵可怀还为之写有一跋，"赞扬备至"，并将刻本送给南京的王忠铭尚书。1600年，利玛窦在南京吏部主事吴中明的要求下增订《山海舆地全图》，吴中明将这幅世界地图挂在自己的官邸，让众人观赏，还雇了专门的刻工，用公费镌石复制，精工细作，并撰序予以高度赞扬。这幅题为《山海舆地全图》的修订版由南京发行到中国其他各地，甚至流传到澳门和日本。原图虽然没有保存下来，但我们可以在冯应京《月令广义》、王圻《三才图会》中见到该版的摹刻本，冯应京《月令广义》系改绘吴中明1598年在南京刊刻的《山海舆地全图》、1613年刊刻的章潢《图书编》一书中《舆

① 《地球大观》（Theatrum Orbis Terrarum，或译《寰宇全图》）地图集名称，利玛窦1608—1610年的意大利文回忆录作 Theatrum Orbis，金尼阁1615年整理出版本作 Orbis Theatrum Ortelij。Nicolas Trigault, De Christiana expeditione apud Sinas suscepta ab Societate Jesu. ex P. Matthaei Riccii eiusdem Societatis Commentarijs, Coloniae, 1617, p.443；Pasquale M. D'Elia（ed.）, Fonti Ricciane, Roma：La Libreria dello Stato, 1942—1949, vol.II, p.114；黄时鉴：《利玛窦世界地图探源鳞爪》，《黄时鉴文集》第三卷《东海西海——东西文化交流史（大航海时代以来）》，上海：中西书局，2011年，第224—228页。这是一部大型地图集，第一版共计53幅图版，包括一幅与地图集同名的世界地图，亚洲、非洲、欧洲和美洲的地图，以及世界主要地区和国家分图。问世后广受欢迎，从1570至1612年用拉丁文、德文、法文、西班牙文、荷兰文、英文和意大利文共出版了40多版，至1598年奥代理去世时，该书的图版及附图已经增加为150多幅。参见《利玛窦世界地图研究》，第63页。

地山海全图》的摹本。1602年利玛窦进入北京，定居首都。在我们所知的利玛窦十余种世界地图的原刻、翻刻和摹本中，目前保存下来的原本是1602年在北京绘制的《坤舆万国全图》和1603年的《两仪玄览图》。

（二）《坤舆万国全图》的刊本和彩绘本

刊本第二系列为流行最广的1602年李之藻（1565—1630）刻板的《坤舆万国全图》。据最新的统计，该刊本至少印刷过3次，目前全世界存有9个藏本：1. 罗马梵蒂冈图书馆；2. 日本宫城县立图书馆；3. 日本京都大学附属图书馆；4. 日本国立公文书馆（内阁文库）；5. 菲利普·罗宾逊旧藏本，后为法国亨利·希勒收藏；6. 奥地利国家图书馆；7. 英国伦敦皇家地理学会；8. 美国明尼苏达大学詹姆士·福特·贝尔图书馆藏本；9. 圣彼得堡俄罗斯国家图书馆藏本。①《坤舆万国全图》原是6幅屏条，拼接连合成一图，而今装裱为一整幅，纵168.7厘米，通幅横380.2厘米。利氏汉文世界地图较之其依据的西文原本要大许多，这是为了适应中国士大夫的欣赏趣味，以便留有更多的空间来书写比西文更大的汉字注释。该图由椭圆形主图、四角圆形小图与中文附注文字组成。主图为世界全图，显示了五大洲的相对位置，中国居于图的中心；山脉用立体形象，海洋刻画出密密的波纹；南极洲画得很大。在该图的空隙处填写了与地名有关的附注性说明，其中两篇为利玛窦署名，介绍地球知识与西洋绘图法。主图采用的是等积投影，经线为对称的弧线，纬线为平行直线。右上角有九重天图，右下角有

---

① 参见［日］高田时雄：《俄藏利玛窦〈世界地图〉札记》，北京大学中国古代史研究中心编：《舆地、考古与史学新说——李孝聪教授荣休纪念论文集》，北京：中华书局，2012年，第593—604页。

天地仪图，左上角有赤道北地半球之图和日、月食图，左下角有赤道南地半球之图和中气图，另有量天尺图附于主图内左下方。全图的文字，大约可以分为五类：一是地名，有1 114个地名；二是序跋题识，有利玛窦、李之藻、吴中明、陈民志、杨景淳、祁光宗共6篇；三是说明，包括全图、九重天、四行论、昼夜长短、天地仪、量天尺、日月蚀、中气、南北二半球等的说明；四是表，有总论横度里分表、太阳出入赤道纬度表；五是附注，对各洲的自然地理和人文地理进行解说。据该图利玛窦序所述制图之历史，该世界地图"显具十六世纪比利时地图学派之影响"。可能参考过荷兰地理学家麦卡托（C. Macator，1512—1594）1569年的地图、奥代理1570年的《地球大观》和普兰息阿斯（Plancius，1552—1622）1592年的地图，该图中细致的海水波纹，既有意大利地图家的画法，同时也留有"中国式"舆图水纹的表达方式。①

《坤舆万国全图》另有彩绘绢本。在利玛窦所撰的全图说明中曾指出："其各州［洲］之界，当以五色别之，令其便览。"南京博物院藏有该图的设色摹绘本：南北美洲和南极洲呈淡淡的粉红色，亚洲呈淡淡的土黄色，欧洲、非洲则近乎白色，少数几个岛屿的边缘晕以朱红色。山脉用蓝绿色勾勒，海洋用深绿色绘出水波纹。利玛窦在说明中称："天下五总大洲用朱字，万国大小不齐，略以字之大小别之，其南北极二线昼夜长短平二线关天下分带之界，亦用朱字。"可见利玛窦手绘的《坤舆万国全图》确是彩色的。据龚缨晏调查，彩绘绢本至少有6个藏本：1. 南京博物院藏本；2. 韩国首尔大学藏本；3. 日本大阪北村芳郎氏藏本；4. 美国凯达尔捕鲸博物馆藏本；5. 法国理格藏本；6. 中国

---

① 关于利玛窦世界地图的水纹研究，参见郭亮：《十七世纪欧洲与晚明地图交流》，北京：商务印书馆，2015年，第205—282页。

国家图书馆藏本。①彩绘本的大洋上绘有不同类型的帆船及鲸、鲨、海狮等海生动物15头，南极大陆绘有陆上动物8头，有犀牛、象、狮子、鸵鸟等，这些并不产于南极洲，绘在那里主要还是为了点缀图中空白。洪业《考利玛窦的世界地图》(《禹贡》第5卷，1936年第3、4合刊)一文认为这一彩色绢本是1608年诸太监的摹绘本，其中的船只、奇鱼、异兽是"从他处摹抄来的"。或认为太监是不敢擅自加上去的，太监在宫中也弄不到这些图画，笔者认为彩绘本上的动物形象之设计者应该是利玛窦。②利玛窦《坤舆万国全图》的彩绘本，传入朝鲜后先保存在奉先寺。1918年在朝鲜半岛传教的特罗洛普神父曾撰文介绍过这幅地图。③1932年该彩绘本曾在"朝鲜古地图展"上展出过。遗憾的是，此图后来下落不明。比较普遍的说法是，1951年奉先寺的一场大火烧毁了这幅珍贵的地图。2001年，日本学者铃木信昭对后来在韩国首尔大学奎章阁发现的一张《坤舆万国全图》照片进行了研究，认为该照片所拍摄的正是原先保存在奉先寺的那幅彩绘本《坤舆万国全图》。铃木信昭还认为，朝鲜肃宗三十四年（1708），朝鲜官员在临摹从中国传来的彩绘本《坤舆万国全图》时，共摹绘了两幅，其中原藏于奉先寺的那一幅（即只留下照片的那一幅）是正本，目前保存在韩国首尔大学博物馆

---

① 龚缨晏：《关于彩绘本〈坤舆万国全图〉的几个问题》，张曙光、戴龙基主编：《驶向东方：全球地图中的澳门》，北京：社会科学文献出版社，2015年，第223—239页。

② 关于这一问题的详细考述，参见邹振环：《殊方异兽与中西对话:〈坤舆万国全图〉中的动物图文》，李庆新主编：《海洋史研究》第7辑，北京：社会科学文献出版社，2015年，第292—333页。杨泽忠、周海银的《利玛窦与坤舆万国全图》(《历史教学》2004年第10期)一文称该图"不仅绘出了世界地理位置，而且还装饰了很多可爱的小动物和小物品，如老虎、狮子、鲸鱼、狗熊和商船等，很招人喜欢"，作者显然没有仔细看原图，彩绘本《坤舆万国全图》是没有老虎和狗熊的。

③ Trollope, "Another Jesuit World—Map made in China", *Geographical Journal*, vol.53, No.2, 1919, pp.124–125.

彩绘本则是副本；后来，朝鲜人又根据正本（原奉先寺藏本）绘制了另一幅彩绘本《坤舆万国全图》，该摹绘本目前保存在日本大阪南蛮文化馆。[①]

（三）《两仪玄览图》

刊本的第三系列是利玛窦绘制的《两仪玄览图》。据日本学者鲇泽信太郎研究，《两仪玄览图》1603年由李应试刊刻于北京，该图共8幅，每屏幅纵200厘米，宽55厘米，通幅宽约442厘米，1949年在沈阳故宫翔凤阁发现。该图以《坤舆万国全图》为蓝本，由原来的6屏增加到8屏，除吴中明的旧序文外，还有李应试序跋各一，利玛窦序2篇，及冯应京、常胤绪、阮泰元、钟伯相、侯拱宸各一篇序。图上的另一条识语称参与刊刻的还有"耶稣会友人"钟伯相、黄芳济、游文辉、倪一诚、丘良禀、徐必登等人。该图的汉字旁边加注有墨书满文，而且山脉大都用青绿彩绘，十分醒目，当是清初流传入清宫内府供清帝浏览之用。冯应京在此图序中称利玛窦世界地图"凡三授梓。递增国土，而兹刻最后乃最详"。阮泰元的跋也称该图"幅愈广，述愈备"。可见该图是利玛窦绘制的所有世界地图中规模最大的一件，也是时人以为内容最完备的一幅。所谓"两仪"，出自《易·系辞上》："是故易有太极，是生两仪。两仪生四象，四象生八卦。"孔颖达疏："不言天地而言两仪者，指其物体；下与四象（引者按：金、木、水、火）相对，故曰两仪，谓两体容仪也。"[②]"四象"又指"东方之神青龙；西方之神白虎；南方之神朱

---

① 关于彩绘本《坤舆万国全图》的作者究竟是利玛窦还是稍后的汤若望，铃木信昭也无法确定。2003年，铃木信昭将其研究结论公开发表。参见［日］铃木信昭：《朝鲜肃宗三十四年描画入り〈坤舆万国全图〉考》，《史苑》2003年第2号。

② 阮元编：《十三经注疏》，北京：中华书局，1980年，第82页。

雀；北方之神玄武（龟蛇合体）"，因此，"两仪"也有"天地"之意。
而"玄览"源于道家的"玄象"，《两仪玄览图》的李应试序中有"往
哲以鸡卵喻两仪……余嗜中土玄象"。《老子》河上公注对"玄览"的
解释是"心居玄冥之处，览知万事，故谓之玄览"。因此，可以说《两
仪玄览图》的图名是李应试借用了道家术语。该图有利玛窦的新序，还
将《坤舆万国全图》中的"九重天图"改为"十一重天图"。《两仪玄
览图》除了熊三拔在《简平仪说》一书曾提及外，时人很少述及，可
见当时流传的范围比较有限。①1604年，该图由黄中允带入朝鲜。韩国
金良善在其《明末清初耶稣会宣教师制作的世界地图》一文中写到，朝
鲜王朝时期黄汝一及其子黄东溟在1603年和1604年两次作为使臣来到
北京，《两仪玄览图》为黄东溟1604年赴京回国时带入，日本鲇泽信太
郎则称他从珍藏该本地图的韩国江原道平海黄氏宗孙黄炳仁（时正留学
日本）处得知，地图为其先祖黄汝一被派遣出使明朝时所带回。②在烽
火连天的朝鲜战争中，崇实大学基督教博物馆创始人金良善"冒着弹
雨回到博物馆"，把这幅世界珍宝深埋于地下，最终幸运地将其保存下
来了。

除了上述三个系列外，利玛窦世界地图还有其他一些小图，如与徐
光启同科的万历甲辰（1604）进士，在北京户部供职的张京元，1610
年前曾结识利玛窦。户部主事虽属京官，但经常外出巡视漕例，不便
携带大幅地图，利玛窦世界地图"京版列为屏障，大盈一室，不便阅，

---

① 关于《两仪玄览图》，笔者在《利玛窦世界地图的刊刻与明清士人的"世界意识"》
（《近代中国研究集刊》第1辑《近代中国的国家形象与国家认同》，上海：上海古籍
出版社，2003年，第23—72页）中已有论及。
② 参见［日］鲇泽信太郎：《关于利玛窦的〈两仪玄览图〉》，《科学史译丛》1983年第
3期；杨雨蕾：《利玛窦世界地图传入韩国及其影响》，《中国历史地理论丛》2005年
第1辑；杨雨蕾：《韩国所见〈两仪玄览图〉》，《文献》2002年第4期。

阅亦苦远"。于是他邀约利玛窦为其"缩而小之，西泰公乃复殚思竭力，为两小图，可悬坐右。因与同门徐子先、姚仲含击节称善。共为捐奉，慕善公［工］刻之，遍贻海内"。张京元在该图序言中写道："先儒曰：天如卵白，地如卵黄。天包地外，而天无一息不旋转。天以圆转，则地在天内，亦为圆体明矣。世徒泥天圆地方之说，凡舆图悉为平面方隅之式，不知天圆地方云者，特以性情动静言之，非以形体言也。假如天以圆包于外，而地以平面方隅在内，则地之平面尽处，与天相接连。即相碍着，天于何隙旋转？且凡平面之物，虽亿万无算，必有尽处。自古曾未有算到地尽处者，正以地体本圆，人物周环附着，随其所附，见若平坦然。曰周环，故无尽处，故面面视天相去皆等，故天运而不觉。盖地如一丸，为气所乘，在圆天之正中。正如卵黄在白中，世宁有圆白方黄之卵哉？吾中国人，足不履户外，执泥局曲，耳目所未经。与之言，辄大骇。西域至人，多泛大海，涉重溟，多者数十载，少者数载，积百年来，寔文寔见，画而成图。西泰公归心中夏，谒见今上，以其图悬之通都，真是得未曾有。"[1]由上述张京元的序言不难见出，他向利玛窦建议将大屏风上的《万国坤舆全图》改绘成小图，又与徐光启、姚士慎共同捐资刊刻，即《万国小图》，又名《万国二圜图》。[2]

从上述三个系列的地图文本以及大小世界地图文本的分析中不难见出，序跋是认识和理解利玛窦世界地图三个系列和世界小图的重要资料，其中留下了不少制作者、合作者和传播者的大量信息，利氏世界地

---

[1] 张京元：《题〈万国小图〉序》，《汇释》，第109—110页。

[2] 载《汇释》，第109—110页。徐光台认为《万国二圜图》出自《山海舆地全图》（1600年），是经改绘与调整，印入《月令广义》（1602年）中的二小世界图。参见徐光台：《利玛窦〈万国二圜图〉与冯应京印"doi mappamondi piccoli"考》，《汉学研究》2014年第3期。

图的序跋即本文着重讨论的内容。

二、利玛窦世界地图中的明清中外学人
序跋及其史料价值

序跋的主要功能是扼要地介绍作品的内容，一般会留下撰写序跋人的姓名、朝代和年月等，对作者的生平、不同的版本和编刊的经过，以及作品的价值进行评估。[①]因此，古籍序跋是指导读者阅读和理解文献的向导，对读者起到了作者和读者的"纽带"与"桥梁"作用。序跋在写作上灵活多变，内容异彩纷呈，为读者提供了集中有效的阅读提示，但其体例、内容的驳杂不易被整体把握。在明清汉文西书中，序跋作为副文本的一种，广泛存在于地图文献的周围，是读者从作品外部走向正文所必经的一道门槛。编译者在汉文地图文献中所设计的一套阅读路线和阐释规则，会直接影响并干预读者的解读；编译者通过序跋阐发的文化理念，具有重要的史学价值，是建构理解明清中西文化交流史不可或缺的史料。汉文古籍地图是汉文古籍的重要组成部分，古籍地图的序跋中蕴含了大量的信息内容，是进行地图和地图史研究必不可少的重要资料。

地图是明清中西文化交流的重要例证，但关于汉文西书之地图上的明清人题跋却很少有专文研究。与本文讨论直接有关的前行研究有李佳

---

① 近人张相《古今文综》将序跋类文体概括为"序录类"。他将此类文体分为自序著述、序人著述、序古书、序译书、序表、序图、序谱、后序和杂序共九体，即他所说的"博观众制，约为九事，即分三章述焉"。另外又有第四章曰"杂序"，分序人、序物、序宴集、序身世；第五章曰"序录之其余各体"，分谱、录、跋、题、读、引、书后、记后诸体。从张相的论述和类目来看，跋只是"序录之其余各体"，处于附庸地位。参见吴承学、刘湘兰：《序跋类文体》，《古典文学知识》2009年第1期。

妮的《利玛窦世界地图中的明人序跋文研究》，该文首先对利玛窦世界
地图的中文序跋及作者进行分析，认为这些地图对晚明知识分子确实产
生了知识上和观念上的影响，一定程度上拓展了晚明知识分子的世界知
识，同时这种影响在对象、程度和地域上存在明显的差异；吴中明序
文部分肯定了地图的知识性内容；李之藻、徐光启序跋则从科技层面
接受了地图中包含的制图法、地圆说、经纬度等内容；郭子章等人的
序文接受了地图中与中国已有知识能相互印证之内容；冯应京序文则
认可了地图中有关世界地理知识的内容；李应试序跋主要接受了地圆
学说。从明人序跋可见，利玛窦世界地图从知识和技术等层面，扩展了
晚明知识分子的世界认知。①

　　序与跋原本是有所不同的，序言多由作者自著在成书之后，而跋语
虽然有在成书时就撰写的，但更多的跋多为"后览者"所写，多是在图
书流通传播过程中写成的。有些为刻书者所为，目的是为了扩大影响，
以广招徕，提高图书的知名度。由于地图自身属性，汉文地图中的序
和跋有时较难区分得很清楚；有些序跋的题写，或在地图完成前，或
在润色之后。特别是利玛窦世界地图，同一地图文本制作和刊刻的状况
比较复杂，或时间不同，或出自不同人之手，由此产生多个世界地图汉
文本。在序跋文的生成时间上，既可以产生于主文本创作的同一时期，
如利玛窦和李之藻的《坤舆万国全图》的序跋，也可以在主文本完成后
才出现，如赵可怀、郭子章的序跋。与其他类型的副文本相比，序跋在
生成时间的跨度上有着很大的灵活性。一幅地图可以同时有数篇序跋，
而且序跋的生成时间可以相隔很近，也可以相隔几个世纪。随着明朝印
刷业的发展，版本的更替加速了序跋的繁荣发展。同一幅地图的再刻

---

① 李佳妮：《利玛窦世界地图中的明人序跋文研究》，东北师范大学"亚洲文化研究"
　硕士学位论文，2013年。

再印，不仅作者会新添序言，而且也会出现由作者授权许可刻印者的序言，以及邀约友人撰写的序言。

从地图作者的角度来看，序可分为自序和他序两种：自序侧重于说明作者著述主旨，编著体例，成书或成图经过等等；他序则侧重于对作者作品的介绍和评价，多涉及图书对自身的影响。《汇释》及《补遗》搜集整理了三十篇明清人序跋（包括少数识语），概括起来，主要可以分为"自著"和"他著"两种。"自著"是指作者利玛窦本人所写的，"他著"是指其他中国学人（及日本、韩国学人）撰写的序跋。如果再细分，还可分出原刻序跋、重刻序跋。原刻序跋又称初刻序跋，即一书初刻时所写的序跋，重刻序跋指重刻一书时所写的序跋。

（一）利玛窦自著序跋（识语）类

1. 题《万国坤舆图》（《汇释》）

2.《两仪玄览图》序（《汇释》）

3. 识《两仪玄览图》（《汇释》）

4.《山海舆地全图》说（《汇释》）

5. 论地球比九重天之星远且大几何（《汇释》）

6. 论地球比九重天之星远且大几何（梵蒂冈本，《汇释》）

7. 九天地球诸星总论（《补遗》）

利玛窦在《〈山海舆地全图〉说》中是这样介绍西方地圆观念、五大洲学说的，并使用了大量的地理学新词汇：

> 夫地与海本是圆形，而合为一球，居天球之中。诚如鸡子，黄在青内。有谓地为方者，乃语其定而不移之性，非语其形体也。天

既包地，则彼此相应，故天有南北二极，地亦有之；天分三百六十度，地亦同之。天中有赤道，自赤道而南二十三度半为南道；赤道而北二十三度半为北道。按中国在北道之北。日行赤道则昼夜平；行南道，则昼短；行北道，则昼长。故天球有昼夜平圈列于中，昼短、昼长二圈列于南北，以著日行之界。地球亦设三圈，对于下焉。但天包地外为甚大，其度广；地处天中为甚小，其度狭，此其差异者耳。查得直行北方者，每路二百五十里，觉北极出高一度，南极入低一度；直行南方者，每路二百五十里，觉北极入低一度，南极出高一度。则不特审地形果圆，而并征地之每一度广二百五十里，则地之东、南、西、北各一周，有九万里实数也。是南北与东西数相等而不容异也。

夫地厚二万八千六百三十六里零百分里之三十六分，上下四旁，皆生齿所居，浑沦一球，原无上下。盖在天之内，何瞻非天？总六合内，凡足所伫即为下，凡首所向即为上。其专以身之所居分上下者，未然也。且予自大西浮海入中国，至昼夜平线，已见南、北二极，皆在平地，略无高低。道转而南，过大浪山，已见南极出地三十六度，则大浪山与中国上下相为对待矣。而吾彼时只仰天在上，未视之在下也。故谓地形圆，而周围皆生齿者，信然矣。

……以地势分舆地为五大州：曰欧逻巴，曰利未亚（引者注：即非洲），曰亚细亚，曰南北亚墨利加（引者注：即南北美洲），曰墨瓦蜡泥加。若欧逻巴者，南至地中海，北到卧兰的亚及冰海，东至大乃河、墨何的湖、大海，西至大西洋。若利未亚者，南至大浪山（引者注：即好望角），北至地中海，东至西红海、仙劳冷祖岛，西至河折亚诺沧。即此州只以圣地之下微路与亚细亚相联，其余全为四海所围。若亚细亚者，南至苏门答腊、吕宋等岛，北至新

曾白腊及北海，东至日本岛、大明海，西至大乃河、墨河的湖、大
海、西红海、小西洋。若亚墨利加者，全为四海所围，南北以微地
相联。若墨瓦蜡泥加者，尽在南方，惟见南极出地而北极恒藏焉，
其界未审何如，故未敢订之。惟其北边与大、小爪哇及墨瓦蜡泥峡
为境也。①

《汇释》不是对所有古籍收录的有关利玛窦世界地图的序跋识文不
加甄别地一概著录，而是对所有著录的利玛窦序跋识文均有考释，如编
者在该文注释中写道："此文在《坤舆万国全图》上原无标题。"编者尽
可能找到文字标题的出处，如说明此识文的标题根据最早著录此文的冯
应京《月令广义》文补上标题，冯应京著录的文字是除《坤舆万国全
图》之外的第二个著录本，第三个著录本见之《两仪玄览图》，第四个
为1607年成书的王圻的《三才图会》，第五个著录本为程百二的《方舆
胜略》，并说明各个著录本之间内容基本一致，其中以《坤舆万国全图》
之录文最长，有1 725字。其余各处均有删节，多为1 300余字，甚至
还有错录之处，如《月令广义》。所以《汇释》仅录此文，其他几种一
概不录。②编者还不同程度地注意到序跋识文存在教外与教内版本的差
别，如《汇释》编者说明何以要同时收入利玛窦所撰两篇《论地球比
九重天之星远且大几何》，称冯应京、戴任《月令广义》首卷与梵蒂冈
本所藏《坤舆万国全图》之同名录文"有很大的差距，关于九重天说，
其星辰次序完全相反。此本（引者按：《月令广义》首卷）第一重天作
'宗动天'，第九重天作'月轮天'，而《坤舆万国全图》中第一重天作

---

① 引文据《汇释》，第247—248页。参校朱维铮主编：《利玛窦中文著译集》，上海：
复旦大学出版社，2001年，第173—175页。
②《汇释》，第247页注释1。

'月天'，第九重天作'宗动天'"①。

利玛窦自著类序跋传达了许多西学新见解，在文化上对中国士人产生了强烈的冲击，如上述利玛窦在《〈山海舆地全图〉说》一文中称：大地"上下四旁，皆生齿所居，浑沦一球，原无上下"，并以自己"自大西浮海入中国"的亲身经历为例，说明"大浪山与中国上下相为对待［峙］矣"。所谓"地形圆，而周围皆生齿者"一说，给当时的中国士人以强烈的冲击，万历二十九年（1601）进士郑以伟曾感到匪夷所思，他在一首题为《上天》的诗中反复追问："人能上天，地下安有人？"②利玛窦自著类序跋多交代地图绘制与刊刻的细节，这些细节揭示具有一定意义，不仅有助于认识地图文献的风貌，而且有助于据此管窥原本西文地图成书地的文化状况。其次是便于确认汉文世界地图的编纂者为一人还是多人，编纂者在原本西文地图向汉文地图转换过程中扮演着重要角色。由此不难见出，汉文世界地图的序跋记载具有多重价值，不仅可以根据编纂者的生平来推定地图文献的成图时间，而且还可以依照编纂者的文化思想，推测地图所承载的思想倾向。序跋撰写者有时与地图文献的汉译者与编纂者为同一人，都是地图制作活动的参与者或组织者，因此地图的序跋较为客观、真实地还原了该图编纂和整理的详情，以及其形成的社会历史文化背景。地图序跋的真实记录具有重要的历史意义：地图的编纂与整理活动涉及当时的社会文化与西学活动，因而被赋予丰富的信息，由此有助于加深对明清汉文西书编译、整理活动的整体认识。

---

① 《汇释》，第248—250页、第248页注释1。
② 诗云："人能上天，地下安有人？黄鸡白日少忽老，玉马青门周复秦。纸上数行王霸字，棺中一窖战争尘。人能上天，地下安得人？"参见陈济生辑：《启祯遗诗》卷五，《四库禁毁书丛刊》集部第97册，北京：北京出版社，1997年，第362页。

（二）中国学人序跋（识语）类

1.（明）吴中明（万历进士，官员）：题《万国坤舆图》（《汇释》）

2.（明）章潢（秀才，明代理学家、教育家）：《舆地山海全图》叙（《汇释》）

3.（明）梁辀（儒学训导）：《乾坤万国全图古今人物事迹图》序（《汇释》）

4.（明）赵可怀（嘉靖进士，官员）：《山海舆地图》说（《汇释》）

5.（明）郭子章（隆庆进士，官员）：《山海舆地全图》序（《汇释》）

6.（明）李之藻（万历进士，官员）：题《万国坤舆图》（《汇释》）

7.（明）程百二（布衣，书商）：题《万国图》小引（《汇释》）

8.（明）祁光宗（万历进士，官员）：题《万国坤舆图》（《汇释》）

9.（明）杨景淳（万历进士，官员）：题《万国坤舆图》（《汇释》）

10.（明）陈民志（万历进士，官员）：跋《万国坤舆图》（《汇释》）

11.（明）张京元（万历进士，官员）：题《万国小图》序（《汇释》）

12.（明）徐光启（万历进士，官员）：题《万国二圜图》序（《汇释》）

13.（明）李应试（官员）：刻《两仪玄览图》（《汇释》）

14.（明）冯应京（万历进士，官员）：舆地图叙（《汇释》）

15.（明）邹采斯、阮泰元（疑为天主教徒）：题《两仪玄览图》（《汇释》）

16.（明）侯拱宸（驸马，寿阳公主的丈夫）：《两仪玄览图》跋（《汇释》）

17.（明）常胤绪（左军都督府掌府事怀远侯，太子太师）：《两仪玄览图》序（《汇释》）

18.（明）章潢：地球图说（《汇释》）

19.（明）章潢：《舆地圆图》考（《汇释》）

20.（明）冯应京：利山人《山海地舆图》外三圈天球（《汇释》）

21.（明）梁禾（儒学训导）：利马窦所作《坤舆万国全图》渺薄中国（《补遗》）

22.（明）江旭奇（诸生）：利玛窦曰地与海本是员形（《补遗》）

23.（明）张怡（诸生）：地球每度二百五十里（《补遗》）

24.（清）杨方达（举人）：论利玛窦《山海舆地全图说》（《补遗》）

25.（清）施男（按察副使）：利玛窦《舆地图》（《补遗》）

26.（清）吴任臣（翰林院检讨）：利玛窦舆图志（《补遗》）

（三）清嘉、道之前日本、朝鲜学人的序跋（识语）

1.［日］新井白石：书异言后（《补遗》）

2.［日］涉川春水：以坤舆万国横图缩画一圆球（《补遗》）

3.［朝］李种徽：利玛窦《南北极图》记（《补遗》）[①]

4.［朝］李圭景：万国经纬地球图辨证说（《补遗》）

从汤著《汇释》及《补遗》整理的利玛窦世界地图序跋材料可见，给地图作序跋与识语的凡30篇，其中中国学人序跋与识语26篇，日韩学人4篇；从时代来看，其中明人21位，清人3位，说明利玛窦世界地图流传的时空主要在明末，在清代流传的范围很小，这一数据

---

① 李种徽（1731—1797），字德叔，号修山，朝鲜全州道人。曾任兵曹参判。李朝后期阳明学者、历史学者，著有《东史志》及《修山集》等。此处称利玛窦有《南北极图》，但查现存利玛窦资料，尚未见利玛窦有《南北极图》的记录。利玛窦在《坤舆万国全图》的左边上下两角分别有南北极图，该图所录文字与李种徽所录的诸国文字差异甚大。查钱曾《钱遵王述古堂藏书目录》卷五收有"利玛窦《赤道南北极图》一卷一本"，可知当时确实有利玛窦《南北极图》单行本流传。参见汤开建：《补遗》。

也很符合利玛窦世界地图研究者的分析。在撰写序跋识语的21个中国人中，既有晚明天主教三大柱石中的徐光启和李之藻，也有高级官员、太子太师常胤绪和驸马侯拱宸；既有理学家、教育家章潢，也有布衣书商程百二，当然也有普通的天主教徒邹采斯、阮泰元；晚明撰写者中有10位是进士出身。这些无不说明利玛窦在晚明文人圈中有着巨大的影响，其庞杂的朋友圈涉及上下层不同文化的互动。中国学人序跋在利氏地图上具有相对的附属性，即序跋作者不能脱离地图文本洒脱地创作，序跋文的写作目的、主题、对象必须紧扣地图文本和作者利玛窦，以介绍、宣传和评述地图文本内容为主；序跋文的写作重在介绍推荐地图文本，鼓励扶掖这位来自远域的作者，绝不可脱离文本妄自发挥，而对于那些已经取得进士功名的文人，撰写序跋并非一项提高学术声誉的举措，实际上是起一个抑己扬人的学术帮衬作用。

利玛窦世界地图序跋为我们提供了不少已散佚的地图信息，由上述张京元的《题〈万国小图〉序》和徐光启的《题〈万国二圜图〉序》可见，利玛窦曾经听取张京元的建议，将大屏风上的《万国坤舆全图》改绘成两幅小图，由张京元与徐光启、姚士慎共同捐资刊刻。[①]这也是序跋重要的史料价值。肇庆版首幅中文版世界地图，应天巡抚赵可怀曾在苏州镌刻勒石，洪业和黄时鉴先后托人去苏州寻访，均无果而终；《汇释》整理者在王同轨《耳谈类增》一书中发现了赵可怀《〈山海舆地图〉说》序文。[②]这一发现也引发出一个新的问题，即赵可怀将首幅中文版世界地图命名为《山海舆地图》，并非《大瀛全图》，更接近章潢的《舆地山海全图》，而后如郭子章《〈山海舆地全图〉序》所载"太

---

① 《汇释》，第109—111页。

② 《汇释》，第104页。

西国利生持《山海舆地全图》入中国"①、吴中明《题〈万国坤舆图〉》所载"利山人自欧罗巴入中国,著《山海舆地全图》"②等,似乎"山海舆地图"的命名应出自赵可怀③。下面我们根据赵可怀的《〈山海舆地图〉说》进一步分析。赵氏序言如下:

> 图为今少司空赵公所命绘,而勒石吴郡,复序其端,语妙矣,因录之。曰:夫自混沌既开,玄黄攸剖,圆盖上覆,方舆下持,人以眇焉之身托处其中,如一粟泛海,与知几何。皇王迭兴,观天察地,周至曲评,然所辖中土,可以步计。即躔度分野、井乎有辨,第海以内耳。彼其人纵神圣,其耳目心思所及止此也。乃今兹图所载中国,幅员仅如丸弹,而海以外,殊方绝域,广漠无垠。山名水号,寡闻罕觌。至谓天顶不动,众星七千年一周,而以十重包地,三十六线,一线三百六十分,总七万二千里。其论视《浑天》《周髀》与四洲、三界等说,更为浩瀚。夫人非章、亥,乌能步其短长? 帝非金轮,④安能周其广狭? 若兹图者,是耶? 非耶? 吾谁使正之? 抑闻庄生有言:"计四海之在天地间也,其犹礨空之在大泽乎?"盖以理推而逆天地之无穷也。则兹图所载,何谓无有? 要之,存而不论可耳。勒石何居? 嘻! 有说

---

① 《汇释》,第105页。

② 《汇释》,第100页。

③ 汤氏认为《山海舆地图》得名自赵可怀,"后来所出现的各种'山海舆地图'或者'舆地山海图'之名,均应是受赵可怀的影响而命名"。参见汤开建:《明代利玛窦世界地图传播史四题》。

④ 文中所谓"章、亥",即古代传说中善走之人大章和竖亥;玄奘《〈大唐西域记〉序》:"金轮王乃化被四天下,银轮王则政隔北拘卢,铜轮王除北拘卢及西瞿陀尼,铁轮王则惟赡部洲。"参见陈佳荣等编:《历代中外行纪》,上海:上海辞书出版社,2008年,第146页。

焉。天地无穷，吾心之体亦无尽，而醯鸡、井蛙之流，往往自隘其心，故勒兹图，引之使游无畛之域，当必有见于天地之间。尧舜揖让，犹杯酒也；汤武征诛，如弈棋也。周孔之该博，金牛之一体耳；夷由之特行，昆冈之只玉耳。而况数圣贤而外，挟沾沾之善，负戋戋之学者，方求自尽吾心之不暇，而奚暇自多为向海若之所笑欤？噫！上士得心而忘图，中士因图以悟心，斯余勒石意也。万历丁酉（1597）夏月吉督抚江南兵部右侍郎巴郡赵可怀书。①

编者在《汇释》中指出，赵可怀所刻《山海舆地图》经多方查证考订，明确已佚，而今从王同轨《耳谈类增》发现赵氏《〈山海舆地图〉说》，实为利玛窦世界地图传播史上的一件大事。并在释文中考订出王同轨的生平，称其生卒年不详，字行父，湖北黄冈人，万历、天启时人。曾游学于南京太学、江浙、闽粤之地，并居京五年，由贡生任职江宁知县，后任职南京太仆寺主簿。②赵可怀的序文包含丰富的信息，可以考见1597年赵氏将肇庆版《山海舆地图》勒石于苏州并作序，但石刻原件或拓片至今未被发现。幸运的是，赵可怀《山海舆地图》序被王同轨《耳谈类增》全文收录了。由于该序肇庆版《山海舆地图》失佚，该序言目前可以确定是关于肇庆版《山海舆地图》最直接的材料，通过赵可怀序言，我们可以探究肇庆版《山海舆地图》的形制和演变，

---

① 《汇释》，第103—104页。校核王同轨：《耳谈类增》卷三十三，《续修四库全书》第1268册子部小说家类影印万历三十一年刻本，上海：上海古籍出版社，1995年，第203—204页。该段文字标点引者有所调整。《汇释》中将原文"吾谁使正之"误作"吾谁能使正之"；"噫！有说焉"误作"嘻有说焉"；"而况数圣贤而外，挟沾沾之善，负戋戋之学者"误作"而况数圣贤，而外挟沾沾之善，负戋戋之学者"。

② 《汇释》，第103—104页。

如"至谓天顶不动,众星七千年一周,而以十重包地,三十六线,一线三百六十分,总七万二千里"这句话,可使我们大致窥探利玛窦肇庆版《山海舆地图》的内容和形制。"而以十重包地,三十六线":"十"和"三十六"应该分别指纬线和经线,也就是说肇庆版《山海舆地图》大致纬度每20度一等分,经度每10度一等分。而从南昌版开始,后续世界地图变为纬度每10度一等分,经度则仍为每10度一等分,即更细致了。"一线三百六十分":大致对应利玛窦《〈山海舆地全图〉说》中"天有南北二极,地亦有之;天分三百六十度,地亦同之"。赵可怀在序中也称其之所以勒石,与翻刻和赞誉利玛窦世界地图的很多士大夫一样,也是受到了"中国幅员仅如丸弹"这一观念的冲击,从而调动了他庄子"小大之辨"的思想资源,进而延伸到了"天地无穷,吾心之体亦无尽",和明代心学也有了某种关联。再如,与其他序跋相较(如郭子章、冯应京、李之藻序),同样是和中国现有舆地、天文思想类比,赵可怀征引的除了共通的"《浑天(仪注)》《周髀》"外,更多掺杂了佛老思想,或可据此考察赵可怀的思想倾向。陈拓曾指出,赵可怀之所以选择勒石而非翻刻等其他方式,是因为中国存在较悠久的石刻地图传统,而苏州又长期是一个石刻地图中心,所以赵可怀的苏州刻石可视作这一传统的延续,此其一。其次,为何赵可怀在《山海舆地图》序中着重强调"以十重包地,三十六线,一线三百六十分,总七万二千里"?这当与《禹迹图》《广舆图》等纷纷采用"计里画方"法绘制不无关系,虽然在现代人看来"计里画方"和西方经纬度并不相同,但赵可怀应该是把二者视作等同或近似的产物了,尤其是当时他并不认识利玛窦,对西方地理学尚缺乏准确的了解。因此,他以及石刻的刻工理解的"以十重包地,三十六线,一线三百六十分,总七万二千里",很可能近似于10条横线、36条纵线,构成360方,又因为"总七万二千里",故每方折地200里。此间包含一个中西地图测绘学的互动与容受的过程。^①赵可怀的序言为我们探究利玛窦世界地图第一系列肇庆版《山海舆地图》的形制，提供了重要参考；而且我们还可以据此看到利玛窦世界地图后续两个系列是如何继承第一系列及其之后发生的变化。赵可怀的序言，为研究者窥探利玛窦最早绘制的中文世界地图，以及为研究利玛窦世界地图在华的影响史，补上了缺失的重要一环。

中国文人官员以撰写序跋的形式参与地图的制作，是把利玛窦世界地图提升到了一个以文人官员视角来欣赏的高度。考察各种版本的世界地图，会发现它们都有一个共同的特点，即符合文人的喜好。这一汉文世界地图尽管没有迎合文人对山水画的兴趣，绘制成青绿山水的形式，但为了迎合文人华夷天朝中心主义思想的趣味，仍是尽量把中国放在世界的中心，特别是《坤舆万国全图》的彩绘本，绘入西洋各种奇鸟异兽，满足了晚明文人的尚"奇"心态。^②由于舆图的主要消费群体是文人读者，因此面对文人阶层的宣传就显得尤为重要。从宣传方面来说，文人官员以序跋和识语的形式，参与了汉文世界地图的绘制，进一步深化了对其历史价值和文化价值的理解。

地图和舆地知识的东渐与西传，为中西文化互鉴和交流提供了重要的契机。中国人通过来华西洋传教士传入的汉文世界地图获取外部世界的信息，而西洋传教士们则通过收集和绘制中国地图，传回欧洲，给西方世界提供了关于东亚世界地理空间的资料。来自不同阶层、文化圈的文人官员，如吴中明、章潢、梁辀、赵可怀、郭子章、李之藻、程

---

① 赵可怀一序，陈拓也曾独立发现，并有非常详细的解读，参见氏著《求其友声：明末清初天主教文献序跋中的中西互动》第一章，复旦大学历史系中国史方向硕士学位论文，2016年。

② 参见邹振环：《殊方异兽与中西对话：〈坤舆万国全图〉中的动物图文》，李庆新主编：《海洋史研究》第7辑，第292—333页。

百二、祁光宗、杨景淳、陈民志、张京元、徐光启、李应试、冯应京、邹采斯、阮泰元、侯拱宸、常胤绪，以及王泮、王弘诲、王应麟，都对利玛窦世界地图产生了浓厚的兴趣，以撰写序跋和识语的工作参与了汉文世界地图的绘制和传播。除了利玛窦世界地图所带来的属于学术性的新地理知识的诱导和新的世界意识的冲击之外，还因为这些地图资料为了解东亚海上的倭寇活动，以及葡萄牙、西班牙的东来及其在东亚和东南亚的殖民、贸易活动，提供了重要的知识信息。

三、《汇释》及《补遗》中利玛窦世界地图序跋文选编的特色

序跋及识语介绍制作地图的经过，评论图文高下，或解题释义，或叙述原委，或考证源流，或辨别真伪，或版本批评，或钩沉文事，或聊记掌故，堪称一篇篇短小的学术论文，给后人留下了珍贵的地图注记材料。把这些作者自著的序跋（识语）和中国文人官员的序跋整理汇集，加以校注，成为汤著《汇释》及《补遗》的重要特色。

首先，地图序跋真实记录了利玛窦同一祖本相关汉译文本的差异，多角度勾勒了利玛窦世界地图文本汉译与整理流变的痕迹。同一祖本的不同流传文本刊刻的时间、地点不同，与之相关汉译本的名称亦有所不同，此现象暗示了利玛窦地图文本复杂的流变情况。地图序跋梳理了同一祖本或不同祖本相关汉文本的差异，记录了同一祖本不同流传文本名称的变化。《汇释》及《补遗》尽可能将利玛窦世界地图的中文各类序跋汇集齐全，特别是将原来分散在各处的利玛窦世界地图的序跋文汇集一书，呈现出利玛窦世界地图创制和传播的总体面貌。初

版本序跋或存在，抑或因历史的客观因素，在流传过程中散佚了，随着时间的推移，后人在资料的整理过程中，从其他文集中重新获取了散佚的初版序跋。利玛窦世界地图的三个传播系列中很多地图的原本已经佚失，如1583年的肇庆版世界地图、1596年南昌版世界地图均未见存世，而章潢《图书编》卷二十九存有一摹刻本，并移录有利玛窦《地球图说》序跋。肇庆版《山海舆地图》佚失，使学界无法了解第一系列的基本面貌，而赵可怀一序的发现，成为目前可以确定的肇庆版《山海舆地图》的最直接的材料，据此我们可以探究肇庆版《山海舆地图》的形制和演变。1600年南京版世界地图，贵州巡抚郭子章将其缩刻，虽地图原本未见存世，但郭子章所作《山海舆地全图序》却保留在他的文集《蟫衣生黔草》卷一一之中；冯应京《月令广义》首卷和王圻《三才图会》"地理一"中存有摹本和序跋文。万历壬寅（1602）利玛窦的题《万国坤舆图》和李之藻刻《坤舆万国全图》初刻序跋、第一次改订版序跋和第二次改订版序跋，以及1603年李应试所刻《两仪玄览图》序跋，都由《汇释》的编者从诸种文集和地图文本中辑出，汇编一集，为研究利玛窦世界地图提供了不同时期序跋的丰富材料。不同时期利玛窦世界地图的序跋作为一个历时的有机整体，通过文本细读，爬梳整理，可以厘清特定的文本关系。《汇释》收录的利玛窦世界地图序跋文，规模性地展示了作为同一副文本类型的序跋，不仅有数量上的反复叠加，而且在时间上也有间歇性不断出现的特征，这些都有助于考证利玛窦中文世界地图的演变历程。利玛窦世界地图文本的序跋在历史的文本性与文本的历史性之互涉中，透射出历史与叙述的多重镜像。

其次，标题是序跋的身份标识，是与其他序跋相区分的重要方式之一。《汇释》编著整理者的一大贡献是为很多缺乏标题的序跋确立标题。

由于历史原因，利玛窦世界地图上序跋的标题很多处于"空缺"状态，其中或有标题并非为作者所拟，而是由第三方人士所设置；或因为后来编入文集，才有了文集编者附加的标题。《汇释》的编者反复斟酌，为这些无标题的序跋重新拟订了符合实际或更为准确的新标题。如利玛窦的《两仪玄览图》有多篇序跋没有标题，编者一一据实际情况补上，如李之藻的《题〈万国坤舆图〉》，程百二的《题〈万国图〉小引》，祁光宗的《题〈万国坤舆图〉》，杨景淳的《题〈万国坤舆图〉》、邹采斯、阮泰元的《题〈两仪玄览图〉》、侯拱宸的《〈两仪玄览图〉跋》，原无标题，编者根据刘凝《天学集解》所加标题重新拟订。《识〈两仪玄览图〉》一篇，黄时鉴、龚缨晏作"利玛窦识"，王绵厚作《南北两半球图序》，汤开建认为"王氏以利玛窦序文内容而定其标题，但无证据。余改为《识〈两仪玄览图〉》"。①名称与其所指代的对象是一体的，若名称不同，则它所指代的对象亦不同，在同一地图的相关汉文本中，不同名称所指代的汉文西书不同，也就构成了利玛窦地图流变的要素之一，折射出西学流变的痕迹，地图序跋题名也记录了利玛窦世界地图在不同时空范围被多次汉译、刊刻和流传的复杂背景。

再次，《汇释》旁征博引，其所"释"多比较精当。如在校核利玛窦世界地图序跋文的过程中，编者多次引用利玛窦著、文铮译、梅欧金校的《耶稣会与天主教进入中国史》和罗渔译《利玛窦书信集》作为旁证资料，在校订序跋文字的过程中，编者比较审慎，不采取轻改原文的理校法，如梁辀《乾坤万国全图古今人物事迹图》序中有"万历癸巳"，为1593年的时间节点，有学者认为"癸巳"二字为误刻，当为"癸卯"或"乙巳"，编者认为此说推测不确："因为作序者在落款的

①《汇释》，第112页。

年代上不会如此马虎草率"，因而提出另一种假设："即1584年王泮刊印的利玛窦《山海舆地图》在万历癸巳之前已经传至南京，当时的南京士人已将该图'翻刻有六幅者'，故梁辀得以见此图。而将此图的部分内容纳入到他的《乾坤万国全图古今人物事迹图》中。余赞成黄时鉴先生的说法，梁辀完全有可能是参照利玛窦1584年肇庆版世界地图而绘制的该图。"[1] 在关于利玛窦与郭子章见面的时间和地点上，编者也比较了林金水和肖清和两家的看法，指出林金水认为利玛窦、郭子章见面时间为1588—1589年间，而肖清和认为1586—1588年间郭子章已出任四川提学佥事，后于1589年迁两浙参政，因此不可能在此期间会见利玛窦。《汇释》编者最终利用利玛窦著、文铮译、梅欧金校的《耶稣会与天主教进入中国史》和罗渔译《利玛窦书信集》，考证郭子章1586年任职潮州知府时，与时任两广总督的吴文华有同学之谊，"因此郭氏很有可能在赴肇庆与吴文华会面期间见到了利玛窦"。[2] 这一考订颇具说服力。

虽然编者在《汇释》及《补遗》中通过各种手段对有关利玛窦的资料进行了地毯式的大规模搜寻，但仍难免漏收，如《汇释》收录明朝士人费元禄《天竺窦上人》和《番僧琍玛窦》[3]，实际上题为"天竺窦上人"的书信前后有两封，《汇释》漏收了后一封："昔人与深公言，一往辄有深诣，仆逐逐风尘，希见盛德，正恐劳生不得解其天弢耳，迟当上问。"[4] 漏收的还有费元禄的《天竺窦法师自粤中人豫章》一首诗："碧眼胡僧至，清斋舍利园。传经来竺国，译梵学秦言。庐岳寻莲社，曹

---

① 《汇释》，第103页。
② 《汇释》，第105页。
③ 《汇释》，第460页。
④ 费元禄：《甲秀园集》卷三十八，《四库禁毁书丛刊》集部第62册影印明万历刻本，第572页。

溪卧石门。不知灵鹫后，几代法王孙。"[1]另外，选收的序跋也出现了若干底本和版本的混淆。如《汇释》第143—144页称《圣德来远叙》录自序跋集《绝徼同文纪》；如果底本系《绝徼同文纪》，那么，选收的《圣德来远叙》末就不会有所署"万历壬子孟夏日庐陵彭惟成书于良乡公馆"这一段文字，因为该段文字并未见之《绝徼同文纪》，而应出自《泰西水法》。不过这些小错，于《汇释》及《补遗》仅属白璧微瑕。

四、结　语

以往的学者普遍侧重于利用明清汉文西书序跋来佐证某些观点，而对序跋（识语）文献及其史料价值本身缺乏足够的认识，至今少有专门论著将序跋作为一个独立的对象来进行考察。最早从事明清耶稣会士汉文西书序跋汇集整理工作的要数万历四十三年（1615）杨廷筠编撰的《绝徼同文纪》[2]，该书收集了明末来华耶稣会士利玛窦、庞迪我、熊三拔、阳玛诺自撰或与中国士大夫合作编译的23部汉文西书的69篇序、引、跋，涉及编作者凡31人，包括多位明代的士大夫。之后清初儒家基督徒刘凝（1620—1715）编纂了《天学集解》（抄本收藏于俄国圣彼得堡公共图书馆），该书除汇编了284篇明清汉文西书序跋外，亦有涉及西学、西教以及少量告示、堂记等其他形式的篇文。[3]比较系统地对明清耶稣会士汉文西书序跋进行整理的，可以1949年中华书局推出的

---

① 费元禄：《甲秀园集》卷十，第307页。
② 钟鸣旦、杜鼎克、蒙曦主编：《法国国家图书馆明清天主教文献》第六册，台北：台北利氏学社，2009年，第1—342页。
③ 参见李青：《〈天学集解〉稀见文献整理研究》，北京外国语大学硕士学位论文，2014年。

徐宗泽（1886—1947）《明清间耶稣会士译著提要》一书为代表。该书分圣书、真教辩护、神哲学、教史、历算、科学、格言七类，整理了徐家汇藏书楼的藏本，每类之首有总论，每类中一书有一提要，介绍译著者、刊印时期、出版地点，然后收录明清之际西方传教士和中国士人为汉文西书留下的各种序跋，后附有索引，颇便检索；加上绪言和译著者传略共九卷，卷十还附录徐汇、巴黎和梵蒂冈图书馆的书目。徐氏注意将这些序跋放在明末清初西学东渐的背景之下进行文献学的梳理，是目前学界讨论中西文化交流相关话题所依据的重要资料线索。①

　　序跋作为副文本的元素之一，具有广阔的言说空间和指涉范围，并直接与正文本构成"互文"关系，作为汉文西书副文本的序跋，对于文化交流史研究有着重要意义。由于明末清初基督教汉文西书在不同的时期还形成了教内、教外不同版本的序跋识文，其间的文字差异，还反映了中西文化交流的复杂性。序跋文献在副文本中占有重要地位，一个完整的地图文本不仅仅包括正文本，也包括了各种副文本因素。地图序跋这一副文本体裁，能为地图文本提供一种氛围，为读者阅读地图文本提供一种导引，参与了地图文本意义的生成和确立。汉文地图文献的序跋，通过评论，与地图正文之间构成一种互为解释的关系，汉文地图序

---

① 目前所知，全面考察明清耶稣会士汉文西书序跋的专文有限，吕英杰的《晚明耶稣会士译著序跋研究》（东北师范大学"亚洲文化研究"硕士学位论文，2014年）以《明清间耶稣会士译著提要》中所涉及的明人序跋作为主要的研究范围，按照译著所涉题材的不同，分学科概述译著内容，考察序跋作者身份，勾勒这些序跋的写作背景；依据序跋内容分析不同的晚明知识分子究竟是如何看待和理解西方科技、人文学术和天主教信仰的，在此基础上归纳晚明知识分子对于不同题材的西学之关注各自有何特点。作者认为西学传入中国后，这些参与序跋的知识分子作为晚明士人精英阶层的代表，在认识上表现出了一定的主动性，他们普遍会从外来文化与本土文化相融性出发，对其进行价值判断。但在这种共同的心理倾向下，他们对西学的认识是有所差异的。就整体来看，晚明时代背景下的士大夫群体对西学的认识并不是僵化或局限在某一层面的，其实际上是一个从本土文化出发，经由具体的、动态的思考而"求同存异"的过程。

跋副文本参与、丰富和阐释了利玛窦世界地图文本的意义，推动了明清西学在中国的传播。

明清之际汉文西书序跋识文正是这一中西文化流变的真实记录，从地图流传的角度来看，利玛窦世界地图序跋梳理了欧洲世界地图如何进入中国转变为汉文世界地图的过程，留下了明清之际西学流变的重要印痕，可谓是西学在华，乃至于东亚世界的传播、流变与交融的历史明证。《汇释》及《补遗》将这些记录地图的多次编译和刊刻信息的序跋，汇集一书，并予以简要的诠释，对于勾勒明清之际西学东渐的流变史，具有重要的意义，也有助于对西学传播的整体认识。

附记：本文初稿2018年9月曾提交澳门历史文化研究会第17届学术年会暨"澳门与中西文化交流国际研讨会"，作者因故未成行。论文修订过程中，承复旦大学历史系中国古代史博士生陈拓提供线索，特此鸣谢。

《关羽：一个失败英雄的宗教后世》
与明清宗教史研究中的新问题

王 兴

（复旦大学历史系）

原牛津大学汉学教授田海（Barend J. ter Haar）于2017年发表新书《关羽：一个失败英雄的宗教后世》（*Guan Yu: The Religious Life of a Failed Hero*，以下简称《关羽》）。[①]本书由英国牛津大学出版社出版，是田海的第四本英文学术专著。田海的这部新书篇幅并不长，全书正文共253页，汇集他在近年研究中国关帝崇拜历史文本中的新发现和新观点。关帝信仰研究本身在国内外史学界并不是全新的话题。早在1941年，日本学者井上以智为就梳理了关帝庙流行于中国的历史。[②]德国学者Gunter Diesinger在其1984年出版的博士论文中也详尽搜集了各种关帝信仰的文本史料。[③]国内学界关帝信仰研究已经成为一个近乎"饱和"的话题。对于不同地域、不同时期、不同教派、不同形式关帝信仰的考察研究汗牛充栋，尤其是明清关帝信仰的相关研究文献数量最为醒

---

① 田海现为德国汉堡大学汉学教授，本书发表于他在牛津任教期间。原书 *Guan Yu: The Religious Life of a Failed Hero*, Oxford：Oxford University Press，2017。

② ［日］井上以智为：《關羽祠廟の由来並に變遷》，《史林》第26期第2卷，1941年。

③ Gunter Diesinger, *Vom General zum Gott: Kuan Yü（gest. 220 n. Chr.）und seine "posthume Karriere"*，海德堡大学博士学位论文，1983年。

目。然而在一个看似饱和的话题中，本书抛出的诸多问题却非常值得历史研究者关注。田海在书中明确指出，海内外的关帝信仰研究看似饱和，难以挖掘出新材料和观点，但实际上大部分研究是重复性的资料搜集，并没有对已有的大量历史材料进行深度反思。因此许多被当作史学定论的错误观点被继承和反复使用。作者在书中指出，此书有两个目的：一是重新梳理关帝信仰在历史上的演变与发展，尤其是明清时期的关帝信仰之变化，澄清一些以往关帝文化研究学者未能发现、深入探讨的问题；第二个目的则更加宏观，作者试图以关帝信仰为切入口，对以往历史学研究，尤其是宗教史学研究的方法和定论提出质疑。在这些质疑和挑战中，田海呈现了一种较为独特的史学研究方法。本文将以介绍田海新书为引，进一步探讨他在书中提出的史学研究新问题以及未来宗教史学方法与视角转变的可能性。不论作者的观点是否合理，这些问题都值得学界对其作出回应。

一、《关羽：一个失败英雄的宗教后世》

本书主要探讨了中国历史上对于三国时期著名武将关羽的信仰在不同历史文本中的演变。田海指出他的研究的关键：这本书是关于关帝如何从一个历史人物变化为宗教崇拜对象的研究；在此基础之上，本书着重突出历史文本，尤其是宗教历史文本的"口头历史"（oral history）要素。①田海认为，构成宗教信仰的要素之一是对于信仰的体验，而这些体验本身是通过宗教个体和团体的"记忆"（memory）来承

---

① 《关羽》，第2页。

载。记述这些宗教记忆的有可能是书写文本，但是更有可能的是日常生活中的谈话——口头文本。宗教历史文本的特殊性在于有些文本是相对中性的历史记录，可以作为可靠的历史依据，而另一些则是类似于民间传说的故事，往往不受传统宗教史学的重视。这类传说文本很多是由当时受到教育的士绅、知识分子阶层将民间口口相传的故事或当事人口述的经历记录而成。田海提出，从宗教历史的特殊性出发，这两种文本具有同样的价值，因为对于宗教信仰者以及在特定文化语境下的人来说，这些就是历史、一种体验化的"现实"（reality）。在信者眼中，这些故事是关于真实发生过的事件的记忆。由此可见，与关帝信仰相关的各种官史、笔记小说、地方志、碑文中随处可见的"灵验故事"本身，应当和关帝信仰的严肃历史文本受到同等对待。诸多士大夫笔下关于关公的传说故事和地方文学中的关公背后，实际上是另一部口头历史，被人们口口相传，当作真实的宗教体验和记忆不断转述和流传。在田海看来，这也同时解释了为什么诸多官史编纂者、士大夫、地方乡绅要费尽心力搜集、传抄、编纂这些民间口头文本，因为在一个传统宗教信仰语境中，这些故事和严肃的历史之间没有明确的界限。田海对于关帝信仰的研究方法之创新，就在于打破"信史"与传说的界限，重新构造历史上关帝信仰的全面图景。

本书一开始，田海提出了一个重要的、和以往研究关羽信仰的学者完全不同的问题。他认为关羽信仰的佛教起源值得商榷。井上以智为的研究中已经提出佛教在关帝信仰的流行化中扮演着重要的因素。在田海之前，印度裔美国汉学家杜赞奇（Prasenjit Duara）曾发表过一篇在西方汉学界颇有影响的英文论文《题写象征：中国战神关帝的神话》（*Superscribing Symbols: The Myth of Guandi，Chinese God of War*）。杜赞奇在文章中将著名中国佛教天台宗祖师智𫖮超度无头关羽亡魂的故事作为关帝信仰的神话原型，认为关羽作为佛教护法的角色是后期道教关羽信仰、宫廷关羽信仰，以及民间关羽信仰的源头。杜赞奇用符号学与文本学的理论，揭示出在不同语境下关帝信仰话语体系的连贯性与一致性，并提出书写的神话文本在关帝信仰的传播中具有决定作用。[①]

田海对于杜赞奇关帝研究的方法和史料提出质疑。他指出，杜赞奇文章中有关关羽传说研究的主要来源是日本学者井上以智为与民国时期中国民俗学者黄华节的研究。此二人对于关羽信仰的研究奠定了中外学术界"关羽信仰起源于其佛教护法形象"的定论。[②]后续学者对于关羽的研究全盘接受了这一结论，并且以此为出发点来解释关羽信仰的相关现象。但田海发现，这一定论实际上并不符合中国历史中关羽形象构建的复杂过程。田海的研究方法更为丰富，他重新考察了多种历史文本中对于关羽的记载，同时走访中国各地，搜集口头传承的关羽信仰资料。在对于历史文本的研究中，他还区分了不同关羽文本的"历史谱系"，把官员和正史记载的"精英化"关羽信仰文本，和地方志、文人笔记小说、碑文、地方仪式文本等文本结合。通过对精英文本、民间文本、口头历史三种材料的比较研究，田海力图构建出一个更为复杂的作为神的关公形象。

田海的研究中，最重要的几个观点是：首先，关于关帝传说与崇拜的文本历史背后是另一种口头宗教历史。历史上大量关于关公显灵，以及神格化关公的故事，实际上都是在当时社会口口相传，然后被人以文字记录。这就说明在笔记小说、地方志、碑文，甚至是精英历史中的关帝，实际上大多都是口头历史和口头传承所塑造的结果。因此精英文

---

① Prasenjit Duara, "Superscribing Symbols: The Myth of Guandi, Chinese God of War", *The Journal of Asian Studies*, vol.47, no.4（November 1988）, pp.780–782.

② 黄华节：《关公的人格与神格》，台北：台湾商务印书馆，1967年。

本中的关帝形象，极大可能依然来自民间，只不过这些形象被士大夫精英团体的固有视角和观念重新筛选和修改。宋代对于关帝的国家崇拜，也只不过是这种民间宗教的流行并涌入精英阶层的结果。如果硬要说关公信仰有一个来源，那么极有可能是古代中国社会的口头历史与民间崇拜。文本历史中的关公，并不比现在依旧口头传承中的关公更接近历史"真实"。传说型的文本历史也只不过是另一种形式的口头历史。这也就联系到他开篇提出的问题，即对于宗教历史研究，是否要区分什么是"信史"？

从这样一个观点出发，关公信仰起源于佛教护法崇拜这一定论就变得可疑。在田海关于智颛度化无头鬼的这一传说的考察中，他已经发现了文本记载的矛盾之处。杜赞奇使用的史料是宋明两代关于玉泉寺关公崇拜的记载。而田海指出，早在晋朝，与关公相关的血祭祭祀仪式已经出现。一直以来学界无法解释的环节是，当阳玉泉山佛教寺庙为什么在历史的某一节点上突然开始崇拜关公？从智颛大师灌顶对于玉泉山护法的记录来看，初唐这一超度事件的主角并不是关公。与智颛大师对话的无头鬼，实际上是一只龙王。[①]而宋代开始的记录中，才把主角换成了关公。现在当阳地区流行的口头传说中，依旧认为玉泉寺下的镇寺神是一只枉死的龙王，玉泉山附近也没有任何关羽崇拜的遗迹，却保留着一处晚唐时期的龙王崇拜遗迹。另一值得注意的问题是，从汉末开始，对于"吃血恶鬼"的崇拜屡见于志怪小说中。这些枉死之人的冤魂被描绘成长发红面的恶鬼，侵扰人们的生活，生吃活人血肉，但同时又具备一定神力，并且可以通过祭祀的方式向他们祈求愿望。这一信仰在唐中期黄巢之乱达到高潮。战乱带来的大面积死亡使得吃血恶鬼的传说和

---

① 灌顶：《智者大师别传注》，《卍续藏经》第77卷，京都：藏经书院，1912年，下卷，第671页。

祭祀尤为流行，也是在这一时期，崇拜枉死恶鬼"关三郎"（即关羽），为关三郎建庙来平复鬼魂作乱成为一种民间流行的现象。此时才有最早关羽协助建造玉泉寺的记录，而这一记录正是当阳当地的石碑，故事本身也取自当时人们的口头传说。这一记载里，也并未提到当时此地寺庙崇拜关羽，或将他列为护法正神。唐末范摅的记载中也已经出现了这一说法。唐末的传奇神话里将关羽纳入其民间神谱体系中。①而唐传奇本身，就具有极强的口头性和表演性，是民间口头传说文本化的典范。由此可见，关帝信仰的出现，在历史文本和口头传说中几乎没有任何和佛教护法相关的要素。

作者在此基础上进一步提出，南宋之后才逐渐成为全国性信仰的关帝崇拜，实际上既不是由道教完成，也不是由佛教完成。南宋时期开始遍布于中国南部的关帝崇拜完全覆盖到北方中国，成为全国性现象的原因，很有可能是信众将其奉为一尊"军事神明"（martial deity）。传统的关帝研究中，学者普遍认为民间书写文学中的关帝形象——尤其是类似《三国演义》的民间小说——是关帝崇拜的重要源头。而田海提出，这样的论断没有任何史料根据，实际上完全出于一种现代学院式的逻辑：书写文本在影响一个社会的文化上有决定性作用。而事实是，在一个像传统中国一样识字率极低的社会里，书写文本对于大面积的社会文化能够施加的影响其实非常有限。关于关帝信仰与书写文本的疑问是，《三国志》中的诸多人物里，为什么只有关羽受到如此广泛的崇拜？为什么早在《三国演义》问世的几百年前，关羽信仰已经遍布中国南部？作者的观点是，书写文本所塑造的关羽之外，必定有另一套或者多套关羽信仰的文化存在，而这些书写文本之外的宗教话语依靠民间口

---

① 范摅：《云溪友议》，《四部丛刊续编》本，上海：商务印书馆，1934年，第21页。

头传播。之后的地方性文学和士大夫文学中的关羽形象是这种已经成规模的关帝崇拜在文学作品中的反映。从田海所追溯最初的关帝庙建立史料，以及其对于整个中国东部关帝庙的田野调查来看，关帝崇拜传播之初实际上来源于军人对其的信仰与推崇。明中期以前，地方关帝崇拜都具有极强的军事/宗族色彩。地方宗族村落乃至城市信众将其作为地方军事保护者来祭祀。

这样的信仰又是如何传播的呢？田海指出，关帝信仰在中国南部的扩散和从南部向北部的传播很难在所谓"信史"的史书中发现端倪。而最有力的材料却是志怪、笔记史料。从种种文献中他发现，关帝传播依靠的是人们口口相传的"灵验故事"。随北上商队、旅人、移民、军队传播到北方的关公灵验故事，在明代开始逐渐增多，伴随而来的是北方关帝庙如雨后春笋般出现。直至明洪武末年，北方各地方志中农村、城市各地祭祀关帝的记载才陆续出现。

接下来的问题就是，关帝作为伽蓝神的形象又是怎么出现，如何演变的呢？关羽的形象如何渐渐演变为手持青龙偃月刀的红面美髯公？这些就是单纯的"信史""史志"文献无法解决的问题，因为它们与关帝作为一个宗教崇拜的对象如何被信众感知、接受和理解有关。田海由此进一步深入研究了与关帝有关的灵验故事、神异传说和笔记小说中的关帝形象。他区分了作为单纯记录历史事件的"史志"（historiography）与从宗教信仰者角度出发书写的宗教历史文献"圣志"（hagiography），认为研究宗教历史，这些带有浓厚主观信徒视角的宗教文献对于理解当时的宗教文化同样重要。以现代的世界观来看，这种文献中记录的故事是明显的带有虚构性的传说，但是在当时的语境中，它们记录的都是被特定个人和群体所感知的"真实历史事件"。事实上，信史史书也是由个人编纂而成的，带有编纂者个人的"信仰"与视角，其虚构性并不亚于这些宗教圣志。神异故事中被感知的关羽，极有可能比史志文献更好地从宗教信徒内部反映当时的宗教文化。

从关羽出生地解县（今山西运城）的地方史料和神异故事来看，关羽信仰仪式化，最初是由道教完成的。加之从田海由中国南北方搜集的大量口头传说来看，总体来讲民间的关羽祭祀最先被道教吸收，他绝非一开始就是佛教神。关羽斩龙灵符是最初关羽作为"护法正神"形象出现在历史舞台的例证。而这一灵符是道教仪式中所使用的符咒。然而此仪式的系统完整记载，已是到南宋才出现。崇信道教的宋徽宗推崇关帝，无疑对关羽崇拜仪式化的完成推波助澜。在最初佛教僧人智𫖯超度无头关羽故事出现以前，此种道教信仰就开始见于中国南部。这可以从零散的志怪、笔记、地方史志中证明。明代开始，关羽还被儒生当作"文神"与"科举神"加以崇拜。截至此时，作为佛教护法的关羽依然没有相应的佛教崇拜仪轨出现。明代出现大量有关关羽崇拜的记载，大多也都来自士大夫所搜集的民间口传传说。这些混杂丰富的传说，使得历史文本中的关羽形象开始变得复杂而全面。一系列明代民间传说中，关羽显灵时一身青甲、手持青龙偃月刀、红面怒目美髯公的形象在各地都以口传的方式流传开，并且影响到了关帝神像的造像风格。民间口口相传的形象和各种灵验内容，最终被以士大夫为首的精英阶层所捕捉并记录在案，形成有据可考的关帝文学。这些民间口传的传说中，亦没有关于作为佛教护法神的记录。从宋末至明代的记录中可以看到，民间祭祀的关羽能够驱魔、治病、保护一方水土、降雨等等，类似于能力更加强大的、带有军事将领色彩的城隍神。民间戏剧中也开始演绎"关羽杀颜良""关羽战蚩尤"等桥段，但是没有任何记载表明这些文化来自历史上对于关羽的记载。

而宋代张商英的记载中（1081年），第一次形容关羽为佛教"伽蓝护法"。洪迈的《容斋随笔》里也出现了宋代寺庙保存有与关羽有关的宝物的记载。明代开始，则陆续有地方佛教寺庙崇拜关羽的史料。而从宋到明的史料所呈现的共同特点是，没有一处说明当时佛教官方吸收了关羽作为护法正神，所有这些故事与事件全都表明，宋明时期佛教寺院受到地方传说的影响开始吸纳关羽崇拜。这意味着佛教寺院零散地崇拜关羽，这些不成系统的崇拜祭祀也一直只以口头传说的形式流传于地方，后被士大夫阶层记录下来，作为关羽是伽蓝护法的证据，而这些证据在数量上也远比不上道教文本中的关羽文献。直到明晚期，才出现了佛教国家大寺正式竖关羽像、祭拜关羽的记载。也是在这一时期，关羽红面长须、绿衣金甲、左手持偃月刀右手持书卷、降龙伏虎的形象才在民间传说中正式定型。而这一形象已经是关羽形象经历了复杂的道教、儒生、佛教、民间传说改造后的结果。这些改造主要发生在民众口传的故事、戏曲和祭祀文中，通过一种集体的宗教记忆被一代代传承，在空间上不断扩展、进化。

二、挑战历史文本：明清宗教史研究的
新问题与新方向

　　田海在书中虽未明确提及，但是很明显他的研究方法和视角与近年来欧美人类学的新方向、新发展不谋而合。近年来的欧美人类学界，如何对待田野考察中的来自一文化区域的"原生观念"和人类学家自己的理论与分析之间的冲突成为一个热门话题。伦敦大学的人类学教授Martin Holbraad已经提出，人类学家作为观察者本身也带有一种现代学术的主观视角，而过去的社会人类学，带有一种明显的历史主义倾向，

用社会经济和现代文化理论去解构和重构田野中得到的原生文化，并认为自己的解释是超越当事人主观局限的权威解释。[1]这样做的危险是将人类复杂的文化、社会活动扁平化，使之成为现代西方学术理论的注脚。尤其是在宗教研究的领域，太多学者将某一时期某一社会的某一种宗教信仰拆解为一种社会现象、经济现象、政治现象，仿佛在这样的世界里并不存在独立的宗教语境，而只存在被社会历史要素拼凑成的"宗教"。这样的解读也和实际的宗教现象相去甚远，因为在单纯的信者眼里，古巴巫女手中的魔力可以治病是一个事实，而不是历史学家、人类学家口中的某种被历史和社会环境所构建出的现象。Martin Holbraad由此提出了"宇宙观中的现实"（cosmological reality）理论，认为宗教现象的核心，即信者从自身的宗教宇宙观出发所体验的一种"宗教化的现实"。[2]在对宗教现象作研究时，学者如果从一种历史主义、单纯现代的眼光对自己所得的文化素材加以取舍，则是扁平化了这种复杂的宇宙观中的现实，并且忽略了大量有价值的研究材料。诠释信仰者所感知的现实是进行批判性宗教研究前最重要的一步。法国人类学家、历史学家Bruno Latour也提出过类似的观点，他认为现代学术眼光中的宗教和信者眼中的宗教有着巨大的差异，这种差异导致学者往往对宗教文本造成误读。他举出的例子是，对一个现代人——尤其是现代的宗教历史学家——说"上帝"（God），他的第一反应会是：基督教崇拜的至高神，历史上源于犹太一神教的主神，在中世纪艺术中往往被塑造为年长男性。而如果问一个中世纪的教士什么是上帝，他的神学解释会

① Martin Holbraad and Rane Willerslev, "Transcendental Perspectivism: Anonymous Viewpoints from Inner Asia", *Inner Asia*, vol.9, No.2（2007）, pp.329-345.

② Allen Abramson and Martin Holbraad, "Contemporary Cosmologies, Critical Reimaginings", *Religion and Society: Advances in Research*, vol.3, No.1（2012）, pp.35-49.

是："上帝是一切。"①这个比喻说明，"宗教学"和"宗教"之间存在巨大的差距，也说明理解宗教时，不去理解信者的宇宙是非常危险的学术"失明".

葛兆光在《中国（大陆）宗教史研究的百年回顾》一文中提出，中国现代宗教历史的书写经历了三个主要阶段——"从'历史文献学的研究''哲学史的研究'到'文化研究'"。他指出，现代中国宗教研究中需要一种反思，即"宗教不是哲学、不是政治、不是意识形态，而是宗教，宗教有宗教的内容，宗教史应当是宗教的历史"。②因此研究宗教，不能简单将其拆解为意识形态、社会行为，甚至经济生产现象，宗教历史文本更不等同于简单的"历史文献"。如何在宗教史的书写中突出宗教的特殊性、宗教本有的话语体系和语境是现代宗教史书写之必要反省。田海的《关羽》一书在该论文发表的近二十年后，恰好透露出同样的思考并作出回应，而田海采取的解决方法是重新审视"信者的话语"和记录"信者眼中的现实"的宗教文本。将民间故事、志怪文学和笔记小说中的神异灵验文本，当作一种人类学式的"民族志"，通过阐释宗教历史文本中的"宗教体验"和"宗教宇宙"来描绘过去信者的声音，可以帮助理解宗教的历史演变。

田海研究的另一不同之处，是对于美国学者芮乐伟（Valerie Hansen）《变迁之神：南宋时期的民间信仰》（*Changing Gods in Medieval China, 1127-1276*）一书中提出的一些论断进行质疑。这些质疑的提出，代表着他对于过去至少在欧美汉学界中国民间宗教研究领域一直存在的一些问

---

① Burno Latour, *Rejoicing: Or the Torments of Religious Speech*, Cambridge：Polity Press, 2013, p.5.
② 葛兆光：《中国（大陆）宗教史研究的百年回顾》,《二十一世纪》总第51期, 1999年。

题有自己的见解。芮乐伟一书对于南宋民间宗教的研究，率先提出当时正史之外的"灵验文本"对于理解当时宗教文化的重要性，这其中包含了神异故事、宗教场所的石碑、笔记小说等等。[①]田海曾在一篇书评中认可了芮乐伟对待非信史文献的态度，尤其是对于芮乐伟对洪迈的《夷坚志》可信度之分析加以认同。[②]但是在该书评中田海已经对芮乐伟的一些观点提出质疑。首先，他认为从对灵验文本的大体观察来看，从宋初开始到清末，中国南方尤其是江南一带的民间宗教从信仰对象、仪式和话语体系一直具有极强的稳定性。芮乐伟在书中强调的、由南宋特殊的经济、社会、政治环境引发的民间宗教之特殊现象，实际上贯穿宋以及宋之后的中国社会。田海强调，南宋的民间宗教并没有芮乐伟在书中指出的那样与众不同。如果把宋代的民间宗教文献和明代同类文献相比较，就能很容易看到这样的相似性，而芮乐伟并没有进行这样的比对。田海在《关羽》一书中，则纵贯从宋初到明末的各类关帝崇拜文本，指出中国南北地区民间宗教横跨几百年的延续性。

田海对芮乐伟一书的另一质疑，是她所选取的材料和由此得出的大结论。芮乐伟全书的一手材料几乎全部来自南宋洪迈的《夷坚志》。芮氏一书与其说是对南宋民间宗教的研究，不如说是对《夷坚志》的研究。而田海指出，与《夷坚志》同一时期的宋末元初笔记志怪文本还有很多种，而且其中有一些文本和《夷坚志》中所记载的人物、事件有直接关系。应该说《夷坚志》只是中国地方，尤其是江南地区民间宗教口头文化巨大关系网中的一个环节。与此同时，田海也意识到，口传灵验

---

① [美]芮乐伟（韩森）著，包伟民译：《变迁之神：南宋时期的民间信仰》，杭州：浙江人民出版社，1999年，第14页。

② Barend J. ter Haar, "Valerie Hansen, *Changing Gods in Medieval China*, *1127–1276*", *T'oung Pao*, vol.82, fasc.1/3（1996），p.186.

故事、怪异事件并不是民间宗教的专利。《道藏》和《大正藏》中就辑录了大量的道教、佛教灵验感应故事集。[①]中国宗教系统性、排他性的口头传统中，佛教、道教的灵验故事远比《夷坚志》中记载的南宋民间宗教出现得早。这就意味着芮乐伟书中提到的南宋民间宗教的种种特殊性值得怀疑。没有关于民间宗教灵验故事和佛教、道教这样"系统性宗教"中灵验故事的对比，使芮乐伟的结论缺少说服力。另外，田海也指出芮乐伟的研究完全没有关注南宋时期南方民间宗教系统的崇拜仪式、信仰空间和有组织的宗教活动。她截取了很多碎片化的小故事，大多是日常生活中主人公意外的遭遇和神迹灵验，有意无意忽略了海量的有组织民间宗教与教派的文本，这使得她的关于南宋开始中国的宗教专业化程度逐渐下降、更加注重生活实际需求、各宗教排他性减弱的定论有失偏颇。即使是儒释道三教外的诸多民间宗教教团，很多都具有极强的组织性、专业性和排他性。他们大多具有特定的章程和教义，并且和地方家族势力盘根错节。田海的第一部著作《中国历史上的白莲教》(*The White Lotus Teachings in Chinese Religious History*)就详细说明了这一点。[②]与此同时，诸多地方志、笔记小说中的内容足以证明在中国南部大部分的佛教、道教教团依然保持着极强的排他性，对于民间信仰的吸收并不是一种"平等的融合"，而是从自身的宗教教义出发对这些内容

---

① 关于佛教部分的灵验故事，已经有一些学者作过相应的整理。早期南北朝佛教感应录的研究见于美国学者康儒博（Robert Campany）的 *Signs from the Unseen Realm: Buddhist Miracle Tales from Early Medieval China*, Honolulu：University of Hawaii Press, 2012。唐代佛教感应故事的汇编和研究见刘亚丁：《佛教灵验记研究——以晋唐为中心》，成都：巴蜀书社，2006年；杨宝玉：《敦煌本佛教灵验记校注并研究》，兰州：甘肃人民出版社，2009年。

② 马西沙与韩秉方的《中国民间宗教史》（北京：中国社会科学出版社，2004年，下卷，第541—690页）记载明清中国非官方宗教成体系、教义化、有组织的活动的事例数种。

重新塑型，变为有组织宗教的一部分。田海列举了《夷坚志》中的诸多事件来说明这一点。

田海在此篇书评中对于芮乐伟一书的质疑，与他在《关羽》一书中的诸多观点相契合，同时也对南宋之后元明清的民间宗教研究具有一定的启发作用。依托欧美和日本汉学研究的成果和学术话语，田海的研究固然有自身的立场和视角之限制，但是他所提出的问题也同时值得整个明清宗教史学界思考和回应。笔者看来，田海研究中提出的新思路大体有三点：

一是使宗教历史研究的话语回归宗教的立场。

正如前文所提到的，田海的研究力图调整被多种社会理论、历史主义视角过度解构的宗教历史研究。他主张理解宗教历史的第一步是探讨某一时期的宗教、信仰、事件、人物如何被当时的信者和宗教参与者所感知。这是许多宗教史书写中所缺乏的部分，但同时是宗教历史区别于其他历史类别的特殊性所在，即"信者的宇宙"。宋以后的中国宗教之丰富性，恰恰体现在大量此类文本的出现。佛教、道教感应故事、文人笔记、志怪文学、地方志等等诸多材料亟待更进一步挖掘。尤其是《大正藏》和《续藏经》中所收录的几十种佛教感应故事集，至今依然没有得到应有的重视。从回归信者视角这一路线对更多的宗教史料进行挖掘，笔者相信是未来明清宗教史研究一个具有潜力的领域。

二是重新理解中国宗教，尤其是宋以来中国宗教的延续性，即中国宗教在宋以来的社会变化、历史演变和地理空间中哪些内容是稳定的、不容易改变的。

田海在关羽崇拜的研究中提出，"军事性力量"和宗族保护一直是关羽灵验传说的中心。这种稳定的重复绝不仅仅是文本上的巧合，必定同中国南方民间口口相传、世代传递的口头宗教信息相关。他发现时至今日，湖北、福建地区乡村的口传关帝故事中，有很多依然与宋明清时期的灵验故事记录保持着高度的一致。这些中国宗教中极重要的关于宗教如何稳定传播、不断延续的议题往往被欧美汉学界所忽略。究其原因，在于欧美史学中强烈的语境化、相对化历史的倾向。为了避免传统史学中将东方、中国当作一个平面化的整体这种"东方主义式"的错误，欧美学者在探讨传统中国史的问题时大都将不同时期的中国拆解成独立的历史时期，着重探究中国各个时期的"特殊性"。田海对芮乐伟的质疑之一，就是芮氏对于南宋一朝的社会经济文化特殊性的过分强化。而一旦这样的视角形成一种心照不宣的"学术范式"，则在很多问题上不免会有牵强附会之嫌。田海在《关羽》中的一种研究基调便是要从变化中理解宗教现象的延续。

三是多角度理解历史文本。

田海《关羽》一书方法论上的贡献在于对历史文本这一历史研究的最重要对象进行拆解。他提出书写的历史文本本身并不是历史的"终极"，而是复杂历史现象的冰山一角。从关羽灵验故事的历史记录中可以看出，受到教育的文人精英所书写的历史文本出现的时期往往和某一历史现象的发展之间有着严重的"滞后期"。当民间口头传播的关羽崇拜在历经唐宋逐渐成为地方社会一种根深蒂固、具有影响力的宗教现象时，社会精英的视角才开始关注记录这些现象。而个人化的书写之上，国家官史对这些现象的关注则更加滞后。面对滞后的历史文本，作为研究者，如何去考察其背后的历史现象？田海在关羽研究中选择的路线是追溯其背后的"口头传播"历史，用书写历史构建超越书写的历史。他通过区分文字性史志与口头性、宗教性圣志的方法，相对化不同类型的文献，从而多元化历史文献的特质。这种方法的价值和在其他话题上的可行性，还需更多学者进一步的探讨与实践。但是对于历史文本"滞后性"的关注，是田海《关羽》一书的一显著特征。

综观田海全书，前半部虽然花大力气梳理唐宋时期关羽作为宗教神形象的出现和流变，实际上是为了回答明清关羽崇拜中的疑问：明清时期流行的关帝形象究竟从哪里来？这些被后世信者甚至学者理所当然接受的形象在中国历史上是如何形成的？田海此举实则是用唐宋时期的史料来梳理明清民间宗教的课题，解决明清宗教史中的问题。这种对照的思路更加呼应他对于宗教现象延续性的重视：宗教现象的延续不是简单的"不变"，而是把变化看作一种继承。明清民间宗教继承自哪些前朝的宗教现象？何处是独特明清宗教文化的源头？田海之前的关羽研究学者极少关注这些疑问。田海的研究固然有其特定的视角与局限性：如果说灵验故事文本可以被作为当时的人类学"民族志"加以研究，那么不同文本之中又有多少还原了这些故事的原貌，有多少掺入了编纂者、收集者的观点？为何在明清时期的南方中国，大量的灵验故事得以被记录保存，而在北方中国类似的文本却极为稀少？宋以后东部中国与西部中国的民间宗教又有哪些差异？正统宗教与民间宗教之间究竟有多大的距离？一部《关羽》，确实无法为这些问题提供全面的答案。明清宗教历史的材料丰富庞杂，田海一书投石问路，为的是有更多元的视角来审视这一时期的宗教历史。

三、结　　语

原牛津大学汉学教授田海最新著作《关羽：一个失败英雄的宗教后世》旨在解决两个过去中国关羽信仰研究中的疑问：历史上关羽如何作为宗教神主被崇拜？明清时期流行的关帝形象又从何而来？为了理清这两个问题，田海从多种文本出发，探讨关帝形象的成因及文本历史背后"口传信仰"的复杂图景。书中对于既有文本史学、明清宗教的研究方法提出新的疑问，以关羽信仰的流变为例展现书写文本的多元性和考察口头历史对理解民间宗教之必要性。田海的研究思路和话语体系虽然立足于欧美历史学、汉学的视角和传统，但是他所提出的宗教历史学上的问题却具有抛砖引玉的意义。如何冲破历史文献本身固有的限制和不足，呈现历史中（尤其是宗教历史）更具特质、更加复杂的内容是历史学书写一贯的原则。从宗教历史的特殊性出发，如何把宗教本身的语境"交还"于宗教，值得每一位宗教历史学者的关注。中国明清宗教历史、民间宗教信仰研究一直以来的倾向，便是注重专业宗教的"俗化""去专业化"和"去宗教化"。田海一书是否能够成为明清宗教史话语总体调整的催化剂之一，有待学界进一步的反思与实践。

清代浙闽粤三省方志海图的整理与研究

作者：何沛东（复旦大学历史系2018届博士生）
指导教师：巴兆祥教授

持续不断地编修地方志是中国文化的一个重要特征。地方志多由官方修纂，反映当权者的政治需要，体现社会主导思想。清代是中华人民共和国成立以前我国地方志事业发展的鼎盛时期，现存清代地方志约有五千余种。同时经过长期的探索和积累，清代人们对于海洋的认知、利用和管理也已经达到了较高的水平。数量可观、分布广泛的清代沿海地方志保存了丰富的海洋史料，这些海洋史料是现存我国古代文献中较为连续和集中的海洋记忆。海图是以海洋及其毗邻陆地为主要描绘对象的地图，方志海图顾名思义就是地方志中使用印刷、手工摹绘等技术制作的以海洋及其毗邻陆地为主要描绘对象的地图的总称。方志海图直观易读、内容丰富、留存量大、连续性强、分布广泛，兼具方志舆图和其他历史海图的优点，能够直观地反映地方社会的海洋认知，是海洋史、地图学史等研究不可多得的珍贵史料。学界在方志海洋史料的整理及方志舆图、历史海图的研究等方面已取得了较大的成绩，然而对旧方志海图的关注则显不足，现阶段方志海图的整理与研究处于历史文献学、地图学史、海洋史等研究的边缘，方志海图的诸多价值还需深入发掘。

东南沿海地区是我国海洋文明的代表区域。经初步整理，清代浙江、福建（包括今台湾）、广东（包括今海南与广西沿海地区）三省现存沿海地方志约338种，种类包括省志、府志、州志、厅志、县志等区域志和卫所志、盐场志等专志；这些沿海地方志所附的方志海图约206幅，类型包括海疆图、海防图、海岛图、港口海道图、海运图、海塘图、迁海展界图等。总体来讲，清代浙闽粤三省各时段方志海图的数量分布与清代地方志编修的两个高潮时段相吻合，而方志海图的地域分布存在着较大的偶然性和不确定性。从海图的种类来看，海防图占方志海图总数的近二分之一，比例最高，体现了清代统治者"海防为重"的海洋观念。方志海图的绘制方法以形象示意画法为主，作者也多为善绘画的儒生和画工，与我国古舆图发展的主流趋势一致。

清代浙闽粤三省的方志海图不仅具有中国古代传统舆图的普遍特征，还具有一些独有的风格。方志海图方向的选择受理学思想和皇权观念的束缚较少，不拘泥于清代方志舆图"上南下北"和"上北下南"的主流选向，受海陆位置、海防和航海功用等因素的影响，方志海图方向的选择灵活多变，总体上以方便使用为准。方志海图符号的发展尚未成熟，暂未形成一套为人们广泛认可的海洋象形符号系统，如代表海洋的水形波纹式样繁多，船型符号所表示的意涵也各不相同，这也为我们探究绘图者对海洋的多样认知提供了可能。缺乏一套认知度较高的象形符号，加之海洋信息的多样性与复杂性，方志海图中的许多信息只能以文字注记和图说的形式表达出来，因而清代浙闽粤三省方志海图中的文字注记总体上多于陆地舆图的文字注记，大量的文字注记提高了海图图面空间的利用率，增强了方志海图传输信息的能力。清代统治者对于海洋的漠视，在一定程度上减轻了方志编修者海洋书写的束缚，这也使得方志海图并不像内陆方志地图那样"刻板"，其样式和内容灵活多变，编绘方式具有较强的实用性导向。

地方志以政区为单位，记载和描述区域内自然、人文等各方面的历史与现状，区域性是地方志最基本的特性之一，"辨疆域"是地方志编修的首要目的，如实描绘所在的境域和"越境不书"即成为编修地方志时需要遵循的主要原则。清代浙闽粤三省所属的一些沿海府、厅、州、县的辖区拥有广袤的海洋和众多岛礁，但当地志书所附的"境图"却仅仅象征性地绘出小片海区甚至不绘海洋，我们将这种现象称之为"缩海而绘"，"缩海而绘"或是地方士绅的大陆意识在舆图上的反映。由于清代的政区界与海防辖区界多数情况下并不完全重合，海道所驰四通八达，不惟经界之道而因地制宜的"越境而书"现象在方志海图中也时有发生。"缩海而绘"和"越境而书"两种现象背后蕴含着清代统治者的"大陆意识"和"海洋恐惧"，直接表现就是忽视海洋和重视海防的两种态度。这两种意识并不矛盾，两者共生共存，统治者缺乏对海洋和海外贸易的认识，意识不到海洋于国于民的价值，不思向海洋进取，所以"忽视海洋"；进而一味地禁止人民与海外接触，避免海外势力对王朝统治秩序造成冲击，对海疆严防死守，即为"重视海防"。

清代浙闽粤三省方志海图中包含了丰富的历史信息，这些信息直观地向我们展示了清代三省的海界、海防、航海、海岛、海塘等情况。历史上我国的海界主要分为三种：政区界、水师营汛防区界，及主要用来区分沿海地方与水师管辖、防御权责内外洋界。三者在方志海图中均有较多描绘。以内外洋界为例，其划分方法在方志海图和文字记载中表现为两种：将港口、岛礁等附近的小海区标定为内洋或外洋的"小海区标定法"；以沿海墩汛等为起点向海洋中延伸若干里得到基点，连接成内外洋分界线的"类直线基线法"。海洋交通信息也是清代浙闽粤三省方志海图中最为常见的内容，如港口、航道、水深、避风樵汲地、暗沙礁石、灯塔、里程，这些为研究清代我国东南沿海港口、航道等提供了重要资料和线索。如以"潮"计程之法经常被运用到东南沿海的短距离近岸航海活动中，对比方志海图中以"潮"计程和以里计程的标注，结合相关材料综合考察，我们可以了解到潮汐"自涨而落或自落而涨"称为"一潮"，古人以两地航道沿途潮汐相继发生的次数（或需要候潮的次数）表示航程的远近。古人对于陆地事物描述的图文系统丰富且发达，描绘海洋的文献则相对稀少，若在历史研究中对数量众多、内容丰富的方志海图善加利用，必然可以起到事半功倍的效果。

综上所述，对清代浙闽粤三省方志海图的整理与研究，大体上展现了清代版刻历史海图的主流形态。受到中央政府保守的海洋政策和沿海地方对海洋探索的萌动的多重影响，清代浙闽粤三省的方志海图在种类、主要描绘对象等宏观方面趋于一致，但在内容和样式等编绘细节方面则显得灵活多变。它们看似"粗糙"，但表现手法和绘画内容能够很好地满足地方官府的海洋管理及沿海人民的生产生活需要，并且与修志者和阅图者的文化素质相匹配，简单高效。清代人们在当时的条件下对陆地的开发和认知已经处于较高的水平，方志舆图对于陆地的描绘方式和描绘内容基本已经定型，绘图者逐渐表现出一些"敷衍"的态度；清代人们对于海洋的开发利用进一步深入，绘图者在保持方志舆图一般范式的前提下，尽可能使方志海图能够传递更加丰富的海洋信息，流露出了沿海人民对于海洋探索的热情。

东亚视野下中日关系研究（1368—1419）

作者：林炫羽（复旦大学历史系2019届博士生）

指导教师：张海英教授

由于天然的地理相近、中国朝贡制度的辐射和影响以及海外贸易形成的商业联系，近代以前东亚国家之间的政治、经济关系较它们与其他国家和地区的关系更为紧密，因而近代以前东亚国际关系已经表现出一种整体性特征。

费正清提出的"朝贡体系"、西嶋定生提出的"册封体制"和滨下武志提出的"朝贡贸易圈"是分析近代以前东亚国际关系的重要概念。这三个概念从中国的视角说明东亚国际社会的整体性，即双边关系不是孤立存在的，而是以中国为中心扭结形成一个系统，彼此之间互动、影响。不过，这种对东亚整体性的阐释也因为具有强烈的中国中心主义色彩而受到批评和质疑。那么是否存在一种去中心化的东亚整体性表述，这种不同于以往的整体性认识又应如何说明？林炫羽博士的学位论文《东亚视野下中日关系研究（1368—1419）》旨在回答上述问题。其将明初中日关系置于地区关系网络之中，分析中、日、朝鲜半岛国家以及13世纪起形成的海域社会之间的互动和影响，提出14—15世纪东亚国际关系的整体性表现为一种关系网络特征。

全文分为五章，分别从（1）元明易代与明初中日建交的关系，

（2）明朝与日本两国国内政情对开展双边关系的影响，（3）明朝与日本的国家关系变迁与明初国家加强对海域社会控制的关联，（4）永乐时期中日断交与同时期日朝关系升温的联系，（5）倭患背景下明朝、日本和高丽、朝鲜之间的互动五个方面论述明初中日关系是如何与其他国际关系互动和影响的。

第一章　元明正统之争与明初东南外交

1368年，明军攻克元大都，这一事件通常作为元明易代的标志。但元朝势力并未即刻退往漠北，元顺帝先后驻扎开平、应昌，亲元军阀仍据有山陕甘地区，至1370年明军才肃清漠南的蒙元势力，而在此之前，元明之间出现了近两年的军事对峙局面。新旧王朝并立使明初政权面临合法性危机，元末明初士人尊崇君臣大义，追慕故国，对新政权常采取敌视与不合作态度，所以朱元璋集团必须采取措施确立新王朝的正统地位。

吸引诸国朝贡是儒家政治思想中树立君主权威和政治合法性的方式之一。于是朱元璋即位伊始就积极遣使招徕周边国家入贡。他与日本建交同样是强化政权合法性措施的重要一环。由于元朝以华夷一统、属国众多著称，明初在属国数量方面还无法取得压倒元朝的优势。朱元璋强调明朝以礼服人的对外政策较元朝的武力征服政策具有道德优越性，同时争取不肯臣服元朝的日本等国入贡，以此营造明初政权超迈前代的形象。明初中外关系之构建并非明朝与周边国家关系自然发展的结果，实则围绕元明易代及由此产生的正统之争这根主轴展开。

第二章　明初日本形象的生成与中日国内政局

明初典籍中的日本形象发生了很大变化。宋代以来日本礼仪文物之邦的形象被狡诈无道之国的形象取代。石原道博认为元军征日失败和元明之际倭患是造成日本形象变化的原因。其实明朝与日本的国内政局及明朝使节的对日观察也是导致上述变化的重要因素。

1372年，赵秩、朱本、仲猷祖阐、无逸克勤出使日本。明使一行分为两路：赵秩、朱本滞留山口（今日本山口县），与隐居丹后云门寺的禅僧春屋妙葩互通书信，从春屋弟子口中隐约得知春屋妙葩与幕府管领细川赖之政治斗争失败的经过，自然而然地站在春屋妙葩的立场上视细川赖之为当政权臣；祖阐、克勤进入京都，有幸直接观察日本北朝的中央政局，却把足利义满与细川赖之的关系误认为幼君在位、权臣专权的政治格局。使节的观察和情报使朱元璋对日本统治集团产生消极印象，进而阻碍了明朝与日本外交的顺利开展。

1379年前后，明朝国内君相矛盾凸显。中书省未及时将占城贡使入朝的消息上奏朱元璋，令朱元璋怀疑丞相胡惟庸有意壅蔽圣听。林炫羽考证了日本室町幕府的使节第二次来华时间，认为《明太祖实录》所记洪武十三年（1380）是错误的，实际入朝时间应在洪武十二年，与占城贡使入朝时间相近，皆在胡惟庸案爆发前夜。室町幕府采取幕府将军足利义满直接致书明朝丞相胡惟庸的外交方式，使节来华又适逢明朝国内君相矛盾尖锐，加之朱元璋对日本持有权臣当政的恶劣印象，这些互相叠加的因素，不仅使朱元璋拒绝接纳日本来使，还成为胡惟庸案的导火索。朱元璋对日本的消极认识与对明朝和日本之间权臣外交的警惕，共同促生了胡惟庸通倭的说法，进而经由皇帝钦定、大诰传布固定化为明朝人对日本的一般印象。

第三章　"日本国王良怀"的名号与伪使问题

日本国王良怀，即日本南朝的怀良亲王，是《明太祖实录》中多次出现的遣使主体。然而征诸日本史籍中有关怀良亲王的记载，《明太祖实录》对怀良遣使的记载，除第一次外，其余五次遣使主体皆存疑义。佐久间重男认为明朝以怀良为唯一外交对象，故日本地方势力为贸易之利而假借怀良名义出使明朝。林炫羽认为上述说法是误读朱元璋救谕所致，明朝未曾以怀良为唯一外交对象，入明日使也不尽皆使用怀良名义，1376年入明的廷用文珪就是奉北朝后圆融天皇名义出使的；朱元璋并不讳言日本遣使主体复杂多样、真伪难辨的事实，反而可能是实录修纂者不明洪武朝中日往来真相，误以为朱元璋封怀良亲王为日本国王，遇奉日本国王名义之来使皆记作"日本国王良怀"的使节。

文章进一步考察了1381年来华的日使如瑶背后的遣使主体。如瑶是日本九州肥后国（今熊本县）寿胜寺的禅僧，出身元代东渡僧东明慧日开创的宏智派。宏智派与大陆联系密切，派中僧人具有比较丰富的航海和大陆知识。寺院利用祠堂钱从事海外贸易，如瑶实为承担寺院经营活动的民间贸易商。由于明初实行海禁，一切海外贸易只能以官方朝贡贸易形式进行，因此如瑶假扮日本国王使节，以此规避海禁政策对贸易的限制。这种伪使事件及与之类似的使团夹带商人的情况，在占城、暹罗等南海国家与明朝的往来中也频频出现。

第四章　铜钱与佛典：足利义持时代中日断交与赴朝请经活动

永乐初，足利义满接受明朝册封，中日两国往来频繁，朝贡贸易活跃。义满通过献倭换取朱棣赐钱，献倭与赐钱构成一种交易行为。大量中国铜钱经明朝赏赐及附着朝贡活动的官买和民间贸易流入日本，支持了义满时代幕府大规模的营造事业和礼仪活动。幕府财政一度建立在对明贸易基础上，1403—1408年足利义满频频遣使入明，也是出于维持幕府财政运转的目的。

足利义持虽反对其父受明册封的政策，但他并非在义满死后立刻改变外交政策方向，义持继承家督的前两年里，仍然认可明朝与日本的册封关系。这主要由于执掌幕政的管领斯波义将持维持中日册封关系的立场。1410年，斯波义将去世，义持随即中断与明朝往来，铜钱输入因此中断，而同时期日朝关系中频现幕府赴朝请经活动。请经活动不仅源出宗教信仰，还与地方守护的领国经营和幕府财政调整有关。

室町幕府实行守护在京制度后，守护移居京师，为满足自己的信仰生活和祭奠祖先的需要，在京都内外修建菩提寺，义持时期，菩提寺修建达到高峰。中世禅寺利用低利率的祠堂钱从事高利贷经营，幕府利用自己掌握的禅宗官寺，筹集低利率低成本的祠堂钱，交由幕府委托土仓、酒屋代营的公方御仓经营高利率高回报高利贷，赚取高额利息差。佛寺建设促进了京都内外的高利贷业发展，有助于减少中日断交对幕府财政的冲击。幕府赴朝请经活动配合了日本国内佛寺营造事业的发展，二者共同促进了幕府高利贷经营的繁荣。赴朝请经因而成为义持调整财政，摆脱中日断交的辅助措施。

第五章 "患难之交"：倭患背景下中国与朝鲜

倭患是明朝与高丽、朝鲜共同面临的问题，然而中朝两国并未因倭患而开展深度合作，组建军事同盟。朝鲜地处中日航路上，既是倭寇入侵中国的补给站，又是其劫掠归来的销赃地。朝鲜为维护本国安全，奉行"事大交邻"政策，一边扮演中国的"模范"朝贡国，一边与日本幕府将军、守护大名以下至岛屿领主、倭寇海贼大将等大小权力者通好。朝鲜虽然不时向明朝通报倭寇消息，但对倭寇在朝鲜销赃、贩卖中国人口，往往采取睁一只眼闭一只眼的态度。中朝两国在倭患中绝非一荣俱荣一损俱损，反而呈现负相关，此消彼长，一方受难换来另一方安宁。

围绕倭寇和日本断交问题，明朝与高丽、朝鲜多次交涉。洪武时期朱元璋三次要求高丽防倭，其实除第一次交涉外，剩下两次交涉中朱元璋的意图皆不在防御倭寇，而在以倭寇问题转移高丽注意力，缓解高丽对明朝的戒备甚至敌对情绪。永乐朝中日断交后朱棣利用日朝外交渠道，借朝鲜间接向日本施加压力，期望能够迫使日本回到册封关系轨道。高丽、朝鲜君臣对明朝征日意图倍感忧虑，担心重蹈元代征日连累朝鲜之覆辙，为避免明军过境，两次独立征讨对马岛。

经由上述五个章节的分析，林炫羽指出：14世纪中叶至15世纪初中日关系不仅与中日两个主体之间互动有关，还与中日两国国内关系、国家—社会关系、中朝和日朝关系相互影响与制约。首先，在国家关系层面上，中日、中朝、日朝关系构成一组三边关系，任何一边的伸缩舒张都能对其他两边产生牵动作用；三边关系的交汇处，不能简单表示为两条线段的交点或者三角形的顶点，这里是国际关系进入各国国内，并与其国内关系连接的场域，两条国际关系不单在此相交，还与各国国内关系组成的"关系丛"交汇。其次，在国家—地域关系层面，主要发生在环东海和黄海地域的陆地国家与海洋社会关系，又分别与中日朝三国关系连接。各条关系之间交汇、纠缠、互动、影响、制约，形成"关系网络"，任意一条关系改变，都会引起相邻关系变化，甚至产生牵一发而动全身的影响。这种表现为关系网络特征的"关系的关系"集合，正是东亚整体性的表现。

"明清以来江南社会与物质文化"
国际学术研讨会综述

巫能昌

（复旦大学历史系）

2018年8月25—26日，复旦大学历史系主办的"明清以来江南社会与物质文化"国际学术研讨会在上海举行。这是自2008年"江南与中外交流"国际学术研讨会以来，复旦大学历史系在明清以来江南史领域内连续举办的第六次学术会议。本次会议吸引了近40位国内外学者参加，除了江南史领域成名已久的前辈学者，近年逐渐成长起来的新一代中青年学者也积极参与进来，显示了江南史学科的持续繁荣与生命力。会议聚焦于"江南社会与物质文化"议题，对当前已成为学术热点的物质文化与日常生活史的研究取向给予了回应，同时也延续了江南史研究中传统的社会经济、基层行政、士绅角色、宗教信仰与历史文献等话题，体现了复旦大学江南史研究的传统特色以及学术视野的不断开拓。会议期间，学者们围绕提交会议的论文及相关话题开展了热烈的、卓有成效的讨论，并就江南史研究进行了回顾和前景展望。以下依会议论文的主题，分别加以介绍。

一、物质文化与城市空间

在大会主题报告中，林丽月教授（台湾师范大学历史学系）以对明清服饰文化及其政治象征意义的讨论直接回应了本次会议主题所揭的"物质文化"论题。其论文《无发何冠：明清之际网巾的蔽隐与流播》探讨了明代首服中最具朝代象征的网巾。此一微小而日常之物与明人生活的交光互影，一方面透过具体的"物"以考察网巾所象征的明代符号；一方面考察政治力量如何在日常生活领域中，借网巾以落实其对个人外观与心志的规范，以致士人于明清易代之际，更借此日常之物以标志其政治文化认同。报告进而考索鼎革之后网巾的蔽隐与域外流播，揭示了其在明清之际思想文化史上的意义。

其余学者从图像、器物及其与明清以来江南地域社会的关联出发，对会议的主题从多方面予以阐发。陈江（华东师范大学历史系）的报告题为《明代江南文人画家笔下的日常生活与精神世界》，从实景为主的生活情境、虚实相间的情趣表现、借景抒情的内心世界等方面展开，引发了与会学者的广泛兴趣与热烈讨论，如常熟士人孙艾《蚕桑图》和《木棉图》所见文人生活经验的问题。冯玉荣（华中师范大学历史文化学院）《清玩与捐疴：明清儒医与花药园》以明清江南的花药园为考察对象，分析了花药园之于文人、士大夫和医者等不同群体的意义，进而讨论了明清江南的儒医关系。韩知璇（朝鲜大学校历史文化学科）《试论明清交替期间印度洋交易网的物质文明——以江南的眼镜文化为中心》则从文明交流史的角度去探讨明清之际江南眼镜文化的特点，进而揭示当时以海洋为中心连接的世界文化格局，无疑有助于我们对以欧洲为中心的物质文明形成之前亚洲地区物质文明之理解。唐永余（上海市历史博物馆）《明代九峰三泖图画考——以明代璩之璞〈峰泖奇观卷〉为重点》对现存明代的松江九峰三泖图进行了梳理，由此再现了峰泖之美景，进而考察了峰泖之变迁以及画家之交流。

在明清江南研究的基础上，以纵贯的历史视野展开对近代以来上海城市史的探索，是复旦大学历史系基于自身学科和区位特色，在江南史领域内一直倡导的学术取向。本次会议中，多位学者结合会议主题，着重从街区、建筑、文化机构和器物等方面展开对近代上海历史文化的探讨。邹振环（复旦大学历史系）《大上海的小街区——"王家库"/"张家宅"的地理空间与文化空间》尝试通过上海城市史上这一不被关注的"城市边缘"街区的演变，重点利用《申报》资料，分"街区设施的空间实体"和"街区居住的空间肌理"两部分，呈现了王家库/张家宅从地理空间到文化空间演变的特点。马长林（上海市档案馆）《起家、成名、友情与悲情——民国时期京剧名家与上海中国大戏院》以厉家班，以及李玉茹、梅兰芳、马连良等几位京剧名家与上海中国大戏院发生的故事为中心，揭示了民国时期上海京剧演出的生态环境及其与戏院建筑空间之间的互动。胡宝芳（上海市历史博物馆）《浅谈近代上海体育运动若干特点——以"上历博"馆藏体育文物为中心的考察》以上海历史博物馆所藏文物为中心，指出了近代上海体育运动的若干特点，即社会基础良好、开放性和国际化，以及中西交汇特质明显等。刘华（上海市历史博物馆）《上海市历史与建设博物馆筹备处始末》主要利用上海档案馆的档案梳理了上海历史与建设博物馆筹备处（1952—1959）的历史，及其对搜集、保存上海物质文化的贡献。

二、贸易、经济和江南社会

社会经济是明清以来江南史研究的传统主题，本次会议上，涉及社会经济方面的研究论文也仍占据相当的数量。在大会主题报告中，朴京男（高丽大学民族文化研究院）《由大乱之文到富国之书：对〈货殖列传〉的批评与其典范化过程》梳理了中国历代士人，如班固、秦观、沈括、归有光、王世贞、梁启超对《史记·货殖列传》的认识变化，以及由否定的短评到单行注释本出现的典范化过程。

其余学者的论文更紧密地围绕江南区域史的研究，对城乡经济互动、消费、会馆、票号、宗族和渔业经济等多个话题展开研讨。吴滔（中山大学历史学系［珠海］）《渐逐机丝线纬之利：吴江黄溪史氏商业活动探颐》主要利用吴江黄溪史氏的家族文献，梳理了自明中叶至清前期该族在吴江黄溪市和苏州金阊一带从事蚕桑丝绸业的一些重要线索，进而勾勒了苏州府属丝织业市镇与苏州城之间的互动关系，乃至明清苏州丝织业发展"由府下县，再由县下镇"的历史过程。张瑞威（香港中文大学历史系）《十八世纪华中及华南地区的粮食消费模式》将米粮种植和消费作为独立的研究课题，探讨华中和华南地区人们吃用稻米的原因，并区别不同品种稻谷的质量和价格，从而揭示了十八世纪中国米粮市场的真实发展模式。段雪玉（华南师范大学历史文化学院）《祭业、董事、粮户：康乾时期苏州〈潮州会馆记〉新证》以《潮州会馆记》为中心，考察了康乾时期苏州潮商会馆的祭业和管理，及其背后的权力运作，尤其指出记文中的"万世荣"实际上是潮商在吴县开立户籍时所用的粮户花名，进而揭示了会馆祭业税粮的管理机制。尹玲玲（上海师范大学人文与传播学院）《论民国二十五年的岱山盐户渔民暴动案》关注滨海地区的渔业经济与渔业社会，报告追溯了岱山盐场的建置沿革以及盐业生产之源流，从其渔盐资源的密切配合这一角度深入分析岱山渔业资源的开发利用，指出岱山惨案爆发的原因之一在于渔盐资源配合上的失衡，进而探讨了渔盐税额的演变与渔盐用量在岱山产盐总额中所占之比例。余同元（苏州大学社会学院历史系）的《清宫苏宴形成与江南饮食业技术经济近代转型》梳理了清宫苏宴——明清苏州织造署官府菜点基础上精心设计烹制而成的一个皇家菜系的形成历史。报告指出，清宫苏宴的形成，是苏州传统菜点进京入宫后的技术升华，也是宫廷与江南烹饪技术互动的历史结晶，更是苏州传统餐饮业技术经济近代转型的标志。此外，石莹（武汉大学经济与管理学院）《清代南方地区的票号业》关注清代南方票号的埠际金融汇兑业务，及其与不同社会群体的关系。报告指出，清中叶以来票号与官僚群体的密切关系既为其带来大量业务，亦使之在传统经济中的地位相对特殊，为其衰亡埋下了祸根。

三、江南文献和历史人物

有关明清以来江南的士绅、文人、家族与历史人物的研究，在政治史、社会史与文化史的研究视野下均有丰厚的学术积累。本次会议上，相关的专题研究占有较大的比例。樊树志（复旦大学历史系）所作的大会主题报告《高处不胜寒——内阁倾轧中的徐阶》着眼于高位政治人物的性格两面性，从明朝嘉靖年间的夏言弃市说起，梳理了向受夏言提拔推荐的徐阶从谨事严嵩、虚与委蛇，到潜移帝意、扳倒严嵩，进而秉政内阁首辅、拨乱反正，至天下翕然想望风采，后遭倾轧而幸得善终的史事，揭示了当时朝政环境和权力斗争的复杂性。陈宝良（西南大学历史文化学院)《顾炎武科举仕路考论——兼论遗民志节的多样性》指出，顾炎武科举仕路不顺，方导致他对科举有一个相当清醒的认识，将矛头直指科举之弊，转而以学术救世，而其作为一个明朝遗民，目光并不仅仅限于华夷之辨，而是通过夷夏之辨来确立华夏文化的认同感。黄敬斌（复旦大学历史系）《曲圣的塑造：晚明清初魏良辅文化形象的演变》通过分析不同时期对于魏氏的记载，揭示了这一具有传说性的人物文化形象演变或曰建构的过程：从早期面目不清的曲唱名家形象，逐步成为"昆腔之祖"，其身上士大夫文人化的特质日益清晰，同时被不同地域的曲家群体利用来构筑他们本身的"曲史"叙事，其作为曲圣的形象亦得以定型。钱茂伟（宁波大学人文与传播学院）《明清鼎革间江南遗民家族的浮沉：以宁波林氏为中心的考察》重点探讨了宁波林氏中南林一支族人的科举之路、鼎革之际的选择及成为遗民后的文化生活，展示了一个南方科举家族的兴衰历程。

王振忠（复旦大学中国历史地理研究所）《清代藏书家汪启淑的商业经营与社会生活——对几份新见契约文书的解读》以契约文书为主要资料，对汪启淑的生卒年代、在江南各地的活动场所以及盐业经营与社会生活等诸多侧面，进行了较为细致的梳理，揭示了汪启淑鲜为人知的盐业生涯。其余结合特定文献的考辨、分析来展开的江南人物、社会研究，还有叶舟（上海社会科学院历史研究所）《流杯宴集：清代江南的文人雅集》关注清代常州的文人雅集。报告从诗社、怡老会、修禊雅集等方面梳理了清代常州文人雅集的概况，并从制度化趋向、开放性和封闭性等方面分析了清代常州文人雅集的特点。李春博（复旦大学历史系）《〈耆年谯集诗〉与康熙中期江南文人的诗文雅集》讨论的《耆年谯集诗》源于康熙三十二年（1693）松江乡绅王日藻发起的一次耆年会。报告结合相关清人文集、上海地方文献，在整理诗集编纂者王日藻生平事迹的基础上，考察了这次耆年会举办的背景情况和前后经过，并介绍了《耆年谇集诗》的版本情况及其文献价值。李志茗（上海社会科学院历史研究所）《赵凤昌的历史记忆与书写——以〈惜阴堂笔记〉为中心的考察》梳理了清末民初颇有影响的人物赵凤昌晚年所撰《惜阴堂笔记》的由来和概貌，并主要就史料价值对《惜阴堂笔记》的内容进行了评述。巴兆祥（复旦大学历史系）《〈咸淳重修毗陵志〉流传考》则在阐述《咸淳重修毗邻志》纂修原委的基础上，对该志的刊刻、版本状况进行梳理，重点研究了原刊本流传状况及其与嘉庆刻本的差异。

四、区域社会与宗教信仰

有关地方政治、文人和民众的日常生活、社会动乱、基层行政及教化等话题的讨论在江南区域社会史的研究中占有重要地位。本次会议的主题报告中，松浦章（关西大学东西学研究所）《清末袭击江南航船的匪船与盗船》参考清末上海等地刊行的新闻报道，通过分析袭击航船的匪船与盗船记录，考察了袭击航船的匪船、盗船与江南内河水运的关系。戴鞍钢（复旦大学历史系）《清末新政与上海因应》则指出，清末十年中国社会急剧演变，包括倡导西学、组建商会、地方自治等清末新政各项举措的出台及其在上海的实施，客观上助推了新的阶级和阶层在上海的迅速壮大，新的思想文化在上海勃兴。报告认为，清末上海的地方自治运动，既是市政改良的社会运动，同时也具有反对专制主义的意义。

张海英（复旦大学历史系）《清代江南地区的乡约》从乡约所及其设置、乡约的职责及实施等方面，对清代江南地区的乡约进行了梳理，指出清代江南地区乡约的实施时有废举，认为最迟至咸丰时期，其主要职责还是宣讲圣谕、教化民众、旌别善恶，乡约长力役化、乡约催科及"乡保化"色彩尚不突出。范金民（南京大学历史学院）《明清之际江南缙绅的居家行为方式》关注明后期至清前期江南绅士在乡居生活与地域政治方面体现出的不同价值取向和行为方式。报告胪陈明后期江南缙绅的行为特征，论述清前期朝廷及官府对江南缙绅的约束打击措施，探讨了江南缙绅由明入清行为取向的转变及其原因。冯贤亮（复旦大学历史系）《布衣袁仁：晚明江南地方知识人的生活世界》聚焦于以往学界较少关注的布衣之士的生活，依据袁仁所遗诗文记录，考察了袁仁以布衣、"隐逸"的角色，穿梭于官场与文人的生活世界，并布织起比较强大的姻亲关系状态，以及可能呈现的文化地域性。丁贤勇（杭州师范大学人文学院）《日常生活中的"江南"：交通史视野下的一个解读》在梳理前人关于"江南"概念的基础上，从日常生活的角度出发，以江南最核心的地理元素——水为据，分析了传统交通下的江南及其区划，以及在近代交通方式转变的影响之下江南作为有机整体的形成。

在区域社会史的研究中，宗教、仪式与神明信仰问题在国内外学术界历来占有重要地位，多篇会议论文关注了明清江南地区的佛教、道教和民间信仰及相关仪式。其中，章宏伟（故宫博物院故宫学研究所）《明代万历年间江南民众的佛教信仰——以万历十七至二十年五台山方册藏施刻文为中心的考察》指出，现存五台山刻经的施主绝大多数是江南人，北方施主施资微薄。北方筹集刻资不易，资金绝大部分要仰仗江南，加上五台山刻场自然条件恶劣，本来刻场设于五台山就是因为南方连年水灾不得已而定，当南方环境转变，南迁径山自在情理之中。许蔚（上海社会科学院文学研究所）《文本流传与科仪拼接——〈太上灵宝净明道元正印经〉的再发现》考察了南宋道教净明道经典《太上灵宝净明道元正印经》传世本被作为"圣语"融入清代杭州和湖州乩传道派之炼度科仪的情况，揭示了文本和科仪之间的互动。王健（上海社会科学院历史研究所）《宋元以来王江泾的移民、商业与地方信仰》以浙北王江泾为个案，尝试将地方信仰与区域开发之间的关系进一步置于更长的历史时段中加以考察，深化了我们对宋元以来江南地方信仰变迁的动力机制之理解。巫能昌（复旦大学历史系）《宋元以来江苏常熟真武崇拜考》结合传统历史文献和田野实地考察资料，较为系统地梳理了宋元以来常熟的真武崇拜，尤其分析了真武崇拜所见不同社会人群之间的互动，以及道教与民间信仰的关系。

五、江南史研究的前景展望

经过密集的会议报告与即席讨论，8月26日下午，会议组织了专家论坛和圆桌讨论环节。专家论坛中，范金民、马长林、王振忠、邹振环等学者分别报告了前述各自提交会议的论文，而李伯重（北京大学历史学系）则作了即席发言，从新方法、新视野、新史料和问题意识等方面回顾了江南经济史研究，并对这一领域研究的未来发展作了展望。他指出，江南经济史的研究应置于全球语境之中，且"借力"于其他学科，方能得以更为深入的讨论。李伯重的这一发言开启了与会学者们对江南史研究的学术回顾、检讨和前景畅想，成为随后"圆桌讨论"的发言主旨。

唐力行（上海师范大学中国近代社会研究中心）基于其团队近二十年来关于苏州评弹的资料整理和研究工作，梳理了民国以来评弹艺术的变迁，揭示了1949年以来政府的介入对评弹艺术传承和发展的影响，指出了传统文化的当代机遇和困境，以及作为研究时段的当代与政治之间的微妙关系。徐茂明（上海师范大学中国近代社会研究中心）从区域差异的角度提出了其关于历史研究中田野考察之重要性的理解。例如，江南研究如何与华南学派的研究相呼应。他认为，华南研究中对人类学的借鉴不仅出于研究兴趣，还在于华南地区的文化中包含着较强的地方性色彩，如泉州的寺庙、宗族特点，决定了该区域历史研究中运用历史人类学方法的重要性。徐氏最后指出，近年来亦有学者在借鉴人类学方法研究江南方面取得了不错的成绩。最后，范金民主要就江南史研究的前景提出了三点观感：首先，江南史研究在今天受到各界关注，整体环境可谓东风浩荡；其次，江南史研究的学术生态很好，主要体现在刊物建设和审稿制度、会议活动、课题经费和同行的关注等方面；最后，对江南研究保持乐观态度。江南研究前景光明，既能关心左邻右舍，又能发挥江南特有的优势，尤其在文献的多元和数量方面，很多文献可以相互印证。在这方面，江南文献甚至超过了敦煌和徽州等区域的文献。范氏以清初大儒孙奇逢之语总结了其对江南史研究的展望："学术之废兴，系世运之升降，前有创而后有承。"会议也在这一寄语中落下了帷幕。

《明清史评论》征稿启事

　　《明清史评论》创刊于2019年，每年两期，由复旦大学历史学系主办，旨在推动明清史研究，促进海内外学术交流。现特向学界同仁征稿，凡有关明清史的专题论文、文献研究、读史札记、书评和学术动态等类撰述，均欢迎投稿。来稿将经匿名评审，正式刊出后赠送样刊两本，并致送稿酬。来稿要求和投稿方式如下：

　　1. 来稿要求：须未经发表的中文文章，注释格式请参照《历史研究》杂志；稿件请附内容摘要（300字以内）、关键词和英文标题，以及作者简介和联系方式。

　　2. 投稿方式：请将电子文本发送至编辑部邮箱mingqingshipl@163.com；请勿一稿两投，编辑部将在收稿后两个月内给予是否刊用的回复。

　　刊物初创，敬祈各位同仁大力支持，如有任何建议，请及时和我们联络。

《明清史评论》编辑部

2019年5月1日